向世界最好的医院学管理

Management Lessons
from Mayo Clinic

Inside One of the World's Most Admired Service Organizations

（美）利奥纳多 L. 贝瑞（Leonard L. Berry）著
肯特 D. 赛尔曼（Kent D. Seltman）

张国萍 译

机械工业出版社
China Machine Press

北京市版权局著作权合同登记　图字：01-2008-4172号。

图书在版编目（CIP）数据

向世界最好的医院学管理/（美）贝瑞（Berry, L. L.），（美）赛尔曼（Seltman, K. D.）著；张国萍译. —北京：机械工业出版社，2009.6（2025.11重印）

（服务管理新经典）

书名原文：Management Lessons from Mayo Clinic: Inside One of the World's Most Admired Service Organizations

ISBN 978-7-111-26953-3

Ⅰ.向… Ⅱ.①贝… ②赛… ③张… Ⅲ.门诊所-卫生服务-卫生管理-经验-美国 Ⅳ. F719 R197.6

中国版本图书馆CIP数据核字（2009）第062567号

机械工业出版社（北京市西城区百万庄大街22号　邮政编码 100037）

责任编辑：顾　煦　　　版式设计：刘永青

保定市中画美凯印刷有限公司印刷

2025年11月第1版第61次印刷

170mm×242mm · 17.25印张

标准书号：ISBN 978-7-111-26953-3

定价：79.00元

客服电话：（010）88361066　68326294

　　中国医疗体制改革一直是政府和社会关注的焦点之一，实施医改是重大的民生工程。2009年4月《中共中央、国务院关于深化医药卫生体制改革的意见》正式出台，中国百姓期盼这个以"实现人人享有基本医疗卫生服务"为目标的纲领性文件给广大人民带来实惠。译著《向世界最好的医院学管理》恰逢此时出版，将对中国医疗体制改革和医疗组织制度建设产生重要的借鉴意义。

　　梅奥诊所作为一所历经百年、服务精良的医疗组织，堪称世界医学和护理领域的圣地。梅奥对于高水准服务质量的追求，对于细节近乎苛刻的要求，对于招聘员工价值观的重视程度，都表明梅奥是一所具有丰厚组织文化和价值观底蕴的医疗组织，患者至上的核心价值观成为梅奥经久不衰的源泉。维系医护品牌领导地位超过100年之久的梅奥诊所，更精彩地诠释着百年制度设计与组织治理的重要启示。梅奥的创始人就是医疗组织治理的专家，他们在合伙模式、资产协会、理事会等制度方面的运作，不仅践行着自己无私的价值标准，更使得组织所有的医疗和财产性资产得到保护，从而保证了梅奥的自主维持、永续经营和历久弥新。

这部关于百年品牌的医疗机构创新组织模式和管理艺术的译著，提供了医疗领域非营利组织治理和服务管理方面的重要借鉴，是一部对于医疗组织进行创新改革和制度建设具有重要参考价值的书籍，是现代医疗和护理机构负责人的管理手册，是患者手中的医护圣典和生命希望。

梅奥的核心价值观是通过建立一套合适的制度，包括薪酬体系、工作制度、升迁制度、招聘制度等，来满足梅奥成员们的需求，并将组织成员的全部精力集中在"患者至上"的工作中。

梅奥诊所的薪酬制度，一方面满足了诊所员工们的需求，梅奥医生的薪资水平高于市场同等条件下其他医院医生的薪资水平；另一方面，通过制度设计保证医生在面对更大利益诱惑时，不会损害患者利益。医生无论声望如何，所诊治的患者无论数量多少，都与收入无关，由此使医生能够将所有的精力集中于患者身上。

梅奥诊所的雇佣制度营造出一种安全的内部环境。诊所不会随意解雇任何一个员工，即使是在新医院开业，不再需要那么多员工的情况下，梅奥仍然为他们找到了合适的位置。诊所内的其他员工会因此获得更大的安全感，并且始终感觉他们是诊所的一分子，他们会被尊重，不会被抛弃。

团队合作是梅奥诊所的核心战略和重要制度。医生们通过团队合作，来解决棘手的医疗问题，寻求和建立温馨和谐人际关系的机会。这不仅突出体现了患者至上的价值观，也在组织内形成了一种相互交流，相互切磋，进而相互提高的机制。

梅奥有众多的治理和行政管理委员会，有众多发挥个人潜力的职位。所有在梅奥工作的员工，都有机会得到晋升，参与某一领域的行政管理工作，或者和行政人员一起对部门的发展做出规划。轮转的领导制度，使员工们无时无刻不面对着新的挑战，同时又通过这样的挑战来实现自我，赢得周围人的尊重。

梅奥成员是梅奥组织的一分子，梅奥订立了员工需求层次制度，员工在这套制度下，贯彻组织核心价值观，将最好的服务奉献给患者，患者接受了良好的服务，更加看重和信赖梅奥诊所，如此形成良性循环。无论对于营利型企业，抑或是非营利的服务组织，梅奥诊所依靠核心价值观和内部制度建立的良性循环和成功经验无疑值得我们借鉴。

译者对本书的翻译投入了大量的精力，专业术语的推敲和修辞的细致加工都大大提高了这部讲述百年品牌故事的译著的学术意义和可读性。这部译著将成为医疗组织治理和管理艺术的经典手册，我们倡导医疗和管理领域的专家学者，以及战斗在第一线的医学科学工作者和管理实践家共同在中国医疗体制改革进程中推动医疗机构的管理现代化和非营利医疗组织的治理科学化进程。

李维安

南开大学商学院院长　长江学者特聘教授

于南开园　2009年5月

译者序

　　受邀翻译《向世界最好的医院学管理》一书，发觉这是一部关于百年品牌组织模式创新和管理艺术的著作，是一部在医疗组织治理与管理领域，以至一般管理范畴都将具有重要参考价值的书籍，其中口口相传的医道和管理故事引人入胜。

　　初译此书时，恰逢亲爱的母亲意外患病入院，当时深刻体会到没有任何事情比起成功救助亲人的生命更为紧急和重要。翻译过程始终伴随着寻医和救治，因而得以从管理学者视角亲身体验和深入调研不同医疗组织的运行状况，亲身体味到医院管理运作模式与效率对医疗质量的影响，对生命的珍爱和思索更为强烈。为梵恩母亲的教养，捧寄深谧的祈福，亦为更多的患者，我们希望通过医疗治理与管理的推动，呼唤一种创新的医疗模式和组织运营方式。

　　在中国，医疗体制不断创新和改革的今天，显示出当前一些医疗制度、医疗组织管理流程、医疗诊治系统、联合诊断模式、护理整体水平、医疗关怀与保健、相关社会服务系统等方面存在不足。专业化分工促进了医学科学与医疗诊治技术的深度认知和高速发展,但过度细致的分工和整体观缺失,使医疗实践面对生命诊疗这一复杂系统时,出现诸多问题。随着医疗服务产业化和非营利医疗组织的发展,组织治理和服务管理的意义突显。适度专业分工与整合为一的医疗系统,公共医疗资本集合与医疗网络组织生态竞争的创新模式,将有利于合理的国家医疗体制和服务体系的建立,最终提高中国百姓医疗和福祉水平。

令人欣慰的是,《向世界最好的医院学管理》中译本已重印四十五次,近30万专业人士阅读此书。该著一经出版,不仅被时任国家卫生部党组书记、副部长指定为卫生部干部学习指定用书,也得到相关医疗和管理专业人士、政府和医疗机构的关注,并获得强烈社会反响,多次成为医院管理国际研讨会和医院院长论坛的主题,是2015-2016年国家卫计委梅奥中国行项目的指定用书。全国多个省市巡回组织了梅奥中国医院管理峰会,主题为"向世界最好的医院学管理"。十年来,此著又带动引进《精益医院》、《管理的完美处方》等世界级医疗体系的管理成果,成为系列出版发行的医院管理经典书籍之首,被我国各省市卫计委、超过百家全国大型三甲医院、各级医疗组织和企事业单位采纳借鉴。中国医疗体制改革方兴未艾,具有非营利组织性质的医院进入医疗组织治理和模式创新的现代医院管理制度变革的破冰阶段,是中国医疗整体改革的症结和突破口(张国萍,2016,研究报告《现代医院管理制度下的医疗组织治理和创新模式研究》)。针对我国医疗改革和医院制度建设的实际特征,当本人受邀为诸个省市级政府建言推进医院改革和现代医院管理制度的政策和方案意见时,一方面包含了医疗组织治理和创新模式的系列对策,即组建公立医院管理委员会等外部和区域政府治理体系,逐步探索理事会决策的院长负责制和医学与行政负责人分设等自主治理结构和机制,推进政府推动的垂直医联体的集团化建设和商业推动的专业医联体，探索医院主体多元化改革，推进智能医疗的创新模式和第三方医疗管理服务合作模式，坚持患者至上理念和推进医疗安全体验服务，缓解医患矛盾，打造医疗品牌。另一方面也包含了可落实的利益相关主体对医疗改革和医院组织治理工作和经营管理之道，即推行精益医院管理，将精益思想和标准化系统工具应用于医院管理，规范和控制医护管理质量和流程，降低费用支出和经营成本，提高医疗质量和效率，提升医疗服务能力，提升良好社会效益。

2017年7月国务院颁布《关于建立现代医院管理制度的指导意见》。2018年12月5日，国家卫生健康委、国家发展改革委、财政部、人力资源社会保障部、国家医保局和国家中医药局联合发布《关于开展建立健全现代医院管理制度试点的通知》，148家医院成为2019年全国建立健全现代医院管理制度的试点医院。建立健全现代医院管理制度成为贯彻落实国家决策部署的具体行动，是顺应医疗事业发展规律和满足人民日益增长美好生活需要的根本途径，也是推进卫生健康领域治理体系和治理能力现代化的客观要求。从2009至2019十年间，《向世界最好的医院学管理》及其延伸引入国内的《精益医院：世界最佳医院管理实践》、《管理的完美处方：向世界顶级医疗机构学习领导力》（来自UCLA医疗系统的世界级客户体验领导力教程）等系列医院管理著作，连同以其为基础的《现代医院管理制度下的医疗组织治理和创新模式研究》等研究报告，对研究解决我国医疗体制改革和现代医院管理制度建设，以及探索推进公立医院改革和分级诊疗等重大问题发挥了重要借鉴作用，产生明显的社会和经济效益。

书中涉及组织治理、品牌与价值观、服务管理、医疗科学等专业知识，翻译团队由南开大学中国公司治理研究院、南开大学商学院、经济学院和外国语学院、北京大学医学部公共卫生学院、天津大学药物科学与技术学院等相关研究人员，以及天津眼科医院等医疗实践管理人员组成。翻译工作分为四个阶段，语言上进行修辞加工和多轮润色，保持细致作风，尽量做到语言饱满，修辞唯美，行文流畅，以增加可读性和专业术语准确性。具体分工为：第1章 张国萍、郭婧、邓天卫；第2章 张国萍、卢会会；第3章 漆鑫、秦圆圆；第4章 张国萍、李光军；第5章 张国萍、黄卓、张志龙；第6章 黄卓、马明；第7章 王泽瑶、黄卓、张志龙；第8章 王泽瑶、李秀菊、郝鹏；第9章 郭婧、王德禄；第10章 李亚、郭啸。

感谢王泽瑶、漆鑫、郭婧、黄卓、马明细致的修改校译。感谢张世云、杨莉、王泽瑶、吴晶、杜建刚、李秀菊的修改意见。本人组织参加四个阶段的翻译工作，并统校全书。感谢李维安教授为本译著作序。感谢机械工业出版社的编辑们。

译著得到本人主持的国家自然科学基金"公司治理中高管层决策神经机制与治理评价研究"（71172216）、国家自然科学基金重点项目子课题（71132001）、天津市哲学社会科学规划课题重点项目"公司治理中期权价值敏感度和高管层治理风险的认知心理研究"（TJGL19-008）、教育部社科研究规划基金（07JA630073）、中国博士后科学基金面上及特别课题（20100470156、2012T50023）、哈佛大学和美国国家经济局NBER合作研究课题，以及长江学者和创新团队发展计划的支持。

对于始终致力于求新的管理领域，向一个早在19世纪初期就奠定了其成功基石，且一直持续以此为基础，并取得21世纪成功的世界著名机构学习，必将是一个耳目一新和灵感辈出的过程。书中故事唤起了管理学者对医疗组织治理和管理变革的巨大兴趣和重要认知。译者希望以此搭建平台，推动我国医疗组织治理和管理质量的改善，使更多患者最大程度地享有权威医学诊治和优质医疗服务。

因时间和能力限制，译稿难免存在疏忽和文误，欢迎有共同意愿的管理和医疗领域专家学者及实践管理者来信交流（nkcorgov@163.com）。

张国萍　于南开园

中国管理现代化研究会公司治理专业委员会秘书长

社会神经科学学会中国分会理事

中国管理科学学会金融科技研究院副院长

2019年11月

前　言

　　这本书的研究与写作赋予我们以学生和教师的双重身份，而要教必先学。现在我们已经学习了一个非常成功的服务组织，我们将通过这本书传递她的成功经验和启示。在此期间，我们经历了一个既启迪心智，又受益匪浅的旅程。

　　在撰写此书的项目伊始，我们相信自己已经了解了梅奥诊所和她的成功之基。事实上，我们也确实已经学到了许多东西。然而，当通过这些文字来表达对那些曾经帮助过我们的人们的感激之情时，我们却清楚地发现，其实我们学到的远不止这些。写一本好书所需要的严格而循序渐进的探索和自我深思与反省是一种绝佳的学习方式。这个过程能促使你向深层挖掘并看到那些你从未见过的东西，去思考新的模式与风格，并探究新的因果关联。在脑子里形成想法是一回事，而要将这些想法转换成印在纸上的文字时，又需要更加清晰和深刻的思索，尤其是当所著将要出版发行并经久流传时，你会更加期待能够做到使每个字都精确无误。

　　撰写此书时，我们力求做到每个字都精确无误，并以此向读者描述一个真实的梅奥诊所，准确地讲述她的服务故事和组织见闻，并介绍她的成功经验。在本书写作的过程中，有许多人曾经帮助过我们，在此，我们对他们深表感激。特别是卡勒顿·莱德，在此书的撰写过程中，他给了我们很大的鼓励。2007年底，他从梅奥诊所退休，之前一直是梅奥一位杰出的行政领导，并曾经担任过梅奥诊所杰克逊维尔分院的首任首席行政官。尽管梅奥诊所的历史事件已经出版成书，然而目前尚未有书籍介绍她的服务文化、战略、管理和组织系统。莱德认为编写这样一部书籍，不仅可以为外部读者，包括那些以营利为目标的公司、非营利性组织，以及医疗机构的管理者们，而且还可以为梅奥诊所内部的读者们做出真正的贡献。每年都有成千上万的新员工加入梅奥诊所，这样一本书有助于他们领会梅奥诊所的独特之处，并巩固这种独具特色的价值文化。另外，这样一部讲述梅奥诊所服务故事和见闻的书籍还有助于前来就诊的每年多达500 000以上的患者们，帮助他们理解各自所接受的卓越的医护服务的背景。

本书的草稿完成后，我们分别请了7个人对其进行仔细阅读、评论和审定，卡勒顿·莱德就是其中之一。梅奥的历史、规模、治理结构、服务的类型和宽度等诸多因素使得关于梅奥诊所的故事错综复杂，而正是这种复杂性增加了我们在写作时疏忽犯错误以及误解它的历史事件的机会。因此，我们就募集了这一组曾在梅奥诊所从事各种工作有着丰富经验的评论员，以帮助我们在正式出版前能把梅奥的故事讲得尽量准确和完整。事实证明，这个评论过程是很有价值的，在此，我们感谢评论小组的每位成员。

这本书得到了梅奥诊所的同意和配合，但在内容上绝对不受她的控制。我们感谢梅奥诊所的领导们，他们全都支持这个项目，接受了我们多次的采访并给出了公正而深入的见解。感谢他们为我们付出的时间、提供的见解，以及对我们的信任。

在本书的第1章，我们说明了本书背后的两个阶段研究的实施情况。在这两个阶段里我们都采访了许多现任和以前的梅奥诊所的员工。我们在此感谢每一位被采访者。读者会在后面的章节中遇到他们当中的好多人。我们还感谢工作在梅奥诊所三个分院中的许多员工们，感谢他们为提供本书需要的确切的细节和数据所做的努力，也感谢那些以各种方式促进我们工作的人们。

这次有机会和麦格劳-希尔（McGraw-Hill）公司、我们的编辑玛丽·格伦以及她的同事们合作，我们感到很荣幸。和梅奥诊所一样，麦格劳-希尔公司也是一个全球性的品牌。本书把这两大品牌联系在一起，我们期待着它能创造一些奇迹。

献给梅奥诊所所有的员工们，在这本书里，我们尽我们所能将你们的故事讲得准确、有趣、实用。献给读者们，谢谢你们。相信阅读本书将为你们带来丰厚的回报。

利奥纳多 L. 贝瑞

得克萨斯州 科利奇镇

肯特 D. 赛尔曼

明尼苏达州 罗切斯特市

目　录

第 1 章

百 年 品 牌

　　6月末的一个周日下午，当时我正在明尼阿波利斯机场提取一辆事先预订的出租车。车子上方的一个电子显示屏不断闪耀着我的名字，很是显眼，因此很容易找到。在车子挡风玻璃的雨刮器下压着一张正反两面都写满了信息的稿纸，好奇心驱使我开始阅读上面的文字……

　　信息是一位女士留下的，她看见车子上方电子标牌上闪烁着我的名字，想碰运气看我是不是那个曾经多年前在明尼苏达州罗切斯特的梅奥诊所诊治过她父亲的那位珂迪斯医生。她父亲患有早期肺癌，当时我就职于一个利用激光、光活性和癌症药物治疗癌症病人的医疗实验小组。她的父亲已经接受过3次治疗，而她很想感谢我对她父亲的诊治和关怀——那是15年前的事了。这位女士当天正在明尼阿波利斯机场，那是因为她刚从加利福尼亚飞过来参加父亲的葬礼。她的父亲前一天晚上因突发心脏病去世了。

　　我的内心被触动了——不仅仅是因为她在这样悲痛的时候还抽出时间来写了这页信息给我，更是因为整件事情让我再次感受到了从医生涯当中给我的那种让人感动和被人认可的东西——对患者的诊治和关爱。

　　最好的医生和医疗健康护理提供者们都可以称得上既是

"工程师"，又是"艺术家"。"工程师"可以发现问题，然后运用技术手段来解决它。多亏了"工程师"们，患者们从CT扫描、微创外科和电脑辅助精确治疗中受益。工程技术方法极大地帮助了患者，并且拯救了很多生命。它是可以测量的、可视的，而且几乎总是有偿的。

作为"艺术家"，医生理解患者何时需要一个温暖的微笑、鼓励的话语，或是一个真诚的拥抱。正是"艺术家"们让每一位患者都感到了温暖、舒适、安全和希望。"艺术家"们能够洞察患者的焦虑，并鼓励年轻的妈妈不用担心发烧的宝贝；"艺术家"们会聆听中年患者关于屡次戒烟失败的烦恼和沮丧；"艺术家"们还知道什么时候"工程师"们会无能为力，而他们则会帮助患者及其家人成功地应对生命的最后时刻。"艺术家"们所做的一切正是我个人会成为医生的原因。

这段文字节选摘自2002年由梅奥诊所所长兼首席执行官丹尼斯·珂迪斯所写的一篇文章，他那时负责管理梅奥佛罗里达州杰克逊维尔诊所的事务。[1]他通过内部时事通信将这则故事和全体员工一起分享。我们以此为开篇，是因为它唤醒并形象描述了一条强有力的真理，这条真理适用于所有管理者，而无论其管理对象如何。那就是：组织能力的卓越绝对不仅仅只与科学相关，它同时还与珂迪斯医生所描述的"艺术"相关联——人文关怀、教导、协作、慷慨的行为、个人的勇气和引导人们做出决定并付出额外努力的核心价值观。

这是一本关于服务艺术的书籍，它将带领读者步入一个独一无二的服务组织——梅奥诊所，向读者介绍梅奥诊所的经验。这本书旨在为所有那些依赖人们的行为表现来为顾客创造差异化价值的管理者服务。它讲述的是一个有着传奇色彩的医疗保健组织，而并非一本简单的医护手册；它讲述了卓越服务的可持续性及其驱动因素；它讲述了不可动摇的核心价值观及其领导者——威廉·沃瑞尔·梅奥医生与他的儿子威廉 J. 梅奥医生和查尔斯 H. 梅奥医生。这些领袖一直活在大众的心中，他们创立了梅奥诊所，亲身实践并创造了支持"梅奥"发展的文化，实现了基础投资。他们维持"梅奥"的持续发展，并教会了人们许多……

在明尼苏达州的一个偏远小城罗切斯特，商业医疗服务已存在140多年，而其被称为"梅奥诊所"还是20世纪前十几年的事。值得瞩目的是，梅奥诊所历经百年依然存在——她创立了全球最有影响力和最具价值的服务品牌之一，并且成功地维持、延伸并保护该品牌如此之久——这的确非同寻常。时至今日，梅奥诊所几乎不投放任何广告以提升其在医疗界的知名度。直到1986年她才拥有专门的营销职员，并且从那时起直到1992年，市场营销部都只有一名员工。

对于始终致力于"求新"——新的理念、新的理论、新的模型、新的技术的管理领域，向一个早在19世纪初期就奠定了其成功基石，且一直持续以此为基础，并成为21世纪成功的世界著名学习机构，必将是一个让人耳目一新和灵感辈出的过程。组织成功的基本经营理念至关重要，它可以经久不衰。梅奥诊所向我们展示了对于"现代—传统"企业理念的承诺，也就是战略与价值观相融合，创新与传统相结合，智慧与团队协作相搭配，以及科学与艺术相统一的过程。

透过数字看梅奥诊所

每周5天，都会有许多忙忙碌碌的人进出梅奥诊所。交班的雇员大约早上5点就开始出现在诊所，接下来的24小时内有42 000多名员工、学生和志愿者来到明尼苏达州、亚利桑那州和佛罗里达州的3所梅奥诊所院区中工作或学习。需要接受外科手术的病患会在清早5点半左右抵达梅奥诊所，一个典型的工作日，诊所每天通常会进行多达300例的外科手术。早晨6点45分，患者人数开始持续增长，从那时开始患者们就开始拿着单据去实验室抽取血样。截至下午3点左右，多达13 500名患者（每位患者常常由一位或者更多的家庭成员或是朋友陪同）在梅奥诊所接受医疗服务。在一天即将结束之时，有65 000多名人员（这其中包括患者、患者家属及朋友，还包括员工、学生和志愿者）会在其中一家梅奥诊所汇聚一堂。这如同一场现实生活中的戏剧演出，而且很多时候上演的是生死攸关的剧目，可称为21世纪医疗保健业制作出品的大片。

在这24小时期间，患者们将在放射科经历超过4 600道流程或诊断研究过程，例如X光检查、CT扫描或者是核磁共振成像（MRI）。梅奥诊所有大约230名放射科医生，每位医生通常会在90分钟之内对这些影像进行解读，然后完善诊断报告。同时，梅奥诊所的2 500名医生将进行9 000多例的诊断检查或者咨询，大约有375名患者将在梅奥诊所医院的3个急救部门之一接受治疗，而且还会有接近1 300名患者会作为住院病人在医院里过夜。

梅奥诊所是全球第一家非营利性的综合型医疗服务组织，也是规模最大的非营利医院之一。作为一个集多领域专业于一体的医疗服务组织，她将各个专业领域的众多医生通过共同的系统和相同的价值观汇集在一起共同诊疗病患。一个世纪以来，梅奥诊所已经成为一家重要的医疗服务机构。1912年，15 000多名个体患者在梅奥诊所挂号就诊。12年之后，正值梅奥兄弟事业的巅峰时刻，梅奥诊所的医生们每年可以接诊大约60 000名患者，并执行23 600例的外科手术（参见表1-1）。整个诊所拥有超过1 500张的医院床位和27个手术室。截止到1983年，接受大约276 800名个体患者就诊的梅奥诊所，其规模已经超过1924年的4.5倍了。

表1-1　往昔和今日

	1924[①]	1983[②]	2007[③]
患者			
个体患者挂号[④]	60 063	276 800	520 000
住院		63 600	135 000
手术	23 628	30 800	76 300

（续）

	1924[1]	1983[2]	2007[3]
医院病床	1 507	1 848	2 400
梅奥诊所员工			
梅奥医生和医学家		889	2 706
行政管理人员和同属工作人员		5 350	35 971
住院医师、研究员和学生		1 504	3 229
总计		7 743	41 906[5]
经营业绩（单位：100万美元）			
总收入		411.6	7 322.4
总支出		353.1	6 699.6
收入减支出后的盈余		58.5	622.8

① *Sketch of the History of the Mayo Clinic and the Mayo Foundation* (W. B. Saunders: Philadelphia, 1926), pp.30-31.
② Mayo Clinic annual report, 1983.
③ Mayo Clinic annual report, 2007.
④ 每12个月，每位个体患者仅仅被计算一次，不包括医生出诊或者住院治疗的数量。
⑤ 尽管截至2007年末有超过54 000人受雇于梅奥诊所医疗保健机构，但是在本书中我们仅仅涉及工作在3个梅奥诊所园区的41 906名员工。

1983年，梅奥诊所运营模式和当初从明尼苏达州罗切斯特刚起步时候没什么不同，但是那一年的一系列战略性决策把这个医疗服务机构推上了一条加速成长的轨道，并且持续至今。罗切斯特医院（包括圣玛丽医院和卫理公会教派医院）在1986年成为了梅奥诊所的一部分。同一年，梅奥诊所又扩张至佛罗里达州的杰克逊维尔，在1987年成立了亚利桑那州的斯科茨代尔分部。在表1-1中，可以清楚地看到这些变化影响的细节。从1983年到2007年，患者总数几乎增长了一倍，并且医生和科学研究者的数量增长了2倍多。2007年的收入总计为73亿美元（是1983年收入总计的17倍多），而其收入超过支出的部分增长至6.228亿美元（超出1983年同期的10倍多）。

尽管梅奥的历史主要是以向患者提供医疗服务而闻名于世，但是梅奥诊所一直将自身视为一个"三盾组织"。梅奥诊所标识（参见图1-1）中间外形较大的盾牌象征着对患者的医治和关爱，而与医治患者链接在一起的便是医学研究和医学教育之盾，形成另外两个互补型的盾牌与主盾牌在整体上浑然一体，紧密联系。这个分成三部分的使命是由梅奥兄弟——威廉医生和查尔斯·梅奥医生赋予其含义的。他们相信，他们之所以成为更出色的医生是因为每年都会在"假期"研究和观察其他医生（查尔斯·梅奥医生和他的新娘伊迪丝甚至利用他们的蜜月时间去访问东海岸及芝加哥的医院和外科诊所）。两兄弟还和来自世界各地的同僚们一同致力于他们的研究出版物工作，并建立了一个初始捐赠来支持梅奥诊所的医学研究和教育。医疗教育和医学研究项目是梅奥诊所对于临床医学基本关注的最有价值的补充。

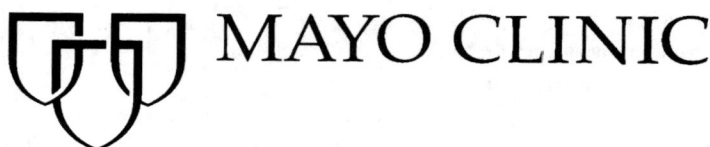

MAYO CLINIC

图1-1　梅奥诊所标识

　　梅奥诊所独具特色，她是一家设有医学院的大型学术性医疗中心，其学院的设立理念并非基于大学本位思想。[2]如今，梅奥诊所医学院包含有5个完全通过认证的学院，每年接纳多达3 200名住院医生和学生。教育项目是梅奥诊所医疗和慈善事业的一部分。在2007年，梅奥诊所将超过1.66亿美元的基金和捐赠用于资助和支持梅奥教育项目，梅奥教育项目的总花费是2.15亿美元。梅奥医学院成立于1972年，她是一家小型但具有高度竞争力的医学院，其博士以及医学博士项目中的学生达200多名。可追溯至1917年的梅奥研究生院，目前在生物医学科学项目中的招收约250名硕士和博士研究生。为住院医生和研究医生开办的梅奥医学教育研究生院起源于1915年与明尼苏达大学的一项合作。尽管已不再依属于明尼苏达大学，研究生医学教育项目今天依旧培养着遍布在梅奥诊所280个不同项目里的2 200多名住院医生和临床研究员。一百多年来，梅奥诊所已经向众多相关的健康从业人员提供了学历培训。今天，梅奥的健康科学学院拥有约600多名学生，这些学生分布在与健康相关的34个不同职业项目中。通过有针对性的课程设计，学校把一半以上的毕业生安置在梅奥诊所的工作岗位上。每年，梅奥医学继续教育学院都会为15 500多名非梅奥医生开设大约170次不同的短期课程。

梅奥诊所的医生和科学家们始终坚持由梅奥兄弟开创的，通过医学研究改进诊断工具、诊疗技术以及治疗方法的经营理念。梅奥诊所的研究员爱德华·肯德尔和菲利普·亨奇医生因为发现了可的松而获得了1950年的诺贝尔医学奖。2007年，梅奥诊所的年度研究预算大约为4.95亿美元，其中有1.79亿美元来自于梅奥诊所基金和捐赠。诊所的研究内容从实验室的基础科学研究到与患者直接相关的临床研究、人群健康与疾病（流行病学）的临床研究，以及将这些研究最早应用于"临床试验"的患者诊治和护理。大约80%的梅奥医生在任何时候都会积极地投入到7 000余项被批准的医学实验研究中。

医学麦加

在梅奥兄弟的生命历程中，大部分的国际声誉以及满载其大名的诊所都是基于他们对于医学科学和外科技术杰出创新贡献的一种认可。自他们1939年去世之后的70年以来，医学科学的新成果已经逐渐取代了这对兄弟曾做出的科技贡献。我们不禁惊叹时代的变迁，在今日看来昔日的那些贡献已成为历史的脚注和奠基。然而，梅奥兄弟留下的最显著的遗产却令人难以忘记——一个生气勃勃的企业，一个组织创造能力的鲜活证明和组织天赋的动态体现。他们在各自的职业生涯中所创立的基本管理结构、系统以及临床医疗模式一直沿用至今。这些模式之所以存在至今并非因为人们对往昔辉煌的盲目崇拜，而是因为他们创立的那些恒定的临床效果、组织结构效率和人际服务。这些努力超越了患者的期待，并赢得了他们的忠诚。

1961年，一家独立的名为"社会研究"的消费者研究公司向首次来梅奥诊所就诊的患者进行了针对梅奥诊所形象的调查。其中患者最主要的印象是：梅奥诊所是一家"如果真得了大病值得一去的医院"、"最后能求助的法庭——医学诊断的最高法院"。报告的作者这样写道：

> 人们确信梅奥会向他们提供诊断和解决方案。他们期待着仍存争议的医学观点、医疗诊断，亦或是治疗方案能够得到澄清和辨析。对于最终会给你一个明确答复的信念是梅奥形象中一个非常突出的层面。[3]

1962年，该机构又开展了一项针对健康人如何看待梅奥诊所的调查。研究人员发现，在被访者眼中梅奥诊所是一家具有国家和民族象征意义的举足轻重的公共服务机构，是一个充满神秘色彩的组织。梅奥代表着美国医学的最高水平，无论一家医疗诊所多么优秀，也很难改变或者推翻梅奥的诊断结论。因此，有些人对梅奥诊所怀有一种敬畏之情。正如研究人员所描述的那样："每位接受我们访谈和调研的健康人士，都觉得他们当前还用不着或是还仍然没有必要转去梅奥诊所，并因此感到轻松和慰藉。"[4]

我们接下来要展示的一项最新研究表明，医学"麦加"的美名依然属于梅奥诊所，这样的措辞最早曾经是"社会研究"这家独立研究机构的调查研究人员在他们1961年研究报告中使用过的。[5]尽管梅奥诊所今天的医护活动已经使用了不同于以往的工具，尽管它已经通过相应的组织调整以适应新时代下的医学科学、公共政策、医护资金以及患者期望的新特征，但是梅奥诊所的人文价值、医疗与管理模式以及哲学基础和核心价值观几乎与梅奥兄弟时期没有区别。直到今天，梅奥兄弟关于医学灵魂的精辟见解依然影响并指引着梅奥诊所这个公共医疗服务组织现行管理中的诸多方面。

梅奥精神

威廉·梅奥医生晚年时曾经提出了他认为梅奥诊所在未来取得成功的三个基本条件：

1. 始终追求服务和非营利的理想。

2. 始终坚持患者需求至上，对每一位患者的健康和幸福给予诚挚和独特的关注。

3. 始终致力于团队成员中每位成员职业素质的共同提升。

1975年，时任理事会主席的爱默森·沃德博士提出了第四个条件：

4. 善于适时而变。

1984年，罗伯特·洛斯勒在此基础上又增加了两个条件。洛斯勒在1983年退休前曾在梅奥从事了37年的行政管理工作，在他看来，新添加的这两个条件一直隐含在梅奥兄弟的实践行动中，只是没有明确表述出来：

5. 持续努力，追求卓越。

6. 恪守诚实与正直的道德规范。[6]

洛斯勒认为以上六个条件是"梅奥精神"的组成部分。"梅奥精神"是由威廉·梅奥医生在1919年梅奥校友会上发表的关于寻求解释梅奥诊所成功原因的演讲中提出的：

> 鉴于有众多的患者来梅奥诊所就诊，我们会很自然地将他们选择梅奥并前来就医的原因归结为我们出色的工作。但是，其他医院的工作也非常出色，因此这里面一定存在另外的更深层次的原因。也许用"梅奥精神"这个短语来总结这其中额外的原因是最合适不过的了。"梅奥精神"包括了一种关怀救助病患和解除疾苦的愿望；一种以科学研究、勤勉的观察和学以致用的态度来推进医学教育进步的愿望；最重要的是一种将以此精神点燃的科学之烛传递给他人的愿望。[7]

现代研究证实，在依赖员工服务顾客的公司中，社会利益和公司经济利益是紧密相连的。[8]除了商品和服务营销、创造就业机会这两大实现经济利益的基本元素之外，当公司行为还为社会带来了其他净效益时，公司也同时创造了社会利益。社会利益表现为投入经济和非经济（如知识）资源以提高生活质量。它是利益共享的一种形式，只是这里的利益不仅仅局限为经济利益，而且其共享也超出了组织的范围。[9]

社会利益的实现依靠一种慷慨精神。研究人员发现这种精神不仅仅是服务组织成功后的结果，更是他们取得成功的原因。因为这种精神不仅使得他们赢得了利益相关者（包括为顾客提供服务的员工们）的心，而且也加深了对他们的信任。仅以组织个体经济利益为导向的服务组织行为往往会在服务中削弱人力资源的活力，而与之相反，注重社会利益的慷慨精神则会带来积极的效果。[10]本书呈现了梅奥诊所这一医疗服务组织的成功典范，而梅奥成功的基石就在于梅奥兄弟非同寻常的慷慨精神，以及他们致力于通过医疗实践服务创造社会利益的行为。也许与上面提到的其他因素相比，非同寻常的慷慨精神更能成为标识梅奥精神的闪光点。梅奥诊所的组织目标绝不只是停留在为自身赚取经济利润上。

1919年，梅奥兄弟把他们蒸蒸日上的诊所和大部分个人财产移交给了一个名为"梅奥基金会"的非营利性慈善机构。这个故事在本书的第5章中将会被详细介绍。1931年，威廉医生同一个报社作家讨论了他和查尔斯医生的处世哲学：

> 1894年，我的兄长和我购置了各自的房产。我们的诊所持续发展，前来就诊的患者络绎不绝。我们的理论似乎行得通，医院诊治的死亡率很低，我们也因此赚得并积累了不少钱。但是在我们看来，我们两个人没有权利拥有这么多的财富。
>
> 就在同一年，我们兄弟俩人对此讨论了很多。后来我们做出了决定，将收入的一半存放了起来，约定谁也不能为个人的

事花其中的任何一分钱。我知道这听起来可能有点令人作呕，也可能听起来很自私、很傲慢，但是事实绝对不是这样——这些钱对我们来说是一笔神圣的资金。

自1894年以来，我们在自己和家人身上花的钱从来没有超过我们收入的一半……我们兄弟俩人现在都是依靠薪资生活，我们的工资比收入的一半还要少得多，但是我们坚持只花费这些工资。

至于我们所说的那笔神圣资金，它来自为人类服务的事业，就必须回到为人类服务的事业中去。

我们尝试着用这笔钱从事医学和外科教育事业，承担责任培养那些优秀而大有前途的人，因为在这方面政府做得远远不够。为人类服务事业培养人才是我们兄弟俩人的兴趣所在。仅凭我的一双手能做些什么呢？但是，如果我能培养出50双或是500双手的话，知识和医疗服务实践的火把就能够传递下去。如今近300人已经接受了梅奥基金会的资助，另外约1 400人正在等候资助。当前仍有许多双手正等着我们去培养，这些人将把我们的事业继续下去。[11]

从保健护理中学习

一部讲述医疗保健行业的书，即使讨论的是像梅奥诊所这样的世界级医疗服务机构，真的能给非医护行业的管理者们提供重要而实用的启示吗？毕竟医疗保健业与大部分其他服务性行业在许多方面有着显著的不同。第一，医疗保健行业的顾客通常是非病即伤，一般都承受着很大的压力。第二，住院患者不但走进了医疗服务设施内部，还要在此生活。很少有服务行业拥有让顾客留宿的业务，医院则是个例外。第三，医疗护理是一项"需要的"而非"想要的"服务。疾病的存在或生病的可能性迫使人们不情愿地扮演了医护服务消费者的角色。这类消费者往往更想走出医院大吃一顿,享受愉快的假日,与朋友通电话或者踢场足球。他们不想体检,不想拍乳腺X光照片,也不想上手术台。第四,医疗保健服务从本质上来说具有隐私性。但医护服务要求消费者袒露心事,有时也会要求他们展示身体,这是其他服务行业不会要求顾客做的。第五,与其他服务行业相比,医疗保健行业的消费者需要更加全面、个性化的服务。因而,为一名患者提供医护服务时,不仅要考虑到他的病情,还要考虑他的年龄、精神状况、性格、喜好、教育背景、家庭情况以及经济承受能力。对于病情严重的患者,有时还需要"个人全面护理"。第六,医疗保健服务业消费者还承担着已有病情之外的风险。这是因为在求医的过程中,他们可能面临着因误诊误治、错误用药、院内感染等问题所造成的伤害。因此,在保健护理过程中,许多问题都可能会出现。[12]

正是由于医护行业与其他服务行业的不同之处,才使得像梅奥诊所那样良好运作的医疗保健机构特别值得普通行业的管理者们学习。想象一下我们能从为下列顾客提供服务的机构中学到什么:(1)非病即伤,痛苦、彷徨又恐惧;(2)一旦住院就失去大部分自由;(3)需要却讨厌医护服务;(4)即使是第一次与医生见面通常也要放弃自己的隐私(和羞耻之心)。梅奥诊所和其他运营良好的医疗保健机构就是为这类叫做"病人"的特殊顾客群体提供服务,但是仍然赢得了他们的高度赞誉和忠诚。是的,这样一个成功的医疗保健服务组织的确能给大部分商业组织提供重要的启示。

当然,许多服务行业不同程度地与医疗保健行业之间存在着一些相同之处:

- 消费者从服务中得到的核心收益是无形的。这种收益来自于服务行为,因而,消费者出资购买的是无形服务,而不是得到有形商品。

- 虽然服务行业之间各有不同，但各个行业的服务行为都具有劳动和技术密集型的特征。
- 消费者是亲身体验接受服务的，这就要求服务供应商在时间和地点上与他们保持同步。
- 服务难以保存。当适于提供服务的物质资源和人力资源闲置时，这些服务的价值就流失了。
- 消费者对服务需求的分布呈现不均匀状态，有时消费者的需求会表现得非常紧急。
- 消费者的需要和喜好是多种多样的，这就要求服务供应商要拥有随时可用的多种技术和其他资源。
- 服务的可靠性（包括服务的准确程度和可信程度）是至关重要的。
- 多元化的服务供应商必须努力协调顾客的期望与他们执行服务之间的关系。
- 服务链由多个相互独立的部分组成，并因此显得十分复杂。[13]

医疗保健行业具有上面列出的所有特征，这些特征也或多或少地适用于从发电厂、航空公司到餐馆等其他服务业。从事医疗保健及医护工作的管理者和临床医师们，以及从事其他服务行业的管理者们都可以从梅奥诊所的运营和管理实践中得到启示。高效地运营以及以服务质量和绩效为产出目标的组织具有足够的挑战性，这类组织的领导者总是需要不断地向其他服务企业学习。梅奥诊所从事的医疗保健行业是最有挑战性的服务领域之一，又是在这个领域中做的最好的组织之一。本书将和大家一起分享来自梅奥的独到见解和创新。

我们的研究

我们写作这部书的首要目标是清晰而准确地阐述梅奥诊所这一高度复杂的劳动和技术密集型服务组织如何在百年之中持续而有效地运作，

并向读者展示如何把她的经验应用到其他医疗保健和非医护服务行业中。为了实现这个目标，我们首先必须对组织本身进行深入的理解，蜻蜓点水般地一掠而过是远远不够的。为了使本书值得一读，我们必须听取那些从亲身经历中了解梅奥的人们的观点，包括诊所的患者和梅奥的员工们；还必须通过自身的经历去了解梅奥，倾听梅奥的"声音"，观察梅奥的经营管理运作，体验在梅奥服务和接受服务的感觉；同时，必须把基于观测和基于史实的研究方法与传统的面对面访谈和调查研究的方法结合起来。

在研究梅奥诊所及其运作模式时，我们利用并汇总了一系列的素材，这些素材让我们有机会深入了解这个传统的、不善宣传的私营组织，并学习她的服务方式和她保持这种方式的原因。其中之一是作者利奥纳多·贝瑞在2001～2002学年对梅奥诊所的服务文化和服务体系所作的研究。另一个重要素材来自另一位作者肯特·赛尔曼，他即将从梅奥诊所退休。1992年到2006年期间，他一直担任梅奥市场部主任，期间诊所进行的许多针对患者、员工和医疗保健市场的研究都是在他的领导和监管下进行的。在这个项目上的合作使我们具有了"局外人"和"局内人"的双重视角。第三个素材是梅奥诊所的通力合作：从领导者到员工都欣然地接受了我们的采访，还允许我们将研究所得的关于诊所的内部信息写进书中。这本书的写作是独立于梅奥诊所之外的，写作的内容丝毫不受组织对象的控制。即使如此，这个高度私人化的机构仍然对我们全线放行。第四个素材来源于我们邀请的几位梅奥"全局"观察员——几个不同时期退休的梅奥首席执行官和高级行政人员，他们给了我们许多通过其他方式得不到的敏锐的见解。在后面的章节里读者们就会遇到他们，当然还包括更多的过去和现在的梅奥员工们。尽管本书的内容不受梅奥的控制，但是为了确保本书的准确性，我们还是邀请这6位全局观察员阅读了我们的书稿。

本书主要的基础研究分为两个阶段。第一个研究阶段是早在决定写这部书前，作者利奥纳多·贝瑞就利用公休假期针对梅奥进行了调研，这为本书的写作奠定了坚实的基础。这一阶段研究的课题是从患者、临床医师（医生和护士）及非临床员工（专职医护人员和行政人员）的角度找出理想的服务模式。研究地点选择了明尼苏达州和亚利桑那州的梅奥诊所。研究内容则包括了对这两地机构约1 000名员工的采访记录；在上百例体检和查房中针对临床医师与患者交流的观察记录；大量手术的观察记录；作为患者在梅奥诊所圣玛丽医院住院的亲身经历；还包括跟随一架紧急救援直升机出诊的经历。研究重点能广泛代表为住院和非住院患者提供服务的14个病情轻重程度不同的科室：心脏科、心脏手术科、皮肤科、急诊医学科、内分泌科、体检科、家庭医学科、胃肠科、医学和放射肿瘤科、神经内科、整形外科、移植外科、胸外科以及泌尿科。身为一个外部研究者，能够深入到诊所内部学习梅奥的服务文化和服务体系，这个机会是相当宝贵的。在这里，我们获得了关于这个声名显赫且名副其实的典范（即使不懂医学的人都如此认同）医学机构的宝贵知识，并有机会加深和提高我们的认识。（我们从梅奥的领导者们那里学到的经验，只要是可以分享的，都将会在这部书里呈现给大家）

第二个阶段的研究是专门为了这部书的写作而开展的。肯特·赛尔曼采访了数十名现任和退休的梅奥员工，其中包括现任和前任首席执行官、临床和行政的领导人员、医生、护士和其他人员。采访的时间大都为一个小时。许多采访是探索性的，目的是获得一些建设性的观点和想法，以帮助我们改善在本书动笔之前形成的结构和主题。此外，在此书写作的过程中，围绕特定章节的主题还进行了更多专题性的采访，有些人因而被采访了不止一次。所有的采访内容都保留有详细和完整的记录。

在研究的过程中，我们还参考了与研究课题相关的梅奥诊所自身的研究成果，利用了档案馆和图书馆人员提供的有关梅奥诊所的历史信息。此外，我们还参阅了相关的商业文献，以帮助我们阐明观点和支持结论。

本书描写的故事涉及真实的机构和真实的人群。除了患者之外，我们在书中提到的人名都是真名。除非有补充说明，书中提及的两个研究阶段的采访对象，均提供给我们第一手资料。在这部书出版之前，为了确保准确性，我们还请他们分别对书中引述的相关材料加以核实，也允许他们进一步对自己的评论详加阐释。

以传统的方式追求进步

随着时间的推移，劳动密集型服务机构的运作效率通常会变得大不如前。老化了的服务机构会变得更加官僚化和教条化，缺少灵活性和敏捷性，并导致进取心不足。服务机构依靠员工们的奉献和他们的服务热情跻身于并停留在优秀机构之列。但是，往往时间一长，工作人员就会失去他们的活力和"志愿服务精神"，不愿在服务上额外付出。结果是，一个曾经成功的或是高度繁荣的服务企业就此衰退下去了。

因此，当一个服务机构不再年轻时，它应该学会怎样像年轻的服务机构那样运作。而梅奥诊所就是一个把服务维持在年轻而充满活力状态的生动案例。梅奥诊所以传统的方式追求进步，她坚持自己的价值观，执行她原有的医护模式与管理体系，同时也创造并接受新的医学知识，丝毫没有受到时间、成长、成果和名誉可能带来的危机的影响。她的长期存在使得千百万患者从中受益，在未来还会有更多的人从中受益。我们之所以出版此书，是为了让另外一个更大的群体受益，这些群体包括那些想要改善服务质量、阻止机构老化的管理者和服务供应商们。随着年龄的增长，人类不可避免会衰老下去，但是服务组织不会衰老下去，他们可以变得更好。

大体说来，本书从梅奥诊所的核心价值观出发，描写了她的核心战略，并阐明了她执行和维持这些价值观和战略的方法。在本书中，我们把梅奥的历史事件与现实情况交织在一起，并运用了大量的故事和引言来说明我们的观点。本书的每一章都采取了"管理者课程"的形式，为他们讲述不同的主题。这些章节之间环环相扣，我们建议读者们按顺序阅读。每一章都讲述了梅奥管理艺术的一个侧面，错过了哪一章都十分可惜。

1895年，威廉·梅奥医生在明尼苏达州立大学医学系毕业班上作了一个演讲，主题是医学严谨的重要性。他这样讲道：

> 首先我想告诫你们，在诊断中仔细的检查是完全有必要的。自身的经历告诉我，在公众的心中，误诊比误治更加难以原谅。我深深地相信，有一半以上的误诊是由于匆忙的不按步骤的检查导致的。你们应该告诉自己永远不能跳过检查程序而急于妄下结论，在每一次诊断时都要全面、仔细地检查，抛开自己的偏见，只有这样，你才能成功。[14]

在做研究和撰写这本书的过程中，我们努力仔细地调查和阐释梅奥诊所经久不衰的卓越服务背后的成功基础，以便从她的模式中向其他机构传授宝贵的管理原理。欢迎您阅读这本书，尽情享受这受益无穷的旅程吧！

注释

1. Denis A. Cortese, "The Note on the Windshield," *Mayo Clinic Checkup*, July 2002, p. 2.
2. Thomas R. Viggiano, Wojciech Pawlina, Keith Lindor, Kerry D. Olsen, and Denis A. Cortese, "Putting the Needs of the Patient First: Mayo Clinic's Core Value, Institutional Culture, and Professionalism Covenant," *Academic Medicine*, November 2007, p. 1089.
3. "A Study of Attitudes toward Mayo Clinic," Report for Mayo Clinic, Social Research, Inc., December 1961, p. 55.
4. "A Study of Non-Patient Attitudes toward the Mayo Clinic," Research report for Mayo Clinic, Social Research, Inc., October 1962, p. 53.
5. "A Study of Attitudes toward Mayo Clinic," p. 56.
6. Robert C. Roesler, *Principles and People: Key Elements of Mayo* (Rochester, MN: Mayo Foundation, June 1984), p. 27.
7. As quoted in Roesler, p. 6.

8. See Rajenda S. Sisodia, David B. Wolfe, and Jagdish N. Sheth, *Firms of Endearment: How World-Class Companies Profit from Passion and Purpose* (Upper Saddle River, NJ: Wharton School Publishing, 2007) and Leonard L. Berry, *Discovering the Soul of Service: The Nine Drivers of Sustainable Business Success* (New York: Free Press, 1999).

9. Berry, 1999, pp. 35–38.

10. Leonard L. Berry, "The Best Companies are Generous Companies," *Business Horizons*, July–August 2007, pp. 263–269.

11. J. T. Logan, "The Mayo Clinic," *The Free Methodist*, February 13, 1931, p. 8.

12. Leonard L. Berry and Neeli Bendapudi, "Health Care: A Fertile Field for Service Research," *Journal of Service Research*, November 2007, pp. 111–122.

13. Leonard L. Berry, "Leadership Lessons from Mayo Clinic" *Organizational Dynamics*, Fall 2004, pp. 228–242.

14. William Mayo, (address, Minnesota State University) published in *Northwest Lancet*, 1895, vol. 15, pp. 221–225.

第 2 章

传承"患者至上"的价值观瑰宝

即使说一千次一万次的"谢谢",都不足以表达我无尽的感激之情。我万分感激那些在我妻子住院期间,对她精心照料的梅奥诊所的医生、护士及其他工作人员们。

在我看来,梅奥诊所具有三点特质使其独一无二,与我见过的其他任何医疗护理机构相比,梅奥都表现得更加出色。首先,在各个层面上都具有显著卓越的学术性和专业性。其次,在护理关爱每一位患者时,所表现出的杰出的团队协作精神。每一名医生、护士及其他支持人员都会全心全意为每一名患者的诊断、治疗及康复尽心尽力,服务周到。最后一点也是尤其重要的一点,无论是态度还是行动,"患者第一"(核心价值观)总是重中之重,人人都引以为规范标准。

在来到罗切斯特之前,我们还去拜访过另一名外科医生。他是该领域闻名世界、备受尊崇的医生之一,至少我们之前是这么听说的。我们都急切地盼望与他会面,我的妻子更是在就诊前一一列出自己想咨询的问题,以免有所遗漏。当这位外科医生走进诊室时,我们看到他的白大褂翻领上别着一个标牌,上面写着"患者第一"的字样,此时我们俩人都激动不已,急切地想要跟他详细恳谈病情。可是,当我的妻子向他问第一个问题时,这位医生说,要是他花大把时间回答她所有的问题的话，他就没有时间去回答那些不远千里，从世界各地赶来的其他患者的问题了……

与之截然相反的是，在梅奥诊所，"患者第一"并不仅仅是标牌上的一句话，而是一种生活和医疗服务的方式。[1]

这是一封致梅奥诊所负责人的感谢信，信的作者是一名律师，他与他的患病妻子（一名护士）写信时还没有意识到信中字里行间恰恰突出强调了梅奥诊所的基本价值观念，那就是"患者需求至上"。在随后的访谈中，这位患病妻子谈道，正是那位外科医生翻领上亮晃晃的标牌让她明白了自己到底想从一位医疗护理提供者身上得到些什么（这是一件多么具有讽刺意味的事啊）。当她感觉到自己接受的服务与标牌上的承诺并不相符时，她感到的只有失望。之后，这位患者和她的丈夫同别人聊起这次经历时，得到其他人的建议："哦，你们应该去梅奥诊所"。于是，他们听取了朋友的建议转去梅奥，梅奥给了她最深刻的感触，那就是"患者第一在梅奥绝不仅仅是一条标语而已"。

格伦·福布斯医生是梅奥罗切斯特诊所的首席执行官。他向我们解释了这其中的原因："如果你只是宣称有一种价值观，而并没有将其融入到组织的运营、政策、决策、资源配置以及文化之中，那这种价值观也就仅仅是一句口号而已"。他还说道：

我们自始至终都在宣扬"患者需求至上"这一核心价值观，这让梅奥诊所与众不同。一代又一代的梅奥人在开发政策时，在管理组织、配置资源时，在招纳雇用新员工时，都会不遗余力地将这一价值观付诸实践。它深深地、广泛地渗透到我们的管理及实践运营中，已然成为梅奥文化的一部分。因此，当我们遇到问题时，这种价值观不仅仅是一个对策，这就是上周有人提到过的所谓的营销法宝。"患者需求至上"的核心价值观念

不仅仅是组织营销的法宝，这一价值观已经深深地融入到机构
的组织管理之中。这正是让我们与众不同的原因所在。

梅奥的百年品牌建立在一系列核心价值观之上，这些核心价值观
渗透到这所医疗服务机构的每个角落，本章核心话题 "患者需求至上"
便是其中的重中之重。其他一些重要的价值观还包括联合医疗、组织
领导，以及高效护理等，这些价值观将在接下来的几章中一一讲述。
这一系列核心价值观指导梅奥诊所各个专业和管理层次的决策行为，
涉及组织内部上至理事会下到登记处的各个层级。系列的核心价值观
还涵盖了针对患者护理过程中出现的关于医疗、职业准则及服务等各
方面的决策，并且贯穿于组织管理和战略业务，以及同患者和员工的
人际关系等事务之中。该核心价值观构建了坚如磐石的基础，维持了
梅奥的生存及发展。

本章旨在探讨 "患者需求至上" 这一核心价值观如何历经百年延续
至今，它不但影响了梅奥的创始者们，而且还深深地影响着每一位梅奥
成员。无论过去、现在，还是将来，传承 "患者为中心" 的价值观（及
其他相关价值理念），都将或为梅奥管理层的首要职责。我们将详细阐
释该价值观是如何深植于梅奥文化之中，梅奥又是如何倡导、强化，并
维持这一核心观念的；该价值观又是如何激励、振奋梅奥员工，从而与
患者及其家属产生共鸣；探究它如何发展，并顺应社会变化的规律。

医疗服务中充满生命力的价值观

"患者需求至上" 这一核心价值观对梅奥的长期成功至关重要，因
为它与梅奥的主要客户息息相关，重点包括患者和他们的家属、咨询医
师，以及大多数的付款人——那些为美国大部分医疗保健事业慷慨解囊
的雇主们和保险公司。事实上，这一核心价值观也与梅奥诊所42 000多

名员工——医生、护士、诊所技术人员以及众多的支持人员密切相关。护理者们向患者提供最优质的服务，并因此体会到自身工作的崇高意义所在。正是梅奥员工对患者及其家属每时每刻的贴心服务，才得以使这些指引医疗服务组织的核心价值观历久弥新、代代相传。

如同梅奥诊所的很多其他要素，"患者需求至上"的价值观也同样源自于梅奥内部的协同合作。梅奥最初的，同时也是最重要的合作便是梅奥父子——威廉 W. 梅奥和他的两个儿子威廉 J. 梅奥和查尔斯 H. 梅奥以及同创办圣玛丽医院的圣方济会修女的合作。梅奥医生与圣方济会的合作始于1883年。当时明尼苏达州的罗切斯特市刚刚惨遭一场极具破坏性的龙卷风袭击。为了帮助那些受重伤的人，威廉 W. 梅奥医生向当时在城镇里开办学校的圣方济会修女请求援助。在解决了当时的危机之后，阿尔弗雷德院长（mother Alfred）㊀建议在罗切斯特市创建一家医院。梅奥医生起初并不赞成此项提议，因为当时医院曾被认为是患者生命力减弱，甚至死去的地方，另一个原因则是他个人认为罗切斯特市可能并不能够负担起一家医院的运行。阿尔弗雷德院长却坚持这一想法，最终梅奥医生同意在圣方济会修女医院的基础之上创立一所医院。于是，圣玛丽医院在1888年正式成立。[2]

在随后的合作发展中，梅奥医生发现圣方济会修女的价值观和他们不谋而合，他们都注重患者个人的需求。玛丽·克劳利修女是圣方济会的成员，也是现今圣玛丽医院弗朗西斯赞助方的行政管理人员，她这样解释："梅奥医生关注患者个体本身和患者的病情，而圣方济会也既注重于患者的身体护理，又强调关心患者的精神需求。"她又说道，双方的合作就是基于他们对"贫困和无助群体"的共同关切。

迄今仍深植于梅奥诊所的价值观是由其创始者——威廉 J. 梅奥医生和查尔斯 H. 梅奥医生，在他们事业刚起步的20年间精心酝酿而诞生的。

㊀ 阿尔弗雷德嬷嬷（1828–1899）明尼苏达罗切斯特市圣方济会创始人，她也是圣玛丽医院的创始人。——译者注

他们反思自己护理和治疗数以千计患者的经历，最终感悟出梅奥价值观的精髓。他们的父亲、圣方济会修女、他们的医师同事们以及该机构所有的员工都对该价值观的传承与发展做出了重要的贡献。

威廉 J. 梅奥医生于1910年在罗虚医学院（Rush medical college）⊖毕业典礼上，发自肺腑地道出了以下这番话："患者的最大利益就是我们最根本的关注点，为了使所有患者都能享受先进知识带来的好处，协同合作是必要的……当今医学发展成为一种合作的科学已是大势所趋。"³这一发言表明了两个相辅相成的价值观，影响着后来一代又一代的梅奥人。梅奥如今宣称的核心价值观——"患者的需求至上"，很显然是来源于此的。梅奥医生的演讲表明，患者的需求只有通过医疗服务组织全体员工的协同合作才能得以满足。

医疗行业以外的那些商业领袖们可能会认为，建立一个如"患者需求至上"这样的人性化价值观，对于一家医疗机构而言确实理所当然，可是对于那些像零售、金融或酒店服务等其他行业而言，这样的要求就有点勉为其难了。可是，正如本章伊始那封信所言，对患者需求的关注并非是医疗护理行业所必需的——这并不是必然之举。信中患者的经历告诉我们，在去梅奥诊所前，她曾拜访过4家声望极高的医院，但没有一家认真地倾听她的诉说。而在梅奥，一位护理诊断师耐心地聆听了她45分钟的漫长叙述。之后，这位护理诊断师又与一位胃肠病学专家一起仔细地倾听她讲述自己的病史，并且从中得出对潜在问题的几种推断。根据这些推断，那位专家对她进行了针对性的诊断，然后就得出了诊断结果。从这位患者的经历来看，梅奥诊所的"以患者为中心"的价值观确实是独一无二的。

在美国，社会大众以及政府官员对医疗政策和医疗机构充满疑惧。究其原因，大概是"以患者为中心"的医疗护理价值观缺失的结果。在《纽约时报》2007年2月刊一篇报道中，纽约州卫生专员——理查德·戴

⊖ 曾为芝加哥大学附属医学院，始建于1837年，在美国医学发展历史中占有举足轻重的地位，我国著名生理学家张锡钧（1899~1988）曾在此留学学习。——译者注

恩斯认为"该州的医疗体系是以'支出'为中心，而不是以'患者'为中心。"根据那篇文章，戴恩斯认为"政府应该致力于关注对于患者最为有利的方面，让现行政策与患者的需求相一致，而非反其道而行之。"[4]

当然，医疗护理行业数以千计的职业医师依然认为患者的需求是至高无上的。梅奥诊所并非唯一的一家致力于此的机构。并且，梅奥医疗提供者们在对待一些患者时仍会存在缺陷与不足，这也是令梅奥领导层大伤脑筋的一个问题。不管怎样，针对梅奥诊所的品牌研究表明，90%以上的患者都会向其亲朋好友"大加赞扬"梅奥诊所提供的医疗服务。这个百年品牌就这样被千百万人口口相传，因为他们都受惠于梅奥诊所"患者第一"的优质医疗服务，梅奥也因此声名远扬了。该价值观的传承与发扬对理解一个强有力的品牌为何经久不衰至关重要。这一品牌见证了一代又一代的梅奥医师、梅奥各方协作员工，以及11位CEO的伟大与英明。梅奥全体员工身体力行于该核心价值观，成为梅奥诊所辉煌至今的最根本原因。

以患者为中心的组织文化

梅奥诊所的患者及来访人员经常会找到诊所的医生和行政主管，向他们询问用以营造"以患者为中心"的服务氛围的相关课程或培训问题，有些人甚至邀请培训者到自己公司去讲授课程。可是，这些组织并非让所有员工都必须接受这种"超强"课程的培训。即使是员工们接受了这种培训，其效果也跟梅奥诊所不尽相同。有人曾经推断，"以患者为中心"的服务价值观源自于北欧移民创立的农业文化工作准则。这些移民大多定居在明尼苏达东南部，而这也恰好是梅奥的创建地。罗切斯特诊所的很多雇员家庭都曾经是以农业为生，还有更多的员工也只是最近一两代才离开耕地。同时，明尼苏达州的民众们也是以友善著称的，他们被叫做"友善的明尼苏达"。但是这却无法解释梅奥在佛罗里达州杰克逊维尔诊所及亚利桑那州斯科茨代尔和菲尼克斯诊所的成功，无法说明为何那里的患者满意程度跟罗切斯特诊所的不相上下。显然，"以患者为中心"的服务也存在于这些不同地区的分诊所内。

"患者需求至上"这一核心价值观始终深深融入到梅奥诊所的血脉和文化之中，否则梅奥是无法生存下来，并历经百年直至今日的。但这其中的秘诀并非是一堂课程、一次培训、一个战略目标或者一张打分卡片就能够揭示的。我们在接下来的几章中会谈到诊所的服务系统和程序、诊所及公共空间的设计、绘薪医师以及团队（联合）医疗的方法等，这些都是该机构核心价值观的显著体现，并且进一步加深巩固了梅奥的组织理念。诊所的战略规划以及其他重要的执行战略、运营策略和诀窍统统都围绕"患者需求至上"的价值观开展。这一核心价值观定义了梅奥"存在的理由"，并指导其前进的方向。

尽管没有单一的课程来讲授"患者第一"的价值观，梅奥的领导人及培训项目却不厌其烦地强调这一价值观的普及。例如，"患者需求至上"是新员工入职培训项目所强调的重中之重。罗伯特 F. 布莱汉姆是杰克逊维尔诊所的行政管理委员会主席，他说道："在入职培训的5分钟之内，新员工们就会听到这一价值观，因为我就是从这一点开始讲起的"。在接下来观看的有关"梅奥传统"的影片中，新人们会感受到组织的这一核心价值观被再次强调，随后的报告也会围绕该价值观的重要性展开。在罗切斯特诊所，这一理念在新员工入职3个月、4个月，甚至一年后，通过特殊的培训项目得到强化。培训结束的数月甚至数年之后，即使其他的培训细节可能早已被忘得一干二净了，但这些核心价值观却依然在员工的脑海里历历在目。员工们熟识和懂得"患者的需求至上"，因为他们每天都在工作中体验这种文化。大多数员工都可以将"价值观宣言"——"患者需求至上"倒背如流。他们可以称其为"使命宣言"或"核心战略"，不管名称为何，该价值观在所有员工心中都是根深蒂固的。

如今梅奥的领导阶层逐渐不再仅仅满足于此种文化同化的方法，尤其是在新医师的培训方面。他们最近针对于此开发了一项医师交流课程。罗切斯特诊所该项目的负责人，丹尼尔 L. 赫尔利介绍说，该课程在不同的分诊所略有差异，但都要求"通过交流沟通来改善医师和患者之间的关系"。杰克逊维尔诊所更是要求所有的医师——不仅是新医师，都必须参加该项目。尽管患者满意程度分数已经非常高，可威廉 J. 梅普尔斯医生还是不尽满意。作为杰克逊维尔诊所质量、安全和服务委员会的主席，他说道："我知道，我们可以做得更好"。该课程要求医师认真倾听患者的病例陈述，不得打断插话，并且还教导所有医师向患者问询"还有其他问题吗？"，以确保患者不隐瞒一些重要信息或者疑虑等。梅普尔斯医生对项目的效果做了总结："患者满意度分数已经提高——我们认为该课程帮了大忙"。2006年，杰克逊维尔诊所的领导者们决定让所有的工作人员都参加与之类似的患者—员工交流沟通的项目课程。

尽管如此，我们最后还得说明，要是梅奥文化中没有该核心价值观，即便是开设更多的教育培训课程也无济于事。梅奥的一位名誉退休的行政主管简·坎皮恩如是说道："如果你坚定地履行梅奥价值观，那么梅奥就成为了你基因的一部分"。这就好比化学专业人士与元素周期表的关系，很少有几位化学专家能记得起学习过元素周期表，可是大部分都对其了如指掌。化学专业本科或研究生课程也没有要求学生们必须记住该表，但是他们一旦了解化学这一学科，他们就掌握了周期表。相似地，当一个人理解如何成为一名梅奥诊所的员工后，这些价值观也就被内化，并且牢记于心——员工们都知道这一核心价值观。这一价值观不是通过刻意的教育手段维系至今，而是作为一种文化被代代传承。

传承梅奥价值观

梅奥诊所已经把他们自身的价值观、文化和期望编撰为《梅奥诊所

护理手册》(见图2-1),梅奥诊所的每位员工人手一册。该手册虽然直到
1998年才得以正式采用,但它记载了梅奥诊所自建立以来的基本运营情
况。在所记载的梅奥历史与传统中,有关梅奥诊所建立者的情况,既有
一手的史料,也有二手的转载资料。例如,梅奥诊所一位早先的领导者
理查德 W. 克里曼斯于1950年加入诊所,并于1992年退休。他开玩笑地
说:"我不知道谁是耶稣,但我知道他的十二个使徒。"随后他解释道,
他其实并不认识梅奥兄弟俩,但是他和梅奥兄弟培训出来的领导者们共
事,为梅奥效力。他也认识威尔医生和查理医生(在诊所内部,梅奥兄
弟就是被如此称呼的)的孩子们。尽管到20世纪90年代末,梅奥诊所的
前两代先辈们已经很少活跃在诊所了,但对于克里曼斯来说,梅奥的优
良传统还是可以唾手可得的。

　　梅奥诊所的护理手册以卓越的服务质量和人性化的医疗护理为特征,其服务和护理
皆在其多领域的综合机构得以实践。诊所在不断前进发展中,始终坚持"患者的需求第
一",作为梅奥诊所的服务宗旨,必须围绕以下几点展开。

患者护理
- 医学院、合作团体和员工之间在领域分明的环境下共同合作。诊所拥有大量的
  专家,在各自的领域里各尽其职。
- 进行检查诊断时,无需匆忙下决定,应认真听取患者的情况。
- 诊所的医师负责和患者的当地社区医师长期合作,指导患者的医疗护理。
- 以人道和值得信赖的方法给患者提供最优质的服务。
- 时刻尊敬患者、患者的亲属及其当地医师。
- 全方位的综合评估,并及时有效地进行评定和治疗。
- 诊所采用最先进的诊疗技术,以及创新的诊断工具和治疗方法。

梅奥氛围
- 梅奥的组织文化培育出高素质的员工,他们的贡献有目共睹并受到尊重。
- 专业的医护人员,他们拥有令人信服的工作伦理和职业素养,娴熟的专业技术
  和对梅奥的无限忠诚。
- 有良好的医学研究和医学教育的学术氛围。
- 优秀的医师领导艺术。
- 完善的病历制度,对门诊患者和住院患者提供同样的热诚服务。
- 针对专业医师团队,重质不重量的职业补偿和薪酬激励。
- 独特的医护职业着装、友善的医疗服务礼仪,以及优良的医护设施。

图2-1　梅奥诊所护理手册

在20世纪80年代的中期，梅奥诊所的运营规模开始大幅度增长。在还没有扩展到杰克逊维尔市和斯科茨代尔市之前，梅奥诊所的员工共有8 159名，其中包括832名职业医师。1997年，梅奥诊所理事会委派梅奥诊所护理手册编制项目组将其医护模式编制成册。当时梅奥诊所的员工数量已经上升至23 182名，比1985年增长了近三倍之多，执业医师人数增至1 527名。克里·奥尔森医生曾经负责编制工作，他解释了梅奥人员规模扩大的原因：

> 在过去的十年里，诊所的发展非常迅速，我们担心那些没有在梅奥诊所接受过培训的新医师可能无法理解使梅奥获得成功的那些运行方式和价值观。我们同时还担心，梅奥诊所短期内的经济困难可能会导致其运行方式的变化，进而对梅奥的长远发展不利。所以，我们认为保持梅奥诊所独特风格的关键是依靠核心的价值观传承和贤明的顾问指导。只有这样才可以使梅奥诊所独特而宝贵的医疗护理模式和经验延续下来。

多恩·米利尼医生主要负责梅奥诊所三个分所的临床实践咨询项目，她说："当时，我们担心随着诊断和护理技术不断发展，公众对健康护理的期望不断变化，政府和监管机构的要求不断改变以及医疗保健服务可能带来的财务压力，梅奥诊所珍贵的价值观遗产会从此消失。"大卫·赫尔曼医生曾经是梅奥诊所罗切斯特院区的临床实践委员会主席，他解释了护理手册的用途："我们使用护理手册，就像一个国家必须要有宪法一样。它是梅奥诊所成功的法宝。不论是执行理事会还是临床实践委员会在所有的会议上几乎都会提到这本手册。"米利尼医生把它叫做是"接触点"。[5]这一章开头的感谢信已经清楚地表明，梅奥诊所及其下属医院的患者们显然感受到了该诊疗和护理模式的优点。患者们将自己的病史和相关病历讲给医师和其他的工作人员们，他们清楚地知道照顾自己的各位医生之间是不缺乏交流和沟通的。

　　大部分新聘用的医护人员主要通过对有经验员工的观察来熟悉他们自己的工作，这种经验本身便具有社会性，可以为机构的价值观和文化的传播创造良好的机会。这在医疗护理行业中尤为突出，因为医疗护理的培训和入门教育持续时间很长。超过62%的梅奥诊所内科医生，其部分培训甚至全部培训都是在诊所内部进行的。也就是说，他们的"工作面试"通常会持续了好几年，除了要评价内科医生和外科医生的专业水平和认知技能外，他们对梅奥诊所核心价值观的履行程度也成为被考察的一个重要方面。在第5章中，我们还会了解到梅奥诊所是一个以医师为领导核心的团体。所以以患者为中心的价值观和实践活动在诊所工作人员身上的体现是至关重要的，他们的表现是梅奥价值观得以传承的关键所在。

　　不论是刚刚入职的护士，还是经验丰富的护士，他们同样都要接受诊所广泛深入的价值观教育。执业护理师伊丽莎白·帕斯卡专门负责罗切斯特诊所内的价值观教育，她认为价值观是这个项目的重要组成部分，它不仅仅是几堂课、几次讲座而已，而是一种深深融进每位员工心里的概念和精神。最近，这个项目新增了一项名为"读者剧场"的活动[6]，这一活动向人们展示了梅奥诊所护理事业的起源和根基。这些读者，主要是那些接受培训的员工，将饰演各种角色，包括梅奥兄弟、圣方济会修女，还有伊迪丝·格拉汉姆——她是首位在圣玛丽医院接受专业培训的护士。剧中有一幕展现了年轻的圣方济会修女玛丽·约瑟夫第一天工作时的情景，她回忆道：

　　　　我的第一项护理工作是帮助一位要接受检查的全裸的男性患者。当时一名医生和格拉汉姆小姐正在那里忙碌着，而我则站在旁边的墙角，背过身，气愤不已，觉得受了天大的羞辱。检查结束后，我向格拉汉姆小姐提出了抗议，请求她让我回去继续教授新员工。她语重心长地告诉我说，照顾患者是你的职责，无论是女患者，还是男患者，而女护士这种"避嫌"的态度往往会导致护理工作中的疏忽。从那以后，我学会了要尽一切努力满足患者的需要……[7]

这位圣方济会修女一直在圣玛丽医院做管理工作，长达47年之久，并且时刻注重防范护士中过分拘谨的"避嫌"心理影响正常的护理工作。[8]

现今，为期一周的"梅奥诊所遗产纪念日"在每年的十月份举行，这项活动的核心是传承以患者为中心的梅奥价值观和理念。这项庆祝活动源于罗切斯特诊所，那时的主要目的是加强梅奥诊所、圣玛丽医院和罗切斯特卫理公会教派医院的合作，因为在20世纪80年代中期，这3家诊所是独立运营的。2000年，一位人类学的专家顾问分别研究了这3家诊所，并把"遗产纪念日"这一想法推荐给另外两家诊所。于是，2001年三家诊所同时举行的"梅奥诊所遗产纪念日"活动便正式启动了。

"遗产展示厅"于2004年竣工开放，这座展示厅堪称一座博物馆，意在"向人们讲述发生在梅奥诊所里的历史故事和不寻常的情节"——这是马修·达西理事的原话。虽然展示厅首先出现在罗切斯特，但是现如今在杰克逊维尔市和斯科茨代尔市的菲尼克斯也都有这样的展示厅，有些展品是循环展出的。达西还说，博物馆向我们展示了"患者护理是所有故事中首要的和最具影响力的情节"。最早的博物馆是由两名资助者赞助建成的，他们都曾是梅奥诊所的患者——约翰·马修斯和莉莲·马修斯。在修建这座博物馆时，两位资助者说出了他们的目的："我们希望这座建筑可以为梅奥诊所锦上添花。"这座建筑告诉所有的患者及员工，梅奥先辈们创造了不朽的价值观，创造了伟大的团体，同时也赢得了极高的赞誉和不朽的品牌。在梅奥诊所，患者的需求绝对至上。

在罗切斯特院区建成的"1928年的普拉莫大楼"具有重要的历史意义，因为这座大楼基本上保持了梅奥兄弟在20世纪30年代最后在职时期

的办公室风格。这座意义非凡的大楼里还有一个房间，在那里梅奥理事
会的成员们度过了几十个春秋。梅奥兄弟所获的各种荣誉高悬在墙壁上：
他们拥有的荣誉博士学位、世界各地的医学社团的会员称号，以及多项
公共服务奖项等。来到这个房间的人都不约而同地认识到梅奥兄弟确实
是真正的医学先驱，而不是市场宣传和媒体报道的产物。对过去遗产的
保护激励着下一代员工时时刻刻谨记他们的责任，他们必须用专业娴熟
的医术，以人道悲悯的医德回报整个社会，因为正是这样的医术和医德
造就了梅奥诊所不老的传说和不朽的百年品牌。这些同时也成为预防梅
奥员工自鸣得意的良药秘方。

　　在贡达大楼主入口的街对面有一座雕像公园，它于2004年建成，并
成为了罗切斯特院区的一部分。那里坐落着威廉 W. 梅奥的雕像，正是
他的两个儿子创立了梅奥诊所。另外，还有莫斯·阿尔弗雷德院长的雕
像，她是圣玛丽医院的创始人，这两座雕像坐落在公园的一侧。公园的
另一侧是威廉 J. 梅奥和查尔斯 H. 梅奥两兄弟的铜像。他们很随意地坐
在阶梯台阶上，而身后便是梅奥诊所的主入口。铜像的坐姿主要是根据
两兄弟年轻时在自家门口拍摄的一张照片设计而成的。照片中的两兄弟
也是这样的坐姿，只是在雕像公园里，他们坐在了诊所的前台阶上，而
这个诊所是以他们的名字命名的，其设计深意可见一斑。在艺术设计后，
原来照片中的木台阶变成了雕像中的大理石台阶，并且延展成为弧形。
这些雕像和设计吸引很多游客纷纷前来拍摄留念。雕像中的梅奥兄弟是
按他们的真实高度进行塑造的，既没有增大尺寸，也没有把他们的塑像
放在大理石的底座之上。在梅奥诊所接受培训的内科医生们与两兄弟拍
了很多合影，照相时，他们和梅奥兄弟肩并着肩，很是亲密。当然，有
时他们也会摆出滑稽的神情。游客和患者也经常会和梅奥兄弟合影，因
为他们领悟到梅奥诊所妙手回春的医术和梅奥兄弟是分不开的。

　　在本节的最后，我们想告诉读者的是，这些活动——包括员工的价
值观教育，开设教育课程，遗产纪念日，博物馆以及雕像公园等，都只

不过是辅助手段而已。梅奥诊所传承宝贵价值观的真正力量是全体员工在工作中时时刻刻谨记以患者为中心的服务宗旨。

服务的权威

当一种价值观成为组织成员"DNA的一部分"时,它就不仅仅是影响员工们日常工作的因素,而且是赋予员工们的一种特别的权力和道德权威,使其能够在特殊的场合应付自如。如果组织成员认为某位患者急需采取相应的措施时,他们不必得到什么人的批准。比如,当梅奥成员看到一位患者蹒跚难行时,他可能会面临准时赶到诊所工作部门与花十分钟的时间帮助患者取来轮椅的选择,而梅奥的成员往往会选择后者。当成员们援引基于价值观的权威,行使梅奥价值观触发的权力时,非凡的优质服务便在不知不觉中送达患者。

亚利桑那州梅奥诊所的前任人力资源部部长马修·麦克艾尔雷斯向我们讲述了一个有关员工行使服务授权的故事:

> 当时,我生病住在梅奥诊所的重症监护室(ICU)。特拉斯特克医生(亚利桑那州诊所的首席执行官)和他的妻子刚从罗切斯特返回。在得知我生病住院的消息后决定亲自到医院来探望。

> 其实,他们亲自来探望我并不是令我感触最深的——当然我是深深感动于他们的那份心意的,但是真正让我深有感触的是护士为了让我好好休息,竟把他们挡在了门外。

> 当我醒来的时候,那位护士对我说:"在您休息的时候,有几个人来探望您,但是我没有让他们进来,希望您不会介意。但是有一个人让我觉得很过意不去。"

> "为什么啊?"我问道。

　　她说："特拉斯特克医生和他的夫人过来看您。我告诉他们
您正在睡觉，我真的很想让您好好休息。"

　　我说："真的很谢谢你，这样很好。以后我再跟他们联系
吧。"

　　可她还是疑惑地问："没问题吗？您不介意吗？"

　　"当然不介意'，我说。其实我在心里想，"这是一个多么好
的榜样啊，护士首先会问自己什么对患者是最好的，而她就是
这样做的"。她知道当时对我病情最好的处理方式就是能够使我
好好休息，所以她才不惜把医院的首席执行官挡在门外。

　　临床助理的主要工作是安排后续的医疗预约，但在这一过程中，如
果预约安排会耽误患者一整天的时间时，他们会不遗余力地帮助协调解
决。临床助理本着患者第一的态度和决心，花费大量的时间，依据患者
不同的需要安排预约计划。患者可能永远都不知道临床助理背后付出的
这些努力，而正是这些默默无闻的梅奥成员才给诊所塑造了服务患者的
良好形象。他们从中得到的、体会到的便是一种自身的满足感，以及他
们在帮助梅奥诊所塑造 "患者需求至上" 这一卓越的核心价值观和行医
宗旨后的那种成就感。

　　当员工遇到一名病情恶化、身处险境的患者时，员工授权便成为
最有效的解决方法。医院和诊所所属的联合委员最近研究发现，较大
医疗事故出现的原因往往是疏于交流沟通，因此他们把提高护理人员
之间交流的有效性确定为 2007 年梅奥各诊所机构患者安全保障目标的
重中之重。梅奥诊所其实很有先见之明，早在 2005 年便在亚利桑那州
发起了名为 "加一制度" 的医疗活动。这一项目旨在确保当 "患者的
临床需求" 无法得以满足时，关键信息能够得到准确、有效地传递和
交流。这个项目再次重申了梅奥诊所历来的服务宗旨。"加一制度" 是
指任何一个员工都可以向控制链中的另一名员工咨询满足患者需要的

信息。通常，"另一个员工"是指主管或者经理，但有时候也可以是同等级的员工。举例来说，即使在凌晨2点钟，一起工作的护士也可以快速决定是否应当打电话叫醒一个值班的医师。同样地，如果一个护理人员觉得自己对患者的观察和别人的有所不同，这时便可以直接借助于"加一制度"来确定采用对患者最有利的措施。任何护理者，包括护士、医疗技师和医师，都可以采用"加一制度"来确保患者的需要可以得到及时有效的满足。

安妮·萨德斯汀医生是梅奥诊所的一名急诊医生，她讲述了在诊所的教育课程中时常会提到的一个小故事。一位驾驭重型卡车的女司机开车行驶到罗切斯特市时突然生病，她来到梅奥诊所的圣玛丽医院，把卡车停在了医院前面，随后向急诊部走去。医生强烈建议她立即住院，可是她拒绝了。医院的员工向她询问了几个问题之后，便了解到她拒绝住院的原因，原来她不放心停在医院前面的卡车，而且她的狗还被锁在驾驶室里面。得知这一情况后，一个急诊部的护士主动提出去处理卡车和狗的事情，虽然这并不是他的分内之事。于是，患者便把钥匙给了这位护士，事后那位护士说："当我发现那辆卡车是一辆肯沃斯卡车，并且还配有一个53英尺长的拖车时，我真的有点吃惊。"当时，那位护士记起一个同在急诊部工作的同事，他曾经是个长途卡车司机，并且还持有商业驾照。最后的结果是，第二位护士移走了患者的卡车，并随后分别拨打了当地肯沃斯卡车销售中心和罗切斯特警察局的电话，最后终于得到许可才将卡车停泊在一个商场停车场里。而第一位护士便负责照料患者的狗。

这些护士不仅仅在急诊部里自觉履行尊重患者需求的义务，同时也努力地做一些职责之外的事情，只为更好地为患者服务。那位照顾小狗的护士不仅给小狗建了舒适的小窝，还承担了它的医护工作。他说："小狗和它主人的病情都在慢慢转好，过几天他们便可以相聚了。"萨德斯汀医生总结道："所有这些努力的付出就是为了保证患者的所有需求都能得以满足。这是个不可思议的奇妙故事,这些梅奥员工也很奇妙。我相信,每天都有这种难以置信又令人期待的故事发生在我们的身边"。

　　阿尔曼多·卢切西是亚利桑那州梅奥诊所斯科茨代尔院区的物业总务部经理,他欢迎下属的工作员工无论在他们轮班的白天和黑夜都可以随时呼叫他。这表明了他是如何成功地将"患者第一"的服务宗旨灌输给每一个员工,同时也显示出员工们感觉到自己可以在护理患者时做更多的贡献。虽然他们大多上夜班,那时几乎没有什么病号,但是对于他们来说这项权力的意义是不同寻常的。其中一个员工因病请假在家,她从家中给卢切西打来电话,讲述她在一次体检时,发现一片瓷砖从检查室的房顶上脱落了。这位员工打电话沟通此事,就是想避免患者再一次看到同样的情形发生。这些物业总务部的员工们虽然不十分了解梅奥,可经常会不约而同地来到这里。"我告诉我的员工们梅奥诊所的历史,也告诉他们患者来到梅奥诊所对我们抱有的期望。这些让我们感到非常的自豪"。卢切西感慨地说:"梅奥诊所的传统和梅奥兄弟一直激励着我们。我们都想成为这个团队的一员,把最好的工作和服务提供给患者。"

　　梅奥的员工是诊所里最挑剔的"患者",他们打出的满意度分值卡永远是最低的。他们对自己要求严格,给自己定下很高的标准,他们总是第一个发现在实施"患者第一"的宗旨时出现的每个细微的差错。爱德华·罗斯诺医生是一位梅奥诊所的退休医师,他自愿为在职的员工讲述梅奥诊所的服务文化。他讲到最近发生的一件事:一位在梅奥诊所工作15年之久的员工被检查出患有乳腺癌,随后她去放射科接受X光复查。她被一位临床助理从候诊室里叫出来,但她注意到这个临床助理在打哈欠。作为既是患者又是员工的她,承受着病痛的折磨,看到这一情形,她非常生气。她向罗斯诺医生埋怨说:"我患有乳腺癌,但是那个临床助理竟然显得很累很烦的样子。"被赋予权力的员工为彼此设定很高的标准,即使是看似微不足道的事情,他们也会做到高标准,并保持严格的要求。

　　罗伯特 R. 华勒医生是一位退休的眼科专家。1999年，他曾担任梅奥诊所所长兼首席执行官。他指出，"患者的需求"经常是些微不足道的小事，可却同时也是至关重要的。华勒医生回想起他的一个内科医师同事在一个周五下午晚些时候打来的一通电话，并给我们讲述了其中的情节。这位内科医生的一个患者因为要赶时间搭乘航班，需要尽快离开诊所。这个当事人是一位糖尿病患者，他对自己的视力非常忧心，但是先前并没有预约诊所的眼科医生。当时患者需要的只是心理上的安抚，于是华勒医生答应了患者的会诊要求，"这只花了5分钟的时间"他说道。在这种情况下，他可以安慰一下患者，反复告诉患者详细检查完全可以推到下一次，不会出现什么问题。华勒医生说道："这样做，不仅能够使患者感到安心，医生也可以从这种服务中得到快乐和满足。"

　　2005年9月，由于飓风袭击新奥尔良，几名患者必须从新奥尔良转移到佛罗里达州的杰克逊维尔市。在护理这些患者时，一位急诊部的医生发现那天正好是一位患者的生日。这位患者在杰克逊维尔市并没有任何亲人——事实上她一个亲人都没有了。于是这位急诊部医生打电话给妻子，让她做个生日蛋糕，并带着自己的孩子们一起来到急诊室，为这位患者庆祝了生日。正是这种简单而人情味儿十足的举动使这位一无所有的患者在心灵深处感受到了如沐春风般的喜悦。

　　像上面所说的那些故事在梅奥诊所里传颂着，同时也激励着人们创造更多美好的故事。一位管理者讲述了这样一件事：一位年轻的女士身患癌症，生命危在旦夕，护理她的几个护士一起凑钱为她远在千里之外的丈夫买了机票，好让他们夫妻能够团聚。在另一个故事中，一位患者这样说道："我一直没有深刻体会到什么叫'感动'，直到得知自己患了癌症，在承受化疗和手术的压力与痛苦时，才深有感触。真的非常感谢你们在身体和精神上对我的照顾。"在成百上千张梅奥诊所的评价卡里，还有这样一个故事：一位37岁的男性患者住院，之前他和妻子都认为他患的是良性肿瘤，但是经过手术活组织切片检查后，发现他患的是骨肉瘤——一种骨癌。在后续的手术里，他的妻子想陪他一起渡过，于是护士组的成员们便把原本的双人病房改成了单人病房，好让他们夫妻能在一起渡过最艰难的时光。

"以患者为中心"的宗旨在医院委员会和理事会的决策中也同样至关重要。在华勒先生主持理事会的时候，他和他的同事们经常会遇到棘手的问题。当意见很难达成一致时，总会有人问："也许这样是对的，但是什么才是对患者最好的呢？"雪莉·维斯是梅奥诊所的首席行政官，她也说道："'以患者为中心'的价值观省去了开会时很多的繁文缛节，因为我们只需要问，'这样做是对患者最好的吗？'，就可以让我们找到问题的关键所在。"她引述了一个形象的例子：电子病历主要涉及医师需要签字的周期。当然签字是一件麻烦的事情，但是医师只需要问一下什么对患者最好，对患者的隐私最好，便能很快做出正确的决定，做出对患者最有利的决定。

梅奥诊所的建筑给人的印象非常深刻：空间很大，地面清洁，也非常实用，便于出入。博物馆、雕像馆和周围的景色都非常迷人，看起来让人倍感舒适。但真正的梅奥诊所并不是那些肉眼可见的东西——不是建筑物上的砖头、泥灰或者大理石，而是梅奥诊所的服务价值观。作为一家服务机构，梅奥诊所的明天一定会像今天一样辉煌灿烂。患者们向他们的朋友们和家属讲述着梅奥诊所代表的人道的个人医疗护理服务，这种服务日新月异，这与梅奥诊所的员工们勤于和患者及其患者家属交流沟通密不可分。以服务为基础的员工广泛授权是梅奥诊所获得长期成功的必要条件。

慷慨举动，强化核心价值观

从一开始，"患者需求第一"的核心价值观就存在潜在的经济衡量尺度。休·巴特医生是唯一在世的由威廉 J. 梅奥亲自培训的医师，他向我们叙述了1936年和梅奥医生一起合作为期3个月的临床轮班工作。威廉 J. 梅奥医生在1928年放弃了梅奥诊所的外科职位，并于1932年从理事会退出，但是他仍然活跃于诊所的大小事务上。威廉 J. 梅奥医生对年轻的巴特医生说："我只接待那些病情危急的以及那些家境贫寒的患者，至于其他的，我一概不诊。你明白我的意思吗？"巴特医生很快发现一个患者，这个患者穷困潦倒、生命垂危。当巴特医生和威廉 J. 梅奥医生给他做检查时，他的病床在露天的一间8人病房里。巴特医生回忆道，当他们要走开的时候，威廉 J. 梅奥医生说，"是的，就像你说的，他病的很严重，也很穷。"巴特医生继续着他的故事：

> 威廉 J. 梅奥医生给了我400美元！……然后他说道，"你上楼把钱给收银员。不要告诉他钱是怎么来的，把那个患者转移到单人病房里去。还有，再给他配一个护士。保证病房里配有冰桶和风扇以便给他降温。"——这是当时我们仅有的制冷方法。威廉 J. 梅奥医生一次次地这样做，帮助那些身染重病的患者，但那些患者却从不知道是威廉 J. 梅奥医生把他们都移到了单人病房。

梅奥诊所的创建者们对于他们的服务价值观总是身体力行。有时候患者需要的是临床护理，但有时就像之前提到的几个例子，那些病危的患者和他们的家属需要的只是隐私、舒心和尊严等金钱买不到的精神需求。

梅奥兄弟始终坚持一个原则，那就是每一名患者都应得到最优质的医疗护理。梅奥诊所的历史上从没有"费用决定一切"这样的标准。相反，在梅奥诊所，患者的费用是由其支付能力决定的。比如说，第二次世界大战期间，一位在欧洲服役士兵的年轻妻子患了严重的多发性硬化症，她来到罗切斯特寻医。当时，这位患者和她母亲住在一所公寓里，女儿每天都得接受治疗。在出院之前，他们收到了仅有的账单。"只有

28美元，所有的检查费、医药费、治疗费用全都包括在内"，患者的丈夫回忆道，"之所以是28美元，是因为那是我在军队服役时一个月的收入。"很明显，为了满足患者的这个需求，诊所将不得不承受巨大的经济损失。

20世纪80年代，与一位心脏病专家的对话使华勒医生至今还记忆犹新。这位专家面临的一个难题可能会影响梅奥的财政状况，当时一名患者需要置入一个心脏起搏器。有两种方案，第一种方案是置入一种经过医疗机构批准的心脏起搏器，但是需要多次手术和术后的住院治疗，更糟糕的是有病情恶化的可能；第二种方案，置入的起搏器可避免第一方案的不良反应，但未经医疗批准，这样梅奥诊所便得不到任何的补偿。华勒医生回忆道，"这件事根本不用考虑，选择对患者最好的方案。"

当今，保险合同和公共政策不再允许梅奥诊所去实施"社会契约"——穷人和富人所付的医药费金额是依照他们的收入而定的，而慈善组织同时也努力挣取资金来维持其日常的运营。作为一个21世纪非营利组织，梅奥诊所每年的收入在70亿美元以上，并正在用一种不同于其创始人的方式阐释着慈善和团体的涵义。当然，梅奥诊所依旧非常注重每位患者的需求，仅2007年，诊所便给那些无法支付医疗费的患者提供了价值0.556亿美元的医疗护理服务。除此以外，未支付的医疗救助，以及其他贫困医疗项目总计1.271亿美元。也就是说，仅仅在2007一年的时间里，梅奥就向那些有需要的患者免费提供了价值高达1.82亿美元的医疗护理服务。除此之外，梅奥诊所还培训了很多新的医师和医疗人员，以便更好地服务更多的患者，他们还支持医学研究，寻求治病良方。2007年，梅奥诊所提供了3.46亿美元的资金用于支持医学教育和医学研究。2007年的社区总体收益超过了5亿美元，并且最后所有的经营净收入都被重新投资到了医学教育和医学研究中，以便让后代受益。

新服务需要新定位

在现代的消费者看来，梅奥诊所的一些传统并不被认为是以患者为中心的，预约就诊日程表就是其中一例。很多年来，梅奥大多数门诊部只有两个可以预约的时间：早晨8点和下午1点。也就是说在4个患者中，只有1个可以很快安排就诊，但是其他的3位患者就可能需要等一两个小时，甚至3个小时才能就诊。这套系统并不是以患者为中心，而是以医师为中心，因为它确保医师不会因患者就诊的顺序而"浪费时间"。罗伯特·弗莱明是1993年退休的一位首席行政官，他在梅奥诊所从事了43年的行政管理工作。他解释说，这套系统也有它以患者为中心的一面，这样可以确保患者和医生有足够的时间交流。例如，患者面临的可能是一次非常严峻的诊疗，以及复杂的治疗方案选择。这样的话，患者需要的时间就可能会比正常安排的60分钟要长得多。20世纪90年代，患者需要最有效的利用个人时间，于是该套时间安排系统便寿终正寝了。现在的预约系统为每位患者量身定做，并且等待时间不会超过15分钟。

最近的几年里，梅奥诊所越来越关注患者的需求，而且不仅仅局限在诊所内部的医疗护理。埃里克·埃德尔医生致力于该领域的完善已经有七八年的时间。他说道："一旦患者来到梅奥诊所内，我们便竭尽所能地提供优质服务，但是由于我们的预约标准很高，这无形之间就在诊所四周立了一堵墙。如果你身在诊所之外，你便很难进来，并且服务质量有时也很差。"埃德尔医生向我们讲述了在预约领域取得的一些进展。例如，在进行预约之前，患者的医疗审评是必需的，现行的服务标准是在24个小时之内做出决定。在此标准实施之前，患者可能一连好几周甚至永远都得不到任何回复。可是现在，如果在24小时之内临床分析人员没有给预约办公室任何回音的话，系统就默认预约成功。埃德尔医生还说道，"过去，我们通常用信件或者电话通知患者预约事宜——'您可以在3月3日的下午两点来我们的诊所就诊。'我们发现这样做，是要求患者为了我们的方便来重新安排自己的生活，是极为不妥的。现在我们通常会向患者询问他们什么时候比较方便，并且我们尽量迎合他们的需求。"

在满足患者需求的问题上，可能永远都无法实现最优质的服务，因为诊所并不会接受所有的预约。一个多世纪以来，一个个的患者故事已经把梅奥诊所定位为"最后能求助的法庭"，而这个定位并不是梅奥自我标榜的。一个身体或精神处于痛苦中的患者，或者一个生命垂危的患者总会把梅奥诊所看成他门唯一的希望。所以拒绝预约有时候会被理解为拒绝患者生存的希望。梅奥接受或拒绝预约请求主要根据对患者需求的审查，以及梅奥是否能够拯救、治愈该患者，而这有时也会导致悲剧产生。

满足患者需求的重点集中于满足患者的医疗和临床需求。但是在当今这样一个医疗消费主义的时代，梅奥诊所也开始提供"消费者服务"这一项目——满足患者的审美需要和精神需求。

全方位医疗与护理

过去的一个世纪，梅奥诊所充分利用诊所内部和公共空间为患者提供医疗科学所不能满足的需求，主要手段包括建筑和内部设计。建筑的目的在于创造一种实在感，使患者获得战胜病魔的信心和决心。詹姆斯·霍奇是梅奥诊所发展部的副主席兼梅奥诊所艺术委员会的主席，他说："患者一踏进梅奥诊所，就知道自己的选择是对的。"始建于1928年的普拉莫大楼是浪漫艺术装饰风格的经典代表之作——里面丰富的设计元素可以让那些处在病痛中的患者暂时忘掉骇人的现实，在此寻求一种心灵的慰藉。梅奥诊所于2001年建成贡达大楼，塞萨尔·贝利是这座大楼的设计顾问，他说："我希望设计出的大楼能让患者感觉到迈进诊所的大门就预示着康复的开始。"其实，一位刚住院不久的重症患者在一次座谈会上也这样说过："从我迈进梅奥诊所开始，我就觉得自己的病情有所好转。"当然，她并不是在说，自己的病情奇迹般的痊愈了，而是说她到了一个极其稳定成功的机构，给了她一种庇护和希望。

在最近的几年里，越来越多的捐助者让梅奥意识到艺术、音乐、建筑和风景之美在患者康复过程中起到的至关重要的作用。塞琳娜·弗莱斯卡93岁时，向梅奥诊所的贡达大楼捐献了一个巨大的奇休利⊖玻璃吊灯。在与霍奇的谈话中，以及在2001年10月8日的捐助仪式上，她一再表明自己捐助的目的。霍奇回忆了她所说的话：

> 并不是所有来到梅奥诊所的患者都能痊愈，有些患者来到这里，得到了很糟糕的消息，有些患者在他们生活最困难的时候来到梅奥诊所。我希望这台奇休利吊灯可以转移患者的忧虑，可以让他们抬起头看看这美丽的景色，可以在焦虑的候诊过程中得到稍微的安慰，更希望能减轻患者哪怕些许的病痛。

一位对梅奥诊所充满感激之情的患者这样写道："当我来到梅奥诊所时，我期望可以有好的医疗护理。可让我吃惊不已的是梅奥诊所拥有如此美妙的艺术环境——大楼里布置了很多当代艺术家的作品。谢谢你们不仅关爱我的身体，还呵护我的心灵。"

普拉莫大楼的顶部有一个3度8音阶的乐钟，是20世纪20年代中期威廉 J. 梅奥从英格兰带回来的。自1928年这座钟初到梅奥后，梅奥诊所便专门雇用了一位钟乐家定期地演奏曲目，每个星期6次，一般是在中午或者傍晚时段演奏，因为那时候大部分的患者和员工都在楼外。钟乐家吉米·德蒙德从1928年至1957年这段时间一直在梅奥工作，他慷慨激昂地说道："梅奥用科学服务患者，美轮美奂的建筑和优美动听的音乐也至关重要。"[9]

⊖ 戴尔·奇休利（Dale Chihuly）是当今世界顶级的玻璃艺术家，他的作品通常和周围环境搭配，与周边情景相得益彰并产生魔幻般的效果。——译者注

"梅奥诊所里所有的艺术品都是精心挑选设计的"。霍奇如是说，"梅奥在充满艺术感的建筑里进行医学治疗，这些建筑物里几乎充满了现代全部的艺术形式和手段——绘画、雕塑、玻璃及纺织艺术品等。"这种氛围是患者康复过程的一部分。"在诊断、治疗和康复过程中，这种气氛对于患者的身心都大有裨益。"最近几年来，捐助者向梅奥捐献很多乐器。在3个诊所的公共区域，都摆放着豪华的钢琴，并且大部分钢琴是对患者和游客开放的。霍奇说道："贡达大楼大厅里的人络绎不绝，总会有人驻足弹奏钢琴。我曾见到过患者和来访者一起合唱的场景，兴起时大家还翩翩起舞。有一次，一位歌剧女主角情不自禁停下来，放声高歌。还有一位著名的流行乐手在钢琴的伴奏下即兴唱了一曲。"不管是捐助者，还是自愿献奏的音乐家们都给了梅奥一份珍贵的礼物，因为他们清楚地了解自己的努力满足了那些被病痛和恐惧折磨的患者的精神需求，并给他们康复的希望。

早在1888年，圣玛丽医院初建成时，梅奥诊所便清醒地认识到全方位医护和满足患者精神需求的重要性。可是医院当时还没有充分实践这些价值观，因为所雇牧师的服务对象仅限于住院患者。1986年，医院被合并至梅奥诊所后，那些牧师才开始为梅奥工作。10年后，牧师开始服务于门诊患者，首先从癌症患者开始，抚慰他们的精神需求。到现在为止，在梅奥的4家医院和门诊部里共有30多位专聘宗教人士。服务于信仰基督教、伊斯兰教和犹太教的患者。他们举行的活动意义深刻，旨在鼓励患者通过自己的传统、习俗和信仰找到精神寄托和慰藉。1998年，圣玛丽医院开放"冥想空间"，专门为不同信仰的患者提供一个祈祷的空间。

时代变换，价值观依旧

罗伯特 K. 斯莫德曾经担任过梅奥诊所的首席行政官，并于2008年退休。在他36年的管理生涯中，他自始至终强调贯彻"以患者为中心"的价值观。欣欣向荣的梅奥文化使得这一核心价值观一直生机勃勃，但是梅奥诊所的领导者发现，自从20世纪80年代中期开始，随着梅奥诊所向杰克逊维尔市和斯科茨代尔市的扩展，梅奥的价值观面临着消失的危险。时任理事会主席的华勒医生解释说，当时的梅奥领导者们希望在穿越"医保改革"这片由克林顿政府在执政前期所开辟的未知海洋时，仍能保存自身的价值观与成功的方针路线。虽然在杰克逊维尔市和斯科茨代尔市的诊所由梅奥来控制，但是当地的市场和政治力量对医疗政策的影响却是梅奥诊所不能控制的。梅奥希望自身在最大程度上影响这一变化趋势。

为了回应这些市场和政治力量，梅奥诊所正式重申"以患者为中心"是梅奥"最根本的价值观"。这一观念已经成为梅奥内部交流时的潜在主题，有时这一价值观也会是明确的主题，就如同下图2-2中，丹尼斯·珂迪斯医生（现任的梅奥诊所所长和首席执行官）在赞扬那些身体力行，坚持"以患者为中心"的核心价值观的员工时所言。

给管理者的启示

梅奥诊所的核心价值观在梅奥内部的所有员工身上都有鲜明地体现。这一价值观使梅奥的所有员工紧密团结在一起，并且决定着梅奥内部大至机构本身小到个人的决策的方方面面。每一位员工都深刻意识到该价值观的重要性，这是梅奥成功的关键，也是其品牌享誉至今的秘诀。梅奥诊所的事迹如醍醐灌顶，对任何机构的管理人员都富有启迪作用。

启示一：一个组织真正的价值观是被其成员身体力行的价值观 任何组织创立并总结宣称的价值观起初只是一派空话，只是翻领上的别针。唯有通过组织成员及其顾客之间的交流，才能给其带来活力。梅奥核心价值观中蕴藏的那种自由活力和自豪感成就了梅奥的卓越服务。可是患者体验到的这一鲜活的价值观仅仅是梅奥内部实际的一部分。梅奥价值观不只是一种表象，它渗透到整个机构，激励着每个员工。例如，一个名不见经传的助理为了使一位外地的患者不必浪费几天的时间就能够成功地预约到医师，会跑前跑后，尽其所能，不遗余力。该价值观体现的正是梅奥"存在的理由"。任何一个组织以及服务于该组织的成员都会面临难以抉择或进退维谷的状况，而这一价值观春风化雨般地使所有问题由繁变简，迎刃而解。身体力行的价值观才能持久永恒。

亲爱的同事们：

　　35年前，我来到梅奥工作，成了一名临床医师。刚开始，我并不习惯由一个登记员告诉我这个堂堂的大医师，必须调整自己的时间，马上接待一个患者。一位德高望重的老医师很快就端正了我的态度。他告诉我一句话，或者说是一个哲理："不要和登记员对着干。"也就是说，如果登记员需要我帮忙照顾患者，我必须得答应。他解释说，在梅奥，时刻都要以患者为中心。不管是哪位员工，只要他是在为患者服务，我们就应全力支持。

　　于是，我开始信任登记员。相信那位要求我改变时间安排的登记员有很多年的工作经验，她一定更懂得如何倾听患者的要求，她知道我的时间安排。改变5分钟对患者来说或许就是一生的转机，意义非同寻常。

　　我永远不会忘记这件事情。从刚开始工作到现在成为梅奥的首席执行官，我清楚地知道我工作的核心只有一个——保证梅奥全部资源都放在与患者沟通上。从梅奥诊所内的景观和建筑，到管道和电脑系统，从教室里的课程和诊所里的辅导，再到实验室里最前沿的医学研究，梅奥诊所的一切都是围绕"患者需求至上"这一价值观开展的。

　　35年前，那个登记员倾尽其所有的经验和知识来为患者服务，而我的工作就是尽力去帮助她。其实，这一工作到现在也还是变化不大。这还是我的工作——这就是我们梅奥的全部工作，直接地服务患者，或为那些服务患者的员工们提供支持。35年过去了，这仍旧是我们工作的重点所在。

主席兼首席执行官　丹尼斯·珂迪斯
2005年7月21日　梅奥诊所

图2-2　唯一的焦点——珂迪斯医生的信息

启示二：人性化的价值观，共享心间　"患者需求第一"的核心价值观回荡在梅奥人的心中，组织内外所有相关人员都共享这一核心理念。患者及其亲友们对这一价值观大加褒奖，这是显而易见的。而大多数选择在梅奥工作的人，也都在实践这一价值观之中得到了自我实现。如果组织价值链中的任何一方，包括患者、家属、医师、护士、抄写员、内勤人员或者管理人员感觉被该组织和其文化剥削和利用，那么组织所宣称的价值观就面临破碎瓦解的危险。梅奥的价值观宣言是人性的，其道德权威的基础并不来自任何一种民族的、政治的或是宗教的传统，所以员工们可以在这一价值观和自身的信仰及传统之间保持一种独特的和谐性。

启示三：内容重于形式，行动重于言辞　梅奥诊所的7字价值宣言中，每一个字都是单音节常用词。最重要的是，该价值观的重心集中于个人患者——患者此处为单数，而非复数，每一位患者都必须享受最优质的服务。从语法看，该价值观是一个简单陈述句——是威廉 J. 梅奥医生慷慨陈词中的精髓所在。这一简单句包含3个实意词语："需求患者"、"患者"及"至上"，每一词语都不经任何修饰，因为修饰过的词语总是使人想起是附有条件的，因被修辞渲染和描绘而失去意义。梅奥的价值观宣言牢记于每位员工心中的原因在于，她的主语"患者的需求"每时每刻都呈现在全体员工眼前。所有在诊所及医院工作的人们每天都要不断地接触新的患者，以及他们迥异的各种需求，即使那些不直接参与护理患者的员工也经常会在大厅、走廊或停车场里碰到各种各样的患者。当他们，不管是助理秘书，还是管理人员、行政人员或是化验员冲向自己的工作岗位时，脑海里全是他们刚遇到的患者的印象——或许是一个戴着帽子，围着围巾，遮得严严实实的癌症患者；或是一个不到十岁，用尽全力转动轮椅穿过大厅过道的小家伙；或是一个像对待小孩似的手挽着她年老的母亲的中年妇女。梅奥所有员工对这一价值观印象深刻、难以忘怀，因为她道出了血肉之躯中的人类需求。该价值观宣言的动词部分，"至上"，是所有员工所能做的最基本之事。这样的价值观宣言，有谁不记忆犹新呢？

启示四：核心价值观坚定不变，实施方法千变万化　梅奥的核心价值观百年不变，可是其对患者需求的理解却是逐渐发展更新的。梅奥的创始人们期望，每一位患者都享受最优质的医疗护理——这一点迄今不变。但是，今天的梅奥不但提供院内住宿服务（包括缩短预约等待时间、明确方向指示标志以及完善对患者的精神心理支持等），还提出了“患者服务”的需求，以便能方便快捷地获取在线信息等。

小结

“患者需求至上”这一价值观必须首先体现在对梅奥诊所每一位患者的医疗护理之中。患者能够随心所欲地向医生讲述自己的病史，而作为护理者的医生应严肃认真地处理；每一位患者都确保能接受全面认真的检查。可是梅奥诊所及其百年辉煌品牌的魅力还来自于梅奥员工不经意地，却又让人惊喜感动的点点滴滴，如帮患者开走卡车、照看小狗及庆祝生日等。

百年品牌，梅奥诊所迄今仍辉煌屹立。究其原因，并不仅是其创始人于1910年制定了她的价值观，还在于这些价值观每天都在被实践着、更新着，向成千上万的患者及其亲属提供全面周到的服务。一些卓越服务的故事也感动着梅奥诊所的员工，让他们感觉自己工作意义非凡，这是除了银行账户上两周一次的薪资外，他们从梅奥得到的最贵重的红利——个人价值的提升。

注释

1. Letter, September 5, 2006.
2. Helen Clapesattle, *The Doctors Mayo* [abridged] (Rochester, MN: Mayo Foundation for Medical Education and Research, 1969), pp. 136–140. This authorized biography of the family was originally published in 1941 by the University of Minnesota Press. Mayo Clinic purchased the rights to the book and has kept the abridged version in print since 1969.
3. William J. Mayo, "The Necessity of Cooperation in Medicine," address delivered at the Rush Medical College commencement, June 15, 1910, originally

published in the *Collected Papers* by the Staff of Saint Marys Hospital, Mayo Clinic, 1910; 2: pp. 557–566; and reprinted verbatim in *Mayo Clinic Proceedings*, vol. 75, 2000, pp. 553–556. The quote used in this chapter appears on p. 554 of the *Mayo Clinic Proceedings* reprinting.

4. Robin Finn, "Public Lives; New Man in the Hot Seat of State Health Commissioner," *New York Times*, February 2, 2007.
5. Leonard. L. Berry and Kent D. Seltman, "Building a Strong Services Brand: Lessons from Mayo Clinic," *Business Horizons* 50, 2007, pp. 203–204.
6. Elizabeth Pestka, "Nurses Built the Hospital: A Readers' Theatre Used in Nursing Orientation," forthcoming in *Journal of Continuation Education in Nursing*.
7. Reader's theater script quotes from Sister Ellen Whalen, O.S.F., *The Sisters' Story* (Rochester, MN: Mayo Foundation for Medical Education and Research, 2002), p. 60.
8. Clapesattle, p. 145.
9. Harold Severson, "After 30 Years and 4,355 Recitals, Drummond to Retire as Carillonneur," *Rochester Post-Bulletin*, December 24, 1957, p. 10.

第 3 章

倡导团队医学

　　周五晚上，我参加完一个会议，提前搭上了一班飞机，想赶在睡觉前看到妻子和女儿。在家待了还没45分钟，我就接到了从手术室打来的紧急电话。一个小伙子得了胶原血管病，血管壁很薄，极易导致动脉瘤破裂，外科医生对此束手无策。当时，小伙子正穿着租来的晚礼服开车回家，第二天就是他的婚礼，突然他因患急性腹痛倒下了。在被送到了弗拉格斯塔夫附近的一家医院后没多久，他的心脏骤停。在接受了心脏复苏治疗后，他被转到了梅奥诊所。进手术室之前，他的心脏再次骤停。尽管输血量已达23个单位，医生们还是控制不住左肝动脉瘤破裂。

　　接到电话后，我马上赶到了医院。在确保右肝不受损的前提下，控制住了动脉。第二天，患者已经能够脱离呼吸机，和病房的护士畅谈自如了，就好像什么都没发生过一样。第三天，医院牧师在重症监护病房为这对新人举办了婚礼。一星期之后，患者正常出院。

　　能帮助那位患者的感觉真好。如果齐心协力能够解决困难，没有理由不伸出援助之手。[1]

亚利桑那州梅奥诊所器官移植外科主任兼肝脏外科专家大卫·摩里

根医生给我们讲述上文的这个故事，它充分体现了梅奥的文化和团队合作的核心竞争力。和其他医疗机构一样，梅奥诊所拥有精干的医生和医疗服务人员，但是真正使梅奥脱颖而出的是医务人员之间有效的团队合作。梅奥诊所最擅长以患者的利益为宗旨，招贤纳士。

梅奥诊所是一家具有高度合作性和极强适应力的组织，它通过汇集不同医学领域的专家团队为每一位患者提供医护服务。请试想存在这样一家大型商店，商店中的商品应有尽有，并且每个不同的部门都有专家合力为顾客提供专业化的服务。梅奥诊所就是这样一家专门为医疗护理顾客设计的商店。在梅奥诊所，为患者提供服务的不只是一位医生，而是"整个组织"，有些患者甚至可能会到多个医生处就诊。通常情况下，为患者治疗的初诊医师负责与梅奥诊所内其他医生和患者的社区医生协调沟通，并制定医疗护理方案。大多数梅奥诊所的患者只接受一位医生的治疗，而那位医生会与其他医生进行非正式协商，确定诊断结果并制定治疗方案。根据患者情况的不同，外科医生、手术室护士、技术人员、受过专业训练的护士、营养学家、理疗专家、社会工作者等都有可能加入这个团队。在针对某一位患者进行医疗护理之后，团队成员就会重新组合，接着为其他患者提供诊疗服务。

摩里根医生又讲述另一个故事，阐释了梅奥的团队医疗系统是如何运作的：

> 医院的一位肿瘤专家为一位得了肝转移性结肠癌的患者拍了一些片子。之后，这位专家给我打了一个电话征求我对这些片子的看法。于是，我们坐在电脑屏幕前（对方专家在诊所，而我在医院），共同就那些片子分析该病例。随后，我与放射科医师讨论了他对这些图像细微差别的看法。根据商讨的意见，我们初步决定切除患者的转移病灶，不能被切除的部分则实施射频消融术。以此为基础，我会为患者安置动脉内导管和化疗

泵，以便那位肿瘤专家可以在手术几周后，为患者进行肝化疗，以降低肿瘤复发的几率，最大限度地延长病患的生命。

诚然，梅奥诊所一体化、多专业的医疗服务模式并不是每次都能取得预想的效果，但大多数情况下都取得了理想的效果，并且充分体现了梅奥诊所最核心的竞争优势。

本章主要探讨梅奥诊所合作医疗的行为理念的含义和应用，它与梅奥诊所"患者需求至上"的核心价值观相得益彰。核心价值观体现了组织珍视的准则——她的基础理念和基本原则。1910年，威廉 J. 梅奥医生在罗虚医学院的学位授予典礼上曾经宣称"医疗智慧的协同合作和力量联盟"是为患者提供服务的最好方式。下面这段话摘自他的演讲稿，其中精辟地阐释了他的观点："医学发展成为一门合作的科学已成必然趋势。为了患者的利益，医生、专家、实验工作者应共同联合协作，互相依赖扶持，解决诊断和医治过程中随时发生的难题"。[2]威廉医生阐述了梅奥诊所的两个主要核心价值观：愿景性价值观（患者利益至上）和执行性价值观（发展合作医学）。梅奥诊所历经百年锤炼不断地发展壮大，得益于她始终坚持以梅奥创建者的核心价值观作为动力和前进的方向。梅奥诊所已成为"价值观驱动型组织"的典范，离开了核心价值观的支撑，梅奥可能早已泯然众人。

IBM前首席执行官，曾担任梅奥基金理事会成员8年之久的小托马斯·沃森曾写道："与技术、资金、组织结构、创新和机遇等相比，组织的基本理念、精神和驱动力在决定组织能否成功方面显得更加地举足轻重。所有这些要素在决定组织能否成功方面都很重要，但与组织员工对其基本理念的认可度和执行度相比，他们又都相形见绌。"[3]据我们所知，还没有哪家机构能比梅奥诊所更好地反映上述观点。长久以来，梅奥不仅注重其目标，还注重通过团队合作实现其目标。

团队合作是唯一的选择

"团队合作是唯一的选择"——《快速公司》杂志某篇文章[4]中的这句话，是梅奥的真实写照。许多优秀的医生很难融入梅奥诊所的工作氛围，这其中包括那些喜欢独自工作、看重个人成就、缺乏人际沟通能力或一心只想赚钱的人。梅奥诊所因用人标准明确而在医学界享有盛名。个人的自我选择决定了他能否适应梅奥诊所的工作环境，正如胃肠病专家乔纳森·莱顿医生所说，"梅奥文化吸引的是那些认为只有当各领域专家倾力合作才能为患者提供最优质医疗服务的人。只有团队合作我们才能做到最好，而且我们大多都喜欢这种工作方式。这种工作方式使我们感觉到，当得知通过不同领域专家的团队合作才使问题得以解决时，就像击出了本垒打一样畅快。"

梅奥诊所不断地在招聘过程中寻求善于团队合作的员工，然后通过对基础设施和通信设备的大量投资，为合作提供便利（见第6章和第9章）。为了鼓励团队合作，梅奥诊所实行全薪制，即不会基于医生的出诊数量或做手术的数量为其提供奖金。梅奥诊所的医生没有任何经济理由拖住患者，他们会把患者介绍给更合适的医生。花费时间协助同事同样不会造成个人收入的减少。（见第5章）

从上班的第一天起，合作医疗这一核心价值观就融入了梅奥员工的血液之中。过敏症和传染病专家詹姆斯·李说："自从我20多年前入职以来，梅奥文化始终未变。工作的第一年，我就被梅奥文化所同化，并在此后不断得到强化。"或许，梅奥诊所多年来最突出的成就就是吸引成千上万的新成员加入梅奥，并成功地融入了梅奥。[5]正如一位曾在梅奥诊所接受过培训的英国外科医生所言，"梅奥像磁铁一样吸引着众多高水平专家云集到这个名不见经传的小镇上，并且爱上她，这是她最令人不可思议的地方。"[6]梅奥确实就像历史学家海伦·克拉普萨特尔在1941年所写的那样："梅奥诊所关于合作的个人主义的实验，绝对值得我们——不仅仅是医生——进行关注。"[7]

梅奥能提供更好的发展空间

医疗服务通常对其提供者的要求极高，身心压力都很大。患者希望医疗服务提供者无所不知、从不犯错（因为一个小的差错都可能会导致致命的后果），而且最好能创造奇迹。在梅奥诊所从医会感到更大的压力，因为前往梅奥就诊的患者大多患有疑难杂症，而且通常情况下，都把这里视为他们最后的希望。

团队合作不仅仅是梅奥诊所一体化、多专业化的医疗服务战略的需要，更重要的原因在于治疗疑难杂症需要医生们的通力合作。梅奥诊所独有的合作精神是强有力的教学机制。在梅奥诊所，医生们有更广阔的发展空间，能更好地发挥他们各自的专长。当然，其他机构也存在类似的员工个人发展模式。但是在梅奥诊所，你可以期待更多，而团队合作则是更多期待的保证。

梅奥诊所既是一家负责培训新医生的传统意义上的教学机构，同时又是一家鼓励员工们互相学习的新型教学机构。实习医生柯克·罗迪希尔这样说道："每天各个医学领域的专家都会检查我写的临床记录、测试和用药情况。如果出现差错，他们就会打电话告诉我，使我得到改进学习。即使我做的测试或者开的处方达到了去年或上周的最高水平。"他总结道，"相比于在前一家医院，在梅奥诊所我会做得更好。"

同样为实习生的妮娜·施文克在被问及比起其他诊所来，梅奥诊所是否能提供更好的发展空间时，她回答道："当然，要好上百倍。梅奥诊所的互助体系让你感觉到自己不是一个游离的单细胞，而是置身于一个有机体中。作为一名初学者，我有机会与专家交流遇到的任何问题，而我需要做的只是打个电话。"内分泌学家罗伯特·里萨医生补充道："即使病房内只有我一个人，我仍能感觉到团队的力量。"

梅奥倡导互助

梅奥文化的显著特征是倡导互助，不仅对每位成员承诺团队的支持和帮助，并且鼓励员工遇到难题时应该互相请教交流。梅奥诊所期望其员工寻求帮助和相互请教，因为若非如此，其后果很可能是致命性的。正如负责移植手术的社会工作者伊莱恩所说："只要患者需要，我可以随时随地打电话咨询任何人。"

肺脏学家埃里克·埃德尔医生讲述了威尔医生[⊖]是如何以身作则阐释合作医学的价值的。"每次威尔在诊治过程中遇到难题需要亨利·普拉莫帮忙时，他会拿起电话：'亨利，我遇到了难题，需要帮助，请亲自过来，我们共同诊断解决它。'威尔可能不会在患者面前和亨利交流，他们通常会到病房外，进行商议和共同诊断。问题解决之后，威尔再回到病房。"

又是一个工作日，13位患者等待着胃肠病学家拉塞尔·高医生的就诊。他得安排出诊顺序以便使病情最严重的患者能及时就诊，但问题是大多数患者病情都很严重。第一位就诊的患者是位94岁高龄的妇人，她突然感到腹部剧痛，并伴有其他症状。拉塞尔医生马上咨询了两位同事，其中一位是名外科医生。"这种危急关头，再加上这种病情，我很不安。她已经94岁了，要不要接受手术治疗是问题的关键。除非万不得已，我们不会让一位94岁的老人接受手术治疗"。拉塞尔如是说。

拉塞尔经历了很多类似的情况，有时会更加危急。当被问到如何应对压力做出一些艰难的决定时，他回答道，"我有很好的同事，他们给了我很大的动力。每当紧急关头时，他们会替我分忧；每当遇到难题时，我可以请教专家，于是才得以更有效地解决问题。"

已退休的临床外科医生基思·凯利（Dr. Keith Kelly）讲述了一个很有启发性的故事，一个只可能发生在梅奥诊所的故事。

⊖ 威尔是威廉的昵称，这里指威廉 J. 梅奥医生。——译者注

一位梅奥诊所的外科医生回忆起他刚加入梅奥时发生的一件小事。因为刚刚来到梅奥诊所,所以当时他在梅奥诊所属资历最浅的。那天下午,他正在为一名患者看诊,突然接到了梅奥诊所中经验最丰富、名气最大的一位外科医生的电话。这位医生说,他正在手术室为一名病情复杂的患者进行治疗。他先说明了目前的状况,然后向他询问治疗计划是否妥当。起初,这位年轻的医生很是震惊,他没想到竟然能接到自己深深敬仰的前辈医生的电话。他一直以为不管什么疑难杂症,这位医生都能应对自如。几分钟讨论之后,他们共同做出了决定——手术继续进行。结果是患者的病情得到了好转,术后康复效果也相当不错。这件小事让这位资历不深的医生学到的最重要一课是部门内部进行沟通的重要性。为了患者的利益,就算是经验丰富的医生也需要并会进行沟通交流。

梅奥亚利桑那州诊所首席执行官维克托·特拉斯特克医生总是强调"教而不责"这一原则的重要性。每当错误发生,亦或是每当失误出现时,就应该把出错视为学习和改进的重要机会。那么,有建设性意义的教导总会取代批评吗?当然不是。无论如何,维克托医生还清晰而有力地表达了增强自信与自尊的重要原则,对于这一原则他态度坚决,因为自信和自尊是合作的基础。

我们所要做的

服务性的工作大多需要员工自由地决定工作中付出的努力程度,这方面也最能够体现出两类员工的区别——一类是为了工作付出最大精力的员工,另一类是那些只是为了不受到惩罚、多得到奖金或是不被停职的员工。对员工来说,他们所付出的最大或最小的精力不受公司制度的约定，完全基于自愿。真正杰出的服务型组织，其成员更具备"自愿精神"，而他们额外的努力也直接促成了组织的卓越性。[8]

梅奥诊所及其患者受益于梅奥员工高度的自愿精神。为患者和团队尽心尽力已成为梅奥文化的精髓。他们大多数都具备极强的自愿意识。这种日常的自愿精神并不总会出现在像开篇小故事那样富有戏剧性或性命攸关的场景，而是随处可见。他们把团队合作这一战略变为现实。埃琳娜·亨德森是矫形科的前台主管，在梅奥诊所工作长达25年。当被问到在梅奥诊所工作中的最可贵之处是什么时，她这样回答："每天晚上回到家中，想到又帮助了一名患者，让患者重塑信心，真的是一件令人非常开心的事。在矫形科，患者能否顺利得到预约通常是一个很大的问题。有时我们会偷偷把一名患者加到预约单中，医生们不会介意——他们或许根本就没有注意到。"

当然，并不是每位梅奥诊所员工都具有自愿精神。梅奥所要做的就是不断地挖掘具有这种精神的员工。作为一名移植部门的社会服务人员，伊莱恩还负责所在部门的招聘工作。她说那些能够想患者之所想，认认真真地完成工作，而不是敷衍了事的员工才是她所青睐的。伊莱恩是杰克逊维尔院区器官移植小组的一员，前往此院区的都是病情极其严重的患者和他们的家属。这里每天都会发生很多故事，其中一个故事的主角是位老人（我们叫他特德）。他急需肺移植，但其他移植中心都不给予治疗，于是他来到了梅奥诊所。接受检查后，他的肺移植请求得到了批准，全家不得不随之搬到杰克逊维尔。在接受移植后的几个月内，特德一切正常，表现良好。但突然有一天，用伊莱恩的话说"问题出现了，不仅仅是一个轻微的肿胀或小的肿块，而是发生了更为严重的问题"。特德的另一个肺发生了癌变，几个月后他不幸逝世。

依照常例，伊莱恩帮忙为特德举行了追悼会。"我们为逝者举行追悼会，这样有利于拉近与患者家属之间的距离。而且他们也会专门到医院教堂举行追悼会，员工和医生们都会出席。其中一位医生负责念悼词，其后还会有一场招待会。这非常重要，因为只有对医疗护理服务充满热情的人才会真正去做这样的事情。"

正像在开篇故事中提到的，梅奥诊所也曾经帮忙承办过婚礼。另一场婚礼发生在梅奥菲尼克斯诊所。医院住进了一位病危患者，她的女儿很快就要举行婚礼，但是这位患者很可能无法活着看到女儿完婚。新娘告诉医院牧师，她多么希望自己的母亲能够参加婚礼。牧师把这一情况转告给了病危护理部经理。几个小时之后，医院正厅布置成为一个婚庆礼堂，到处都是鲜花、气球和彩带。医院的工作人员买来了婚庆蛋糕，护士们为这位患者梳头、上妆、穿衣，把她的病床推到医院正厅。一位工作人员自告奋勇演奏钢琴，医院牧师则负责主持婚礼仪式。每层楼的楼厅都簇拥着医院工作人员和参加婚礼的亲友们。用新娘的话来说："他们就是下凡的天使"。这场婚礼不仅是梅奥诊所关爱患者及其家属的证明，更是对"患者需求至上"价值观的有力诠释[9]，它很好地反映了梅奥员工的自愿精神。

梅奥诊所并不是每天都在上演婚葬仪式。担任亚利桑那诊所人力资源部长长达16年的马修·麦克艾尔雷斯讲述了一个体现梅奥精神更为常见的故事：

我岳父因为突然病发，从加利福尼亚赶到了梅奥诊所。他在接受了急症科的检查后，住进了重症监护室。当时天色已经很晚了，我和妻子去看望岳父。病房内共有8位护士。于是我们问哪位是负责我岳父的护士。其中一位转过身来说，我们都不是。我听了以后，很是诧异，问"那她到哪里去了"？这位护士回答说，"她在隔壁照料另一位患者，我们都是过来帮忙的。"那时已经是凌晨两点钟，她们过来只是为了帮助新患者，确保万无一失，一切妥当。15分钟后，我岳父的负责护士回到了病房。吃惊之余，我知道这就是她们的做事风格。

相互尊重的力量

在梅奥诊所，相互尊重至关重要。无论是对你的患者、同事、医生或是管理人员，对任何人都应以礼相待，把他们视做团队中的一份子。没有他人的贡献，工作就无法顺利地开展。

人人都希望能够得到他人的尊敬。彼此尊重意味着相互信任、平等对待、乐于倾听、和睦相处。每个人都是贡献者，团队合作有赖于相互信任、倾听、包容、平等，以及员工的奉献精神，这些都是尊敬的特质。因此，没有相互尊重，团队合作也就无从谈起。

注重相互尊重，强调员工价值的组织文化让员工每时每刻都能够感受到尊重的力量；相互尊重提升人文关怀，提升员工自愿精神，使员工更甘于付出；相互尊重可以增强个人自信，提高工作热情，提升团队认同和凝聚力。

急救科医生安妮·萨德斯汀在概括梅奥诊所的团队医疗特征时并没有提到"尊重"这个词，但可以从中看到尊重贯穿始末。

各个领域的专家为了一个共同的使命聚到一起。他们做的工作并不都与护理患者直接相关，有的或许从未与患者谋面，但他们却可以发挥各自的专长，并给予患者最好的医疗护理。参与的专家并不仅局限于医学领域，还包括行政人员、辅助人员、专职医疗人员和监护人员。如果监护人员没有做好本职工作，那我就无法及时有效地诊治患者。我叫得出在急救科工作的监护人员的名字，而且就像我对医院同事一样，对他们我同样心存感激。

护士长布里奇特·雅布伦斯基补充道：

在我们这一层病房，每天都会有针对骨髓移植病人的例行查房。大家借此机会共同探讨患者病情进展情况，每个人都发表各自领域的不同观点。为了给患者制定最好的治疗方案，医生、护士、移植协调员、事件经理、社会工作者、营养师、药剂师、牧师、物理治疗家都会参与其中。每个人都有发表意见的权利，而不同的意见最终促成了更好的治疗方案的产生。

值得一提的是，急救科和器官移植科是两个相对固定的科室，因为科室内的成员通常是同一样人。固定的工作群体有利于萌生友情，并使人与人之间的关系更加亲密。但正如前文所述，梅奥诊所的很多工作需要跨部门、跨地理位置的团队合作才能完成，这使得员工之间的亲密与友谊带来的好处难以显现。诊所对相互尊重的承诺必须强化，并足以弥补亲密度的缺失，足以穿越不同的职称、不同的部室和不同的院区。在梅奥诊所工作意味着每当有新成员加入团队时，其他员工（包括从未谋面的员工）都必须表现出对其能力的高度信任。而且，相互尊重不仅仅是纵向的（医生与护二之间的尊重），而且是横向的（医生与医生之间的尊重）。

相互尊重是梅奥价值观履行中的核心竞争优势，但当员工没有恪守这一原则时，组织必须当机立断，予以解决。当然有时也会出现情况，但只是偶尔发生。如果不经处理而置之不理，则后果可能会非常严重，因为离开了相互尊重，就不存在今天的梅奥诊所。团队医学需要相互尊重。

金鱼缸式管理

自梅奥诊所创立以来，威尔和查理医生就保留着每一位患者的就诊记录。这些病例本上的记录由每位出诊医生手写而成，放在各自的办公室内。起初，手写记录就可以满足要求，而且它们为这两位医生在医学界发表论文打下基础。但随着入住患者和医务人员的增加，系统的缺陷日益凸显。有时，对同一位医生的回访被记录在患者上一次的就诊病历中，导致按时间顺序查询病历更加复杂。而且如果两个或三个不同的医生对同一位患者进行过治疗，那这位患者的病史就会分散在不同部室的不同病历本上。

亨利·普拉莫医生1901年加入梅奥诊所。他入职不久，就向梅奥兄弟申请革新原有的病历本系统。原因在于原有的病历系统使医生做决定时无法获得患者在其他各处的病历信息。申请得到批准后，普拉莫医生开始寻求更好的系统。他参照业界和其他行业的病历管理系统，制定了综合性病历管理系统。这种管理系统使患者的所有医疗诊断信息唾手可得，诸如之前在诊所的就诊信息，以及患者在其他医院就诊的治疗信息。综合性病历管理系统自1907年开始施行沿用至今，其中经历过多次修改，现在已发展为电子版本。

不同于之前的按医生划分病历的管理方式，现行系统的核心是按患者划分病历。每位患者都会对应其各自的序列号，从1907年的数字开始，一直到今天的将近700万，而且患者专用的文件夹也取代了之前的病历本，用于记录患者信息。

一百年前，为每一位患者建立通用的、综合性的医疗记录无疑是一个具有突破性的创新成就。今天，这一做法仍被广泛使用。然而，即使是在今日，仍然只有高度综合的医疗机构才保持着这种综合性记录，而这些医疗机构的创建者大多是梅奥诊所的校友。从1990年中期开始，梅奥诊所逐渐将纸质医疗记录进行电子化。现在，梅奥诊所的医疗记录均为电子版本。

多年实践证明，综合医疗记录已经成为保证梅奥诊所质量的强力推动器。它使得普拉莫医生和梅奥兄弟通过更好的信息渠道为患者提供诊疗的愿景成为现实，而且这种医疗记录体系带来的好处还远不止这些。正如上文所述，这种电子医疗记录可以当做教材使用。它在梅奥诊所内部打开了一扇窗，透过这扇窗，人们可以清晰地看到梅奥提供的医疗服务的质量。正如梅奥杰克逊维尔院区的首席执行官乔治·巴特利在2004年元旦致员工的一封信中提到的："公共医疗记录会把我们的失误展示出来。"

综合医疗实践（多位医生对一位患者的治疗方式）和综合医疗记录（多位医生共用一套病历），再加上梅奥诊所的信誉给业内同行造成了巨大的压力。不仅如此，在梅奥诊所内部，医生的知识和技能也不断经受着考验。要么不断地学习，要么离开梅奥，是摆在他们眼前的活生生的现实。事实上，医疗记录不仅是学习工具（作为电子医疗教材），还是学习的动力。

于2005年退休的原罗切斯特院区首席执行官兼心脏病学家休·史密斯通过亲身体验，讲述了综合医疗记录发挥的不言自明的作用——质量监督。

> 每次出诊前，我总会先查看患者的病历，之后再做检查。接着，我会列出不同的诊断方案。我会进一步想些有助于理清顺序的测试，将它们分类，确定最终的方案。所有这些过程，同事们都可以从医疗记录中看到，并从中了解我的看法。然后，他们从各自不同的视角判断患者的情况。因此，他们可以从中看出我是否具有作为医生的能力？我记录的病历是否完整？诊断方案是否齐全？程序是否确切完整？检验是否恰当？是否利用了其他资源？术后跟踪是否有效？患者信息是否对称？换句话说，在梅奥诊所行医，仿佛置身于金鱼缸中。

只有团队成员间相互信任，医疗模式才能有效运行。普拉莫医生的想法精简凝练，增强了团队成员间的信任感。萨多斯基医生通过下面这段话，阐释了梅奥诊所区别于其他医疗机构的地方——成员间的相互信任。

MAYOCLINIC

　　每当有患者从急救中心入住到医院，我从不会对患者曾经在梅奥诊所接受的医疗服务质量心存疑虑。不管患者是需要进行外科手术，还是接受医疗服务，亦或是需要重症监护，我都可以坦诚地对他说，"放心，我们一定会好好地照顾您"，因为我对梅奥诊所其他医疗服务提供者和团队其他成员充满了信心。假若我或家人生病了，我会毫无疑虑地选择梅奥诊所。

给管理者的启示

　　梅奥诊所取得的巨大成就得益于品牌持久度，以及支撑其品牌的核心价值观。一百年以前，梅奥诊所基于两个价值观的指引而被创建；一百年之后，两个核心价值观依然是梅奥的重中之重。从享誉盛名的梅奥诊所得到医疗护理组织的管理启示，令人耳目一新，深受启发。本章的管理课堂告诉我们：

　　启示一：大处着眼，小处入手　作为一家大型医疗服务机构，梅奥诊所时时刻刻从小处入手。不容置疑，规模庞大的组织都会有其自身的竞争优势，如更加完善的服务体系，更为广泛的分销渠道和更全面的运营支持设备；但同时又会有其固有的负面效应，如官僚作风严重，内部沟通和合作欠缺，以及非人性化服务等。因此，对于具有大规模特质的组织机构而言，关键在于强化其自身优势，而缩小其劣势的影响。尽管官僚作风不可避免（见第5章有关梅奥委员会制度的讨论），但梅奥诊所却从其规模视野和谨慎务实两个方面同时受益，从这个意义上看，其他机构也同样可以做到。

　　为服务顾客从小处着眼，这意味着行动高效迅速、灵活响应并具有人性化特征；意味着梅奥诊所努力寻求解决不同顾客的不同需求的方法。正像梅奥诊所做的那样，只要患者需要，不同领域的专家就会通力合作，结合并贡献各自的专长，共同解决患者疾患。这意味着作为梅奥诊所的成员通常会加倍努力，勇于创新，而不是敷衍了事。

对待员工从小处着眼，这意味着为员工营造社区感，建立共同愿景，提倡合作精神；意味着建立个人集体责任制；意味着创造以信任为本的组织文化、相信自我的理念和主人翁意识。[10]

诚然，规模小的组织它并不总是能够抓住自身规模带来的优势。小处着眼体现在用实际态度和行为行动展示组织价值观和战略，以及通过各类投资使之得到不断的强化上面。在这一方面，梅奥诊所给我们上了生动的一课。她的价值观（患者需求至上）强调患者服务体验的人性化和个性化，即使一天之内前往梅奥诊所就诊的患者可能多达13 000名；她的另一个价值观（发展合作医学）强调组成医疗团队为患者服务。团队成为代表梅奥诊所的外部表现特征——如同大的集团内部包含着诸多小公司。为了支持小的团队，大公司需要不断地对所属小公司进行物力、技术和系统等多方面投资，以保证小团队能够提供高质量、个性化的服务。同时，梅奥诊所以患者为中心的综合医疗记录制度所发挥的支持作用也不可小觑。致力于小处而又能够有效运作的大公司无不在高感性和高科技两方面进行投资并提升实力，梅奥诊所很好地做到了这一点，成为这方面的典范。

启示二：管理无边界 "无边界管理"一词由美国通用电气公司前首席执行官杰克·韦尔奇提出[11]。它鼓励员工突破各自部门的边界，与组织中其他部门员工沟通、交流，群策群力，解决问题。有严格边界的企业靠职权划分、等级界限及各职能部门的分割来组织工作。无边界管理模式打破了阻碍员工合作的人为障碍，使员工更加积极主动地寻求多视角，采用分布式信息技术，采取组成临时专案小组（例如项目团队、特别工作小组和学习小组）等方式解决问题。

"无边界管理"使得组织更加开放，能力与资源也得到最大限度的开发。它让员工不仅仅局限于管理边界内的工作，而且为他们跨界合作创造了机会。梅奥诊所很好地展示了"无边界"合作相对于"边界内"合作的优势。梅奥诊所这座巨大的"医疗百货商场"内的各类专门人才和专业知识可以在需要时随时被开发利用。无边界管理意味着消除"百货商场"内的围墙，使人才资源自由流动。在其他行业也存在类似的大型组织，在组织内部不同的工作场所都分散着各类专长人员，延展着各类专业意见或专门技术。但是不同工作小组的专长或许并没有得到最优化；利用"力量联盟"解决问题且提供跨界学习的机会也并没有完全得到实现。

梅奥诊所鼓励员工互相请教，而在其他很多组织中，向同事请教可能会被视为自身能力欠缺的表现。梅奥文化最伟大的成就之一就是将请求帮助和请教他人视做是正常的、期望的行为。

梅奥诊所开放式的文化看起来像是在打橄榄球。正如诺埃尔·迪奇教授所说，"橄榄球要求球员来回跑动，表面看上去很混乱，但其实需要球员间强有力的沟通，需要对不可预测环境的不断调整，以及不受等级制度约束的问题解决方法。"[12]

启示三：少说多做，行胜于言 梅奥诊所的两个核心价值观"患者需求至上"和"倡导合作医学"已经成为梅奥的行为准则，并且自始至终决定着梅奥的发展方向，以及怎样实现战略目标。梅奥诊所愿景性价值观和执行性价值观让人深受启发。相信经理人们能够从梅奥诊所多维的核心价值体系中得到启迪。

传统的从商智慧和商业经验表明，组织的核心价值观应保持不变，同时战略及战术应随时代发展而不断改变。然而，梅奥诊所告诉我们杰出的组织可以有与其价值系统紧密相关、不可分割的一个或多个战略，这些战略甚至可以上升为核心价值观。人才的积蓄与汇合同梅奥诊所如何满足患者的需求密不可分，这既是核心价值观，又是核心战略。梅奥诊所今天的成就不仅仅源自于其经久不衰的愿景性核心价值观，还源自于其历久弥新的执行性核心价值观。梅奥诊所从一开始就规划了如何在未来的日子里运营组织。今天的梅奥在发展壮大成为一个现代医疗保健组织的同时，依然恪守着当年的愿景。

小结

协作、协力、协调是支撑梅奥团队合作的三驾马车。它们保证了即使前来就诊的患者成百上千，梅奥诊所依然能够为患者提供个性化的服务。为了患者利益，所有的成员，从医生到病房看管人都积极地参与到团队的医疗护理活动当中，这主要源于疑难杂症的治疗需要来自员工和支持系统的各种技能。因此，在梅奥诊所工作就意味着时时刻刻处于团队之中。任何组织，不管身处何种行业，都应确定其生存发展的目的和方式。梅奥模式提供了很好的准则和方式，为业界内外人士提供了重要的管理启迪。

注释

1. This story, one other, and several paragraphs in this chapter are drawn from Leonard L. Berry, "The Collaborative Organization: Leadership Lessons from Mayo Clinic," *Organizational Dynamics*, No. 3, Fall 2004, pp. 228–242.
2. William J. Mayo, "The Necessity of Cooperation in Medicine," speech delivered at the Rush Medical College commencement, June 15, 1910, originally published in the *Collected Papers* by the Staff of Saint Marys Hospital, Mayo Clinic, 1910, vol. 2, pp. 557–566, and reprinted verbatim in *Mayo Clinic Proceedings*, vol. 75, 2000, pp. 553–556. The quote used in this chapter appears on p. 554 of the *Mayo Clinic Proceedings* reprinting.
3. Thomas J. Watson, Jr., *A Business and Its Beliefs: The Ideas that Helped Build IBM* (New York: McGraw-Hill, 1963), pp. 5–6.
4. See Paul Roberts, "The Best Interest of the Patient Is the Only Interest to Be Considered," *Fast Company*, April 1999, pp. 149–162.
5. Matthew Dacy, "Aspects of Integration—The Spirit and Systems that Hold Mayo Clinic Together," *Mayo Today*, January–February 2007, p. 20.
6. As quoted in *Teamwork at Mayo: An Experiment in Cooperative Individualism*, a publication of the Mayo Center for Humanities in Medicine, Mayo Press, 1998, p. 6.
7. Helen Clapesattle, *The Doctors Mayo* [abridged] (Rochester, MN: Mayo Foundation for Medical Education and Research, 1969), p. 423. Based on the original volume published in 1941.
8. Daniel Yankelovich and John Immerwahr, *Putting the Work Ethic to Work*

(New York: Public Agenda Foundation, 1983), p. 1. and Leonard L. Berry, *Discovering the Soul of Service: The Nine Drivers of Sustainable Business Success* (New York: Free Press, 1999), pp. 13–14.

9. Leonard L. Berry and Neeli Bendapudi, "Clueing in Customers," *Harvard Business Review*, February 2003, pp. 100–106. The wedding story appears on pp. 102–103.

10. Berry, *Discovering the Soul of Service*, Chapter 9.

11. See Noel M. Tichy and Stratford Sherman, *Control Your Destiny or Someone Else Will* (New York: Currency Doubleday, 1993), pp. 234–235.

12. As quoted in Frank Rose, "A New Age for Business," *Fortune*, October 8, 1990, p. 162.

第 4 章

实施目的地医疗

"母亲在给我的花园除草时伤到了背，当然，她并没有告诉我。"梅奥诊所的一位临床医生说道，"之后母亲乘坐了3个小时的飞机回到家中，到达时她几乎不能走下飞机，背部的疼痛已经影响到了腿部，她的两腿已经失去了知觉。"三天后，这位医生接到母亲的电话，说她的状况没有一点改善。"于是我告诉母亲，她的背部有个突出物，需要去看医生，让医生给她检查一下脊柱。"这位母亲按照女儿的话做了，她的医生在国内一家非常有名的医院供职。"可是五周过去了，那些医生根本没有听过我母亲对病情的介绍，他们始终给她的膝盖注射，理由是她的膝盖疼痛。我真是搞不明白，我母亲的问题明明出在背上，是椎间盘突出，他们为什么偏偏要给她注射膝盖！"当膝盖注射没有效果时，那些医生就给她开了麻醉剂。"当我再跟母亲通话时，我很明显地感觉到她已经用药过量，她已经不能说英语而只能说母语了，而且语无伦次，言语含糊。"

这位医生让她妹妹带母亲乘飞机返回梅奥诊所。"第二天早上，母亲就去看了神经科医生，下午又去看了神经外科医生，当晚我们让她住进了医院。医生们第二天在她背部动了一个手术，很快疼痛就完全消失了。四天后母亲就顺利地出院。三周后，我们开着吉普车跟随旅行团去非洲，一路颠簸，她竟然没事！"

　　这个故事反映出了梅奥诊所的经营战略，一切为了患者——无论是梅奥诊所医生的母亲，还是其他患者，只要来梅奥就诊就都会得到同样优质的服务。

　　一位年轻的商业顾问在攻读研究生学位时，第一次发觉他的左手机能出现衰退。在接下来的4年里，从求助于学生医疗服务开始，他跑遍了4个城市，求助了几十位手外科和手神经科专家。一位医生撇开他的手无奈地说："我实在无能为力——我一点问题也没发现。"另一个城市的一位手外科医生从他手腕到手肘切了个口子，以减轻造成他手部机能衰退的精神压力。术后，症状并没有好转。这时，患者右手机能也开始衰退了。

　　另一个城市的一位神经外科医生做出诊断，称这可能是传导障碍性多焦运动神经病变（MMN），只是还未显现出传导障碍而已。这位患者说："他没有足够的证据来说明就是MMN，也不排除其他像ALS这类可怕疾病的可能。"（ALS，肌萎缩性侧索硬化症，也称做"卢伽雷氏病"）[⊖]如果是传导障碍，治疗的基本疗法是免疫球蛋白静脉注射（IVIG）。在没有充分查明病因的情况下，这位患者接受了6个月的注射。"乐观的看法是IVIG能立即见效，可是结果证明没有。"患者痛苦地说。

　　最后，这位患者飞了大半个美国，找到了梅奥诊所。之后在梅奥诊所的5天改变了他的一生。他介绍说："在梅奥，整个诊断过程被压缩到一个很短的时间内，并要求很快得出结论。这就使得医生们有足够的时间做其他真正有帮助的测试，能快速而高效地得出诊断结果。"事实上，患者很快地就得到了确诊的结果：无传导障碍性多焦运动神经病变。患者得了一种较为罕见的疾病，不过梅奥诊所的神经科医生看到过类似的其他病例。这位年轻人说："我印象最深刻的是医生看着我的眼睛，

　　⊖　该病于1869年首次被发现，因为美国著名棒球运动员卢伽雷（Lou Gehrig）身患此病，该病在美国亦被称为卢伽雷氏症，著名物理学家史蒂芬·霍金也身患此症。——译者注

认真地告诉我，我得的不是ALS。"年轻的患者继续讲述着事情发生的经过：

> 那位医生做过这方面的研究，当听到神经电流时，他说道："太有意思了！听起来像脊髓灰质炎，可实际上却不是。"他指着极高的肌酸运动水平说道："如果没看后面的图像的话，我或许会判断你患有肌肉营养失调。但实际上你患的不是肌肉营养失调，而是肌肉过度劳损。不仅仅是左手，全身都是。你给了全身肌肉太多的压力。小伙子，你现在要做的是什么都不做，让你的身体得到放松。"知道这些真好，如果从未来到梅奥，我会继续踢足球，在不知不觉中伤害自己的身体，然后整夜无眠地想着我是不是得了ALS。

年轻的患者高兴地说："他是我见过的最棒的医生，无论是他的评估方式、引导方式，还是信息传达方式都是一流的。"患者对其在梅奥诊所的经历非常满意，但却没有想到会再次回到那里。5天之后，他收到梅奥诊所发来的一份生活指南，这对他以后的生活十分有用。他总结道："有了它，我可以预知事情的发生；有了它，我就有了科学的指导，能够更健康地生活。了解到需要做的事情，我再也不必要浪费周末的时间去进行静脉注射，我可以认真地打理以后的生活。为此，我感到非常兴奋。"患者真实体验到了"目的地医疗"的含义，今后如果发生意外或严重的医疗问题，他还会回到梅奥诊所寻求帮助。

"目的地医疗"提供的是可以快速并有效记录患者医疗问题的全面护理服务。"目的地医疗"的实施使得远距离的患者和家庭可以享受到与近距离患者同样的及时治疗。"目的地医疗"可以专注于几项服务，如关节更换、整容外科或者疝修补术。但这并不意味着梅奥诊所是一家只能提供某一种医疗服务的"小商店"。实际上它是一所能提供包括癌症治疗、整容外科、关节更换、器官移植等各种医疗服务的"百货商店"。

　　上面两位患者的故事体现了梅奥诊所实施"目的地医疗"的本质，也表明梅奥诊所正在以最佳的状态运营。在第一个故事中，医疗服务的提供及时而有效。24小时之内，梅奥诊所便完成诊断并安排手术而且于第二天施行并完成了手术。那位年轻的咨询师在故事中这样描述"目的地医疗"的实质：在梅奥的5天里，他看到的是他的主治医生"在极短的时间内做出一系列诊断并得出结论，这给后面的检查提供了时间，可以迅速而有效地得出最终诊断。"

　　每年都有超过140 000名的患者花上2个小时的时间专程到离他们家超过200公里的梅奥诊所就诊。医疗护理是他们此行的最基本的目的，他们通常会在旅馆住上三五天来接受诊断。要是住院的话，就需要呆上更长的时间。对于这些患者，梅奥诊所会提供一至几名医生，在家里给他们提供后续治疗。并不是所有的患者都像那位医生的母亲那样顺利就诊或者像那位年轻商业顾问那样多次来到梅奥诊所。不过，他们的例子并不少见。事实上，支撑梅奥品牌的正是这类患者对梅奥的良好口碑。

　　在这一章中，我们将通过审视梅奥诊所的服务，了解为了给患者提供有效且个人化的服务而设计的医疗系统，以及其在梅奥诊所的地位和作用。首先，我们考察梅奥诊所综合服务的本质，在那里所有的员工，包括所有的医生与所有的住院和门诊服务都是这一组织的有机组成部分。然后，我们了解梅奥诊所的综合病历记录，以及如何保证医疗护理的及时和有效。接下来，我们探讨需要每天接待数千名患者来访的综合设施，以及梅奥诊所是如何运用它的数据成功地满足那些预期要求。最后，我们将介绍梅奥诊所各类诊疗报告的及时完成情况，它是推进梅奥诊所医疗服务步伐的重要因素。

　　好！下面就让我们从"目的地医疗"的最初目的地罗切斯特开始。

医疗目的地罗切斯特

梅奥医生的名声造就了明尼苏达州罗切斯特这个医学圣地。20年之后，也就是在1914年，地发展成为梅奥诊所。从19世纪80年代后期开始，达科他地区的许多新定居者就开始乘坐火车去罗切斯特，寻求专业医疗帮助。大部分人向西迁移时曾经经过罗切斯特，他们从别人那里听到了关于梅奥的故事，这为他们寻求梅奥诊所的治疗提供了令人信服的理由。后来故事一传十，十传百，到1893年，有来自11个不同州的患者在圣玛丽医院接受治疗。这些州包括：明尼苏达州、伊利诺伊州、堪萨斯州、密苏里州、内布拉斯加州、俄亥俄州、纽约州、威斯康星州、南达科他州、北达科他州和蒙大拿州。[1]一百多年来，罗切斯特的梅奥诊所已经成为一个享誉全球的医学圣地。

梅奥遗产大厅的大屏幕上华丽再现了由拉尔夫·瓦尔多·爱默生⊖创作的"营销"格言："如果一个人比别人优秀，能写出一本好书，进行发人深省的布道，甚至仅会做管用的捕鼠器，即使他的房子建在深山老林里，众人也会不远万里登门拜访。"许多年来它一直挂在威廉·梅奥医生最后一个办公室的墙上。这句格言暗示着梅奥医生意识到他们在明尼苏达州罗切斯特小城镇的经营，实现了爱默生对19世纪美国的挑战。罗切斯特似乎不太可能成为一个众人向往的医学麦加。但是19世纪末，似乎没有多少竞争者能够像梅奥诊所的医生那样，提供准确的诊疗结果。在许多美国人（包括许多内科医生）眼中，他们是现代外科医学的先锋。即使他们的诊所地处偏僻，患者却都慕名而来。

然而一百年后，竞争对手如云。大多数美国人已经可以在当地或者地区医疗中心获得很好的医疗服务。但是，每年仍然有来自美国全部50个州和大约150个国家的数以万计的患者到梅奥诊所就诊。当然不是所

⊖ 拉尔夫·瓦尔多·爱默生（Ralph Waldo Emerson），美国散文作家，思想家，诗人。行文注重思想内容而没有过分注重词藻华丽，犹如格言，哲理深入浅出，说服力强，有典型的"爱默生风格"。——译者注

有的患者都去罗切斯特，因为在佛罗里达州和亚利桑那州的梅奥诊所每年也能吸引大约20 000和25 000名来自国内外的患者。大约65%的酒店房间住满了每年从200多公里之外的地方来到梅奥诊所就诊的95 000名患者和他们的家属。

梅奥诊所已经为远道而来的患者构建了迅速而有效的服务系统。但是梅奥诊所总裁兼首席执行官丹尼斯·珂迪斯还在强调，梅奥不应该让患者长时间焦虑地等待确切的答案，即使对当地的患者也应如此。来梅奥诊所就诊的大多数患者都能在3到5天内得到快速有效的治疗——包括提供确定的诊断结果，有时也包括手术。

当从患者自发的讨论中听到梅奥诊所的办事效率超出了他们的预期之后，梅奥的营销管理部门就把关于效率的问题加入到正在进行的患者满意度调查中。结果显示，能有效控制患者体验的系统和程序与梅奥诊所为患者提供的医疗护理对于患者全面满意度的贡献具有同样重要的意义。基于36 000多份的调查显示，总体满意度不仅与梅奥诊所的效率高度相关，还与诊疗期间病人同医生之间的个人关系，以及提供的治疗结果相关。对于负责患者满意度调查的行销总监劳里·威尔舒逊来说，这并不奇怪。她说："患者可能不能够判断医生的技能水平或者检查的准确度，但是他们却能够对服务系统的感受做出评估。我们的效率越高，他们就越相信我们有能力处理无法估量的事。"

同一组织系统

珂迪斯医生解释道："梅奥诊所的核心理念就是——患者是我们服务的中心。我们正是在这一核心价值观和组织理念的指导下创建了一切。" 就像早先描述的那样，梅奥诊所已经建立起医学专家组成的医疗团队，这些专家专长于几乎每一项众所周知的医学专业或者附属专业。所有的医生都被整合到由医师管理运作的统一的组织架构之中。医生领导的机构运营所有的门诊和用于诊断的实验室，医院也被整合到这个组织机构之内，由专门为患者组成的医疗团队对患者进行诊疗服务。在这个统一的组织架构中，所有的运作都是围绕为患者提供不仅高效而且有效的服务而进行的。

罗切斯特的设施和支援服务部主管克雷格·斯莫德说，梅奥诊所能够提供有效的医疗服务——"目的地医疗"——是因为她始终作为一个组织系统在运行。他解释道："我们感觉是在同一个屋檐下工作，由同一个组织发薪水。可以说，这是我们跟其他机构最大的不同。另一个重要的因素是因为我们有足够数量的、必不可少的人才，在全美还几乎没有哪家医疗护理机构像梅奥这样，拥有这么多不同专业和附属专业领域的专家在同一个组织机构中一同工作。"所以，无论患者到梅奥诊所三家院区中的哪一家就诊，事实上他们的诊断和治疗都是由同一个独立的组织机构在短时间内完成的。

在美国，大部分提供医疗护理的机构所提供的服务完全不能同整合为一的医疗组织相比。一个患者的医生会分散在城市的不同地方工作，而不是在同一个屋檐下，临床实验室和成像系统可能在当地医院，也可能在不同的地方。正如医学研究所和国家工程学院所做的报告显示得那样："医学上专业分工的深入加强了美国医护产业的社区或家庭医疗服务结构，并形成一种专业化分工明确，彼此分离和相互独立的垂直纵向的功能式服务系统。"[2]

丹尼斯·珂迪斯医生作为报告委员会的一员，用一个假想的费城患者来阐述缺少了整体性的医疗系统："假设那位患者有四种不同的疾病，那将意味着她至少会有五个不同的医生。例如，这位患者的医疗状况很可能呈现：（1）一位普通医生为她的一般健康状况进行常规检查和治疗；（2）一位整形外科医生为她治疗患有严重关节炎的膝部；（3）一位心脏病专家监测她需要复位的心脏主动脉瓣；（4）一位心理医生帮助她舒缓沮丧的心情；（5）一位内分泌专家帮助她调整药物，进行糖尿病的治疗。"珂迪斯医生接着说："就主治医生的合理预期来看，这些医生中的大多数或许还不知道患者正在看另一个医生，而且即使他们确实知道,他们也不可能知道其他医生在病历记录中所记录的感受和建议，开了什么药物，剂量是多少。" 如果患者住院，那很可能是只有住院医生和主治医生知道那些东西。

梅奥诊所则是上述模型的对立面，她的服务系统与许多患者经常接受治疗的系统差别很大，让人感到惊奇。比如，有一位女性患者，她患病时在中西部经营着一家提供早餐的旅馆，已经忍受乳房纤维囊肿很多年了。因此当她最近发现了新的较大肿块的时候，她很有经验地坐了好几个小时的车来到梅奥诊所。尽管当地的医院只有30分钟的路程，地区医疗中心也只有60分钟的路程，但是她认为梅奥诊所会更适合于治疗她的病情，所以她来到梅奥诊所就诊，事实也确实如此。

许多年前，这位女士第一次患病的时候，她选择了当地的医院。尽管当时有一位放射专家在那家医院，而且一整天都在拍乳房X光片，以便能够在当天晚上将病情状况解释给她听，但是这家医院并未能给予她足够的服务。因为没有一位放射专家会在第一次拿到片子时检查图像的质量。几天后她被要求回来再拍一次，因为开始那一次的图像并不足以说明问题。让她结束在当地医院治疗的另外一个原因是，她还需要为此付更多的钱。

从这位患者的家到地区医疗中心，开车大约需要90分钟，并且地区医疗中心能够能提供较好的服务。医院给她安排了一位妇科医生，这样她在看完医生后很短的时间内就能拿到乳房X光片。一般情况下，如果患者要求的话，还能在同样的时间内拿到乳腺的超声波图谱。但是这样的服务只是基于患者的意愿，而不是对待患者的标准服务模式。

当这位患者得知她在地区医疗中心的医生去度假了，而且会有一位陌生的新医生对她的新肿块进行评估之后，她便来到了梅奥诊所。因为如果有新的医生加入，被安排一个方便的放射检查的可能性似乎就小了很多。因此，她选择在梅奥诊所进行医疗护理。内科和乳房的专家们首先拿到了她的病历记录，并且做了测试，之后马上同她讨论病情。在乳房X光片出来之后，超声波图谱也很快完成了，这在梅奥诊所是被要求用来对乳房上的特殊区域进行评估的。

给患者做超声波检查的乳房放射科专家拥有患者所有的病历记录，并且掌握电子病历卡（EMR）上的所有其他医生的观点。超声波检查确认肿块是一个普通的囊肿，而不是恶性肿瘤。放射科专家获悉结果后，将信息告知患者，并同时提出可能的解决方案：如果患者囊肿处感觉疼痛，可以先抽取并排掉囊肿积液。由于通过诊断确定这是个一般的良性囊肿，事实上患者也并未感到疼痛，因此这位有过患病史的老患者决定暂不吸出囊肿积液。回顾整个的就诊过程，乳房成像是在1小时之内完成的，随后放射学家向乳房专家口述了成像结果，之后患者回到内科乳房专家那里，他们为患者做了一个病情综述，并推荐了后续的治疗方案。这位患者在梅奥的诊疗过程于当天午餐前3个半小时的时间内就顺利完成了。

类似这样有关梅奥高效服务的故事总是被梅奥诊所的患者和家属们一次又一次地讲起。一位住在中西部大城市里的小企业主带着年迈的父母从几百公里外赶到梅奥诊所，目的是为她的双亲复杂的医疗情况进行咨询。她向梅奥诊所的行政管理人员解释这其中的原因："在梅奥诊所，我只要能腾出一周的时间，就能为父母将一切需要处理的事情办理妥当。"她说，"如果我们要在家中进行医疗护理，那就得拜访不同的医生，而且就诊每位医生都得花上至少半天的时间。结果可能是我需要花费更多的时间待在家中，不能照常去工作。尤其令人郁闷的是，这样的经历大约要持续两三个月。"梅奥高效的护理系统使得这位小企业主有更多时间投入到其工作中。

缆线、电梯、滑槽和计算机

患者和家属对梅奥诊所的赞誉并不是偶然的，也不仅仅是因为诊所雇用了称职的员工。某种程度上，高水平的顾客满意度源于每年在工程管理方面上百万美元的投资支出。这些投资用于建设基础设施，通过改进医疗程序来提高临床质量以及安全性，同时让医疗护理的实施过程变得更有效率。

亨利·普拉莫医生在1907年制定并实行综合医疗记录的过程中遇到了很大的障碍(见第3章)。他的一些同事不愿意为这个新的想法放弃原来的病历记录本。实际上，这些病历记录有些会保留十年以上。他们相信那些办公室架子上的病历记录本会一直在那里。事实上，在综合医疗病历开始应用的七八年里，它总是很晚才能转到医生手里。患者那时候都已经看完病，甚至回到家中。那时候医生们工作的地方并没有机械系统辅助进行纸质病历的传递。

第一个用于传递病历和医疗记录的机械传输系统安装在1914年建造的梅奥诊所大楼里，这座大楼同时也是美国第一个专门设计用于容纳综合医疗团队共同工作的建筑。这套系统的目标就是按照患者的行程安排，在医护人员见到患者之前，其病历已被传到下一个诊疗地点。为了要在这幢大楼里传递每一位患者的病历，普拉莫医生和明尼阿波利斯的建筑师富兰克林·艾勒比设计了一种挂在空中钢缆上的托架。但是这样的设计有很多不足，因为病历只能在四层楼的各层内部传递，而每层之间则无法进行。到了1928年，当14层普拉莫大楼开始启用时，他们再一次合作，设计了一套更具挑战的垂直病历传送系统。他们安装了电梯和滑槽，电梯把打包的病历送到配送中心，在那里，员工将病历分类，有的放在通向目的地的滑槽里，有的则放在水平的传送带上，这样病历就会被送至每位正在看诊的医生的办公桌上。从1950年到1964年又分别建造了两套10层的系统，使得这套电梯加滑槽系统在20层的梅奥诊所大楼上得到了更大规模的应用。但是，这套已经用了将近一个世纪的机械系统现在已被电子病历（electronic medical record，EMR）完全取代了。

从20世纪90年代开始，梅奥诊所实现了从纸质病历到电子病历的转变，这是梅奥有史以来实行的最复杂且最昂贵的系统工程项目。杰克逊维尔和亚利桑那州的分院都在罗切斯特的领导下进行了改造。在医生见到患者之前，病历就必须转过来。在纸质病历的时代，即使有电梯和滑槽系统，为了保证医生能够及时拿到患者的病历，患者在各个医生之间的预约间隔也不得不持续四个小时——就是半天时间。EMR系统使得信息一旦发出，授权的梅奥诊所的各个地方都能拿到病历。因此，现在不同医生的预约之间必须留出的时间被大大地缩短，仅仅需要满足患者坐在轮椅上从一个预约地点转到另一个预约地点的要求。诊所的工程师带着秒表，推着一位轮椅上的"患者"在各个大楼和楼层之间走动，计算出几百个不同的预约地点之间的时间间隔，并将这些数据输入到安排患者预约计划的电脑中，使其能更好地进行时间安排。

EMR系统也使得医生和同事之间的交流更加方便快捷。如果仍延用纸质病历，医生只能在同一间办公室内协同工作。现在更多的医生可以坐在自己的办公桌前，仔细检查在线的EMR报告，同事们还可以通过电话召开小组会议。患者的护理需求在即时信息的支持下变得比过去的一个世纪都更为有效率。

时间、地点和事件——优化预约安排

在每个工作日，梅奥诊所会按照计划给患者安排不同的预约，比如实验室测试、临床检查以及和医生进行咨询。这完全不同于在音乐会或者飞机上安排座位——安排好了一个就是一个。有些医疗方面的预约必须按照特定的顺序和流程进行，有些预约必须得同其他人分开几个小时，有些则要求有特殊预约前的准备程序。安排预约并不是一个让人着迷的管理功能，但它却是任何医疗护理工作实施过程的开始，因此医疗预约和时序安排或许是最基础的管理功能。

在过去40年里，除了综合医疗记录之外，在预约集中化方面取得的进展成为梅奥诊所第二次应用系统工程进行创新发展的典例。为了实现预约集中化，梅奥诊所又重新实行了自1901年亨利·普拉莫医生加入诊所之后就渗入梅奥精髓中的所谓的系统习惯。梅奥诊所早期和随后对工业工程学方法的运用，或者依据最近称为系统工程学的方法的实施，已经为整合梅奥庞大而复杂的运作系统建立了必要的基础设施。对于梅奥诊所而言，每天安排预约的工作量是相当惊人的，但是梅奥必须让每一位患者的预约流程达到最短。

预约系统是执行目的地医疗的核心。在过去60年的不同时期内，新技术的运用简化了预约安排的程序，提高了操作效率，并且更为重要的是，个性化服务质量得到提升。第二次世界大战之后，大量患者涌入梅奥诊所，那套当时正在使用的预约系统就失去了作用。在原先那套系统下，医生可以自由安排日程，从梅奥诊所的角度来看，这些医生就好像依据手工作坊一样的方式运作。这意味着当梅奥诊所的医生把患者推荐到他或她的同事那里时，或者要求患者做血液测试、拍X光时，患者自身不得不担负起去医生的临床部门或者到实验室进行预约的责任。第二次世界大战刚刚结束时，许多梅奥医生退役后又重新回到了诊所，患者的规模相应也增长了许多。为了能给患者和医生提供更多的空间，梅奥在罗切斯特院区周边的闹市区内建造了许多附属建筑。而之前当患者打算在市区找到梅奥医生办公室，并安排预约时，经常会晕头转向。梅奥诊所的领导者们针对这种情况，便成立了一个协调委员会负责开发中央预约台（CAD），这个机构负责对梅奥诊所医生提出的实验室测试和医生咨询的要求进行安排，CAD的设计减轻了患者自行协调预约的负担。

计划与实施CAD的任务落在了一个新的管理团队身上，他们就是今天人们熟知的"系统与程序"团队。这个重要的管理团队现在由三个院区的超过50名工业工程师和商业分析师组成。理查德·克里曼斯于1950年进入这个小组并担任领导多年。据他所述，梅奥诊所开始采用的预约系统来自普尔曼公司，这个系统原本是应用于卧铺车上的。针对每辆普尔曼的卧铺车，调度员都有一张记录车上空余卧铺信息的卡片。当顾客预定卧铺的时候，他们的名字就被记入卡片。对于梅奥诊所采用的这项技术，克里曼斯解释说："因为我们已经测算过时间，我们知道一个小时之内能做多少例血液测试。所以为做血液测试准备的预约卡过一个小时后就会有空位出来，这些空位会在CAD那里被重新安排。我们会派专人把重新安排好的卡片送到适当的挂号处。"对于各种预约需要，我们设计了许多不同的卡片。几个小时之后，当患者从他们第一个预约处返回到挂号处时，他们就能够得知已经安排好的预约了。患者在那里会拿到一个预约袋，里面装着许多小信封，信封上写着预约的"地址"——包括预约的时间和地点，里面还包括必须的准备和注意事项。每个预约都有各自的信封。这套清晰的预约指南系统极大地提高了对患者的服务水平。

新技术的发展进一步推动了预约系统的改进。已经使用了50年之久的CAD系统，还是在2005年被弃用。20世纪60年代，CAD开始使用电话系统来代替卡片系统。CAD的工作人员会给实验室和各个部门打电话，向他们的预约协调员询问并保证患者同医生的预约准确无误。这套系统非常依赖于电话两端负责预约的员工的业务水平。马克·海伍德作为系统和程序部门的主席，这样描述了那个时代CAD的运作情况：

> 他们都是熟悉梅奥诊所运转方式的老员工了。他们的头脑中有许多规则，什么事情应该在什么事情之前做，哪些事情可以同时进行等。他们一看到预约请求，很快就能凭经验决定哪些应该先做，哪些应该接下来再做。梅奥诊所挑选那些最优秀的员工放在中央预约台的运营小组里，因为梅奥认识到这个功

能对于患者可感知的美好经历有多么重要。

20世纪70年代，计算机技术已经能够应用于辅助预约系统的设计。但是市场上并没有一套预约系统是为医疗护理行业专门设计的，并且也没有现成的系统能够满足梅奥诊所已经内化了的复杂的预约规则。海伍德指出，梅奥诊所后来终于发现波音公司和美国国家航空航天局使用的软件系统的设计理念对于梅奥非常有帮助。这两个组织在管理生产和维修周期方面都有自己的规则，其复杂程度同梅奥诊所的预约系统很相似。"刚开始这一努力的动力源于对那些从城外来到梅奥诊所就诊的患者的关注——我们希望他们能在尽可能短的时间内完成诊疗过程，为此我们在20世纪70年代开发出了一套非常成熟、水平非常高的系统"海伍德介绍说。

尽管这个偶尔升级的软件系统在30年中运转良好，但是这套系统过于复杂。它只能由CAD的员工进行操作，之前还需要至少6个月的培训。到了2005年，替代系统被应用，它可以通过工业中用于产品管理的计算机技术在几分钟之内得出一个最优的预约安排。这种被称做"基因算法"⊖的搜索技术会为患者寻找一系列可能的行程安排，这些安排是和写进程序的8 000余种不同种类的梅奥诊所的预约要求连在一起的。莎朗·加布尔森是为系统与程序小组提供运营支持的部门领导，他解释了这个系统的复杂性："它能在考虑很多变量的情况下安排CT扫描的预约。比如，患者是小孩还是成人？是男人还是女人？患者是否有糖尿病？结合不同的患者特点，系统会把患者分给不同的检查机器，或者不同的房间，或者不同的技术人员。"这套系统第一次包括了预约之间的行走时间，以及检查程序的实际时间——穿上检查服，进行检查，再穿回原来的衣服。这些系统设计中的变化有效地减少了先前由于安排过于集中而导致的患者等待太久的状况。

⊖ 基因算法（genetic algorithm），又称遗传算法，是一种基于生物遗传方式模拟而发展出的数学逻辑推算方法。——译者注

但是更为重要的是，这个基于网络的新系统对于任何应用网络的人都非常直观。它非常简单，员工经过很短时间的训练就能操作。结果是，CAD终于被废弃不用了。加布尔森说："我们让44个位置上的职员回到机构的其他岗位，同时还节省了原来CAD占用的近400平米的空间。同时，我们把患者等待拿到行程安排的往返时间缩短了60%以上。"

或许，新的预约系统最大的好处在于它能够按照患者的个人喜好来安排行程。20世纪70年代的那个系统，就像加布尔森所描述的那样，它仅仅可以告诉患者什么时候来到医院。"我们不得不手动修改，重新安排许多所谓的'最优'行程，这些行程对我们的患者来说压根没用。"梅奥诊所每年在重新安排预约上花费的成本高达几十万美元。在信息技术已经能够满足梅奥诊所预约的技术要求和患者的服务要求之后，这笔支出更显得没有必要。

尽管经过60年不断的改进，梅奥诊所仍然没有形成完美的预约系统，尤其是首次预约。实际上，最近的研究显示，梅奥诊所所雇的神秘顾客[⊖]的预约经常会被拒绝，而根据他们的条件，是应该可以形成预约的。另外，不是所有的医生和临床科室都完全信任这套最新的系统，他们有时并不相信系统能把患者合适地安置到他们的日程表里。就像普拉莫医生一个世纪前所经历的那样，有些医生不买新系统的账，这些医生会阻止自动系统对他们的部分或者所有日程进行安排。纵观梅奥诊所的历史和发展，这种"梅奥方式"正通过展示这个系统的货真价实来压过那些怀疑的声音。

改善服务，提高效率

每个周日的下午，对于梅奥诊所的许多临床和测试实验室、内科专

⊖ 指接受过相关培训的个人以潜在消费者身份对一种产品或服务进行体验与评价，从而通过某种方式详细并客观地反馈其消费体验。——译者注

家、外科医生来说，在他们接下来一周的预约日程表中都会有一长串的预约。不必惊慌，这些是按照计划设计安排的。60年以来，梅奥诊所已经为适应临床测试和内科会诊做出了严密的安排。这些安排在每周一必须得到落实。

梅奥诊所的预约介于以下两种基本方式：（1）来自有诊疗关系的内科医生处的外部预约，或者是来自梅奥诊所外部的患者预约；（2）内部预约（也可以称为"下游"预约）主要是针对那些已经得到诊所医生检查和诊治的患者。正如第2章提到的那样，虽然医生推荐的预约应优先受理，但是梅奥诊所不可能满足所有的外部预约。一旦医生接收了一位患者，其他部门必须优先考虑该患者的一系列化验和诊察，这时整个梅奥诊所体系必须给患者提供尽可能高效而流畅的服务。而这一切都得益于周一提交的那份长长的预约单。

几十年以来，梅奥诊所的医疗系统和程序部以及系统工程师们凭借对诊所医疗预约系统的研究，一直维持着梅奥诊所临床医疗能力的平衡，特别是内部（"下游"）的需求，患者们也因此能够在梅奥诊所的各个部门享受到有效的医疗服务。在计算机被广泛应用之前，大部分的工作仅仅是简单的计算加总。所有的梅奥诊所内部预约均以表单的方式公布，以方便上游的医生进行预约。

时至今日，计算机系统承担了上面的工作。这一预约系统不仅包含所有的现时预约，还提供梅奥诊所历史上最佳的预约分析管理。在此之前，预约系统应用报告充其量是基于30天或60天前的预约数据制定的，所以当时的管理人员并没有多少管理空间。而现在可以通过分析预测未来的需求，因为系统中已经存储了几年的预约数据，系统和程序分析人员可以在此基础上建立新的关于未来需求的模型。系统和程序分析员约翰·奥斯本解释道：

> 内科医生的日程安排必须提前12周存入系统，只有这样，

我们才能够针对内科和其他科室发出的诊察请求，来进一步确定有计划的预约。举个例子，在指定的一周中，我们明确上游患者的预约之后，才能告诉神经科医生在下一周中患者需要哪些方面的治疗。这样，神经科医生才能为内科医生制定出下周可行的并与内部诊察相协调的预约安排。同时，还可以为一些特殊的外部患者留一些预约时间。

随着这一模式的实行，梅奥诊所的预约安排越来越合理，使医生和患者都受益匪浅。首先，患者从这种完美无瑕的服务中受益；其次，梅奥诊所整个机构也受益于比，医生的创造性、设施以及各个程序都被有效地利用起来。正是由于第二点，使得患者得到优质的服务，同时也给梅奥诊所的运作带来丰厚的资金。这种分析运营方式在工商实业界极其普遍，但是在医疗服务界却属凤毛麟角。

罗切斯特分院放射医学部的历史说明了为什么这一模式如此重要。20世纪90年代中叶，梅奥诊所罗切斯特院区的发展速度远远不能满足市场需求。由于患者逐渐增多，新的成像诊断技术的出现又增加了对医疗实践的额外需求，使得放射医学部门不得不面对每一位患者更多的需求。诊所当时再也不能与内外部市场的需求相适应，发展遇到了瓶颈。

一直以来，梅奥诊所以其卓越的临床诊疗质量闻名于世。但是，1998年斯蒂芬·斯文森成为主席时，梅奥诊所的服务质量特别是预约服务成了医患双方最头疼的问题。斯文森医生说道："进行核磁共振（MRI）诊察的预约时间少则几周，多则数月，同样的问题也出现在CT检查上。"患者们不能及时完成他们的诊断，他们不能只为了一个核磁共振检查，在宾馆呆上两周，他们负担不起这样大的开销，他们也无法在两周内返回诊所。在这样的情况下，"目的地医疗"战略面临到严峻的挑战。

于是，斯文森开始了一项针对医疗系统的改革项目，最重要的目的就是需要在梅奥诊所提供的检测能够在一两天中完成预约。"如果我们以患者至上为经营理念，我们就不能让患者花上几天时间仅仅为了等待MRI或CT检查"，他解释道。只有进行改革，梅奥诊所各个部门通过团队合作，才能使现有资源得到充分和有效的利用。团队是针对专门病例由技术人员、护士、文秘、行政人员及放射科医生合理配置形成的多功能组织。该团队运用由丰田汽车开发的名为"精益"流程改善工具来简化过程，通过摩托罗拉公司开创的6σ统计评估和流程优化方法确定和减少进程缺陷。改革效果十分显著，具体表现如下：

- 净营业收入在3年内增长近40%。
- 放射科医生诊察中所要做的显像测试或者造影剂量大幅下降。
- 每例核磁共振的成像时间少了6分钟，这样每个扫描员每天可以多检查一位患者，同时每年可以多获得400万美元的收入。
- 及时性提高，一周7天全天候的诊疗服务使诊断更加及时。[3]
- 胸部放射成像技术人员使得每位男性患者检查时步行距离减少了90%，从而使患者待在该部门的时间直线下降了5倍。
- 患者对于胸部放射成像服务满意度提高。

梅奥诊所效率的提高，要归功于团队合作和对梅奥核心价值观的一贯秉承。"通过改革项目，梅奥成员被激励更好地医护患者，在这个项目完成之际，我们共同欢呼，终于找到了成功之路。"斯文森说道。

但是仅仅效率提高并不能从实质上减少患者预约排队的问题。额外的预约不得不安排到包括周末在内的其他时间。渐渐地，梅奥诊所需要更多的放射科医生进行CT和MRT检查。事实上，在斯文森医生成为主席的8年来，放射科医生已从75人增至150人。如今，放射科室99%的时间都在做一两天中完成预约的CT和MRI测试，每年研究探讨的课题数量从1998年的500 000例激增到现在的1 100 000例。

马克·海伍德希望这种患者需求和诊所供给间的不平衡不再发生，因为新安装的预约系统的分析功能能够追踪需求增长的趋势。他说："如果每周需要12台机器才能满足患者的需求，而当我们只有10台时，我们很有可能又会面临1998年斯文森面对的窘境"。所以，系统和程序部门也会帮助诊所确定将来的发展规模。海伍德说，"你不可能过一个晚上就添加一台核磁共振设备"，因为MRI同大多数医疗设备一样，在安装之前需要专门准备空间。

恰到好处地保持整个诊所的发展规模，并相应地保持内部各个部门的规模是一项非常艰巨的任务和挑战，而保持优质的医疗服务和财务表现更加至关重要。如今，各个组织可以在很多方面通过运用电子技术使合理的增长成为可能。梅奥诊所是较早运用这一技术工具的组织之一。设施和支持服务部主管克雷格·斯莫德说："如果依靠20世纪70年代我刚进入诊所时的设施技术，我们根本就不可能发展成今天这种规模。当时所有的信息都需要人工打印出来，没有电子邮件，计费过程很多都是通过人工操作完成，病历记录是纸质的表格。要是没有现在的电子系统，面对如此多的患者，仅仅靠现在的员工根本不可能支持梅奥诊所的运转。"通过适时地引进新技术，梅奥诊所能够做到20年，甚至10年前都无法想象的事情，预约系统就是最好的证明。斯莫德说："今天我们已经不能限定一个地区分所的发展规模，因为我们不清楚新技术将会带给我们什么。"

患者是梅奥诊所提供的及时高效服务的最大受益者。梅奥诊所的3个院区尽可能地安排国内外患者的预约行程表，但是仍无法做到面面俱到。比如，罗切斯特诊所对部分患者进行了跟踪调查，这些患者都希望个人的临床预约有95%以上的把握可在一周内完成。实际上，其中10%的患者预约无法完成，但仍然有80%～85%的患者确实在周五下午5点前完成了他们的诊察。不能100%地完成预约的原因在于有些患者的情况出乎意料的复杂。比如，医生可能在测试与诊察的第三天才发现患者得了癌症，可是患者的预约时间是周四或者是周五，在这种情况下，诊察只能等到下周才能完成。但是，这也正体现了梅奥诊所以患者为中心，加快诊断与治疗的宗旨。梅奥的这些努力吸引了那些寻求比当地医疗中心更好的医疗护理服务的患者——住在梅奥附近的人也同样获益。

永不延误

综合医疗记录和预约安排的优化，是梅奥诊所系统有效运行的外在表现。在其背后，则有成千上万的技术专家、技术人员、记录员和医生们在不同的领域发挥着他们的聪明才干，包括临床测验、诊断程序和记录等。在许多方面，这些工作人员的作用是梅奥诊所正常运营的重要保障。正是由于他们的努力，才能使患者迅速地拿到复杂的诊察报告，并及时将结果呈交给EMR系统。

例如，在回声心脏图实验室，标准的诊疗程序是在患者获准离开前，心脏病专家要回顾声音成像专家做出的研究，如果研究结论获得通过，才可以书写报告。叙述部分主要用从电子报告工具的下拉式菜单中选择的标准术语写成。在患者离开5分钟后，结果就可以在EMR上找到。相对的，大多数回声心脏图实验室需要为心脏病专家收集以往的研究，以供他们阅读。在梅奥诊所，值班的心脏病专家也都要阅读其他关于心脏病的研究，像ECG和压力测试。而诊断结果一般情况下在患者离开后一小时内就需要被送往EMR，极少数情况会超过两个小时。

在临床医疗实验室，患者在抽血之后，平均96分钟内就可以在EMR上看到血液检测结果。病理专家们在外科房间里随时待命，对外科手术中切除的冷冻组织切片迅速进行分析。冷冻部分分析报告在其送抵实验室10分钟后就会被送到手术室，随后正常部分也会准备好，正式报告在第二天即可完成。

放射科也同样进行快速运转。当天所有的影像都会以数字方式进行存储，在计算机上运用常规的听写记录系统和声音识别技术让报告周转的速度更快。放射科专家可以通过声音识别系统，进行口述就可以让计算机生成报告。经过人工校订后，图像和报告在紧急情况下会在15分钟内发布，以便医生查看。梅奥诊所80年中完美运行的现场发音记录系统在紧急情况下运转更快，能迅速提供常规的"平面"影像报告。据罗切斯特诊所的放射科主管约翰 M.努德森医生说，在非紧急情况下，系统可以在30到90分钟内完成运转。要是进行三维立体画面检查，将会花费更多的时间，因为患者离开扫描仪时，"检查"并未完成，整个过程还需要一个小时或者更长的时间。所以，对于更复杂的CT和MRI的报告，在检查结束后2～3个小时才会送出。

以上的例子正好支持了患者们常常用来形容梅奥诊所运行的一个比喻——"上好油的机器"。许多患者，特别是那些再次回来复诊的患者，他们在见到医生之前已经进行了各种医疗测试。"大多数患者觉得很不可思议，因为他们结束检查一两个小时后，当再回来咨询时，我早已拿到了他们的检查结果。"综合内科的咨询师卡尔·伦德斯伦说。梅奥诊所的运行速度远远超出了患者们的预期，高度满意的患者也更加关注梅奥的发展。

给管理者的启示

梅奥诊所以一种"系统"的思维方式勤奋工作，这种思维方式使梅奥诊所得以进行目的地医疗的实践活动，并保持自己在临床护理方面迅速有效的优势。即使是整合程度不高，或者是"家庭作坊"式的运营机构，无论是业界内的，亦或是业界外的，都能从梅奥诊所的经验中得到诸多启迪。

启示一：解决顾客的全部问题 梅奥诊所是一个"系统销售者"，其核心竞争力在于提供相互联系、共同协作的服务。系统销售者的市场是与解决顾客所有问题相对应的，他们需要提供万全的解决方案，而并非只解决其中的某一部分。在系统销售的模式下，销售者会根据顾客的需求自觉地将各项服务结合起来，而不是要求顾客做相应的调整寻求服务。梅奥诊所运用系统思维方式实施系统销售，提供的医疗服务往往使患者大吃一惊，大多超出了患者的预期。

梅奥诊所的计划与服务产品系统已经创造性地开发了一种差异化产品——"目的地医疗"——这是其他竞争者所无法达到的。因此，即使患者们觉得当地的医生和医院都很好，他们却更钟情于在几天之内，而不是几个月才给他们提供服务的系统。当然，梅奥诊所的综合医疗记录和电子病历系统并不是毫无瑕疵的，正如我们在本章前面提到的关于放射科的情况一样。罗切斯特分所放射科出现的严重的瓶颈现象持续了很长时间。当一位新的科室主管制定出一项新的服务计划时，这个组织能够迅速做出调整，这仍然依赖理性的系统思维方式。

患者不仅需要优质的服务，还需要灵活和有效的护理。针对这些，梅奥诊所都会出色地完成。在中西部的小城镇里，出现了一个小的医疗城市，她提供的"系统解决"方案，赢得了人们的赞扬与认同，获得了极大的声誉，然后她将这种模式发展到了亚利桑那州和佛罗里达州的大学校园里（在那里成立并成功运作了两个分所）。

启示二：运用技术来支撑价值观和战略　技术能帮助一个组织变成她梦想的模样。它的出现就是为了让使用者受益，帮助他们成功，使生活更美好。无法让使用者受益，阻碍他们成功或者使生活变得更糟的技术注定是对投资的巨大浪费。以节约费用为目标的严格设计的技术通常会导致财富的巨大浪费，让人扼腕叹息。所以所有的技术都应该成为在组织的核心价值观和战略的框架下解决实际问题的方式。

梅奥诊所已经从主要的技术发明中受益，并且持续获益，这些技术与梅奥诊所的价值观和战略是紧密联系的。每一位患者的综合病历记录、医院的电缆、电梯、滑道、中央预约台（CAD），以及用于预测下游预约的计算机算法——采用这一切技术的目的就是为了提高团队合作和"目的地医疗"的能力，更好地服务患者。运用技术是为了节省开支，但是这种情况通常很难实现，且很少发生，除非将其作为始终奉行的目标。梅奥诊所运用技术的方式无论在哪个行业，都值得借鉴和学习。

　　启示三：始终不渝坚持创新　梅奥诊所虽然制定了近三五年的创新计划，但是梅奥意在将其一直持续下去。梅奥的大楼可以用100年——或许更久。威尔医生对于那些难以接受普拉莫综合医疗记录系统的医生们的忍耐超过了10年；在罗切斯特院区，医生们花了10年的时间一点一点地习惯了从纸张记录到EMR系统。随着时间的推移，旧的纸质病历记录方式最终被淘汰。在2005年3月，EMR成为唯一的病历记录方式。转录医生口述的声音辨别技术已经被早期应用者广泛采用，这一方式在其他地方同样被证明具有良好的效果。梅奥诊所施行创新模式时从未采用过强迫方式，特别是对于那些处于医疗中心环节的内科医生。所以，与其强迫创新，不如心服口服，创新变革的成果数据具说服力——梅奥的创新之路展现了这一点。

　　系统的设计是随着技术和市场需求的增加而持续发展进步的。中央预约台（CAD）在20世纪50年代是一个耀眼的创新。随着计算机技术的成熟，几十年来CAD也更新换代。直到一种关于时序和进程安排的软件出现，这种创新系统能以更小的成本提供更优质的服务，CAD即被彻底淘汰。纸张表格作为整个过程中的一个产品，随着时间的流逝会逐渐退出这个进程，EMR也同样。在梅奥，没有一个人确信现在的EMR已经是最好的系统，也没有人确信系统实现了它所能达到的最佳状态。与其他任何优秀公司相似，梅奥诊所同样相信没有最好，只有更好。

小结

　　即使在竞争激烈的医疗保健市场，梅奥诊所也是那些寻求快速有效医疗护理服务的患者的最终选择。梅奥诊所的魅力已经不仅仅从故事中得到。诊所各方面的专业技术，由梅奥主流价值观和战略衍生出的可信度，以及由此产生出的一个个经典的医疗服务案例，在患者中间永续流传。

梅奥诊所提供有效的医疗服务——实施"目的地医疗"的基石根本在于她始终是一家由医生领导的综合组织。系统思维方式和技术创新已经在提高医疗病历记录保存、医疗可及性、预约安排以及同步程序效率方面起了极大的促进作用。这些效率的提高最大限度地减少了患者的不便，并且最大限度地优化了医疗工作者获取信息的途径。这个有力的支持系统允许并帮助梅奥诊所完成她对大多数踏进梅奥大门的患者的承诺。

系统地解决患者的所有问题，运用技术支持价值观和战略以及通过系统工程不断创新——这些基本规则形象地诠释了梅奥诊所成为顾客唯一选择或最终提供商的真正原因，也给其他公司提供了重要的管理启示。

注释

1. Helen Clapesattle, *The Doctors Mayo* [abridged] (Rochester, MN: Mayo Foundation for Medical Education and Research, 1969), p. 209.
2. Proctor P. Reid, W. Dale Compton, Jerome H. Grossman, and Gary Fanjiang, eds., *Building a Better Delivery System: A New Engineering/Health Care Partnership* (Washington, DC: The National Academies Press, 2005), p. 13.
3. Lawrence H. Lee, Stephen J. Swensen, Colum A. Gorman, Robin R. Moore, and Douglas L. Wood, "Optimizing Weekend Availability for Sophisticated Tests and Procedures in a Large Hospital," *The American Journal of Managed Care*, vol. 11, no. 9, September 2005, pp. 553–558.

第 **5** 章

领导层的合作

"在最初的十天里我就明白自己犯了个错误",乔纳森·科特莱特回想起2000年他曾经为所谓的职业梦想而离职时的经历,表达了上述的心情。科特莱特曾经两次担任梅奥诊所的行政主管。当年,科特莱特就读母校的医学院院长曾经是梅奥诊所的医生,这位新获任命的院长了解科特莱特的管理才能,因此他为科特莱特提供了学校医学院院长助理的职位。对于科特莱特和他的家人来说,这就如同回到了家中。他的父母住在那座城市;从1826年起已成为家族产业的农场距此地也仅仅几个小时的路程;他和他的妻子在这所学校攻读大学学业时彼此相识,科特莱特更是从母校那里获得了医学管理硕士(MHA)和工商管理硕士(MBA)两个学位。"那里可能就是我退休的地方。"科特莱特这样解释他当年思考离开梅奥诊所的原因。

然而10个月之后,他又回到了梅奥诊所。科特莱特解释道:"我认为所熟悉的团队、伙伴、合作,在梅奥呼吸到的空气,弥漫在这里的梅奥文化,所有这些都是梅奥诊所独有的。"科特莱特随后又详细讲述了到底是什么力量将他召唤回来:"是团队与合作。在梅奥诊所的每个人都坚信这一点,无论是医生、护理人员、研究人员、教育者,还是行政主管,他们和谐地在一起工作。请不要误解我,这并不是乌托邦,而是指在梅奥诊所存

在着某种文化上的和谐，她让人们以团队成员的方式，亦或是
以合作者的方式进行工作。这种工作氛围和环境文化是其他很
多组织未曾拥有的。"

"如果你曾经尝试离开梅奥诊所和梅奥的合作环境，那是一
种接近绝望的经历。因此，我回到梅奥，谋求再一次的机会。"
科特莱特如此结尾。他仍然期盼他个人今后的职业生涯都留在
梅奥诊所，为梅奥效力。

临床护理过程中的团队合作帮助梅奥诊所将"患者第一"的价值观
通过患者的亲身体验加以实现。1910年，威廉医生公开认可了团队合作
的重要意义，但是除了同他的兄弟合作外，当时还未将团队合作应用于
梅奥诊所的运营管理中，协作在诊所稳步增长的业务开展中也少有体现。
但是，十年之后，梅奥诊所到了确定战略方向和制定长期规划的重要时
刻，在领导和经营管理方面的团队合作便成为另一个引人注目的焦点。

梅奥兄弟二人是很自然地开始了协同合作和共同研究，尤其重视患
者护理方面的协作。兄弟俩人在性格和职业风格上各具特征，而这些特
点引出了俩人在工作上清晰自然的分工协作，从梅奥发展初期他们就意
识到威尔医生应该占据领导岗位。查理医生的儿子，查尔斯 W. 梅奥曾
经这样表述："父亲并不会特别关注执行的结果……而威尔伯父是位不
折不扣的执行者，是掌控方向盘的人，是那个可以将想法付诸实施的人，
虽然有些时候这些想法来自于父亲。"[1]哈里·哈维克与梅奥兄弟俩人都
非常熟悉，并作为梅奥诊所首位行政主管同兄弟俩一起亲密地工作了将
近30年。哈维克以这样的一种方式介绍他们：

他们两人彼此之间完美地互补。威尔医生是天生的领导，
他沉默寡言，善于分析，有领导者的风范（但并不傲慢），毫不
留情地要求自身和他人达到完美的程度，同时拥有对未来不可

思议的敏锐预见力。查理[⊖]医生性格温和，善解人意，又富有幽默感，平易近人……经常地，弟弟会促使威尔医生采取一种不太苛刻的方法来解决问题。相应地，哥哥也会劝导查理医生用谨慎的行为来克制冲动。"[2]

在本章中，我们将考察诊所创始人梅奥兄弟俩和哈里·哈维克是如何建立起一种"继任方案"，使得梅奥诊所从威廉 J. 梅奥医生近40年任期中的权威命令式领导方式（这期间他仅同一个查理医生和哈维克医生组成的二人小组合作），过渡到具有广泛合作和协作基础的领导方式。首先我们讨论21世纪早期的医生主导文化，然后我们找出支撑该组织管理和运行的制度和政策，梅奥正是凭借这样的方式培养忠诚，并且吸引乔纳森·科特莱特重新回到梅奥诊所。本章中我们会着重关注时至今日，合作和协作精神是如何盛行于梅奥诊所的管理和运行活动中的。

从命令、控制到合作管理

1932年12月31日，威廉·梅奥医生和查尔斯·梅奥医生从理事会退休，不再正式参与梅奥诊所的事务。1928年1月1日，当威尔医生67岁时，他就从手术台退了下来，而到了1930年1月2日，在一次做手术时出现视网膜出血的症状后，查理医生也退休了，这一年他65岁。1932年，当梅奥诊所的创始人，也是那个时代最著名的外科医生，从梅奥退休之后，付诸实施的继任方案使得梅奥诊所可以在此后继续运行下去。实际上在之后超过30年的时间里，继任方案一直在付诸实施。为了梅奥诊所的长远发展，梅奥兄弟在四个不同方面迈出了大胆的步伐。这些步骤与其说是"继任方案"，不如说是"继任规划"更好些，在19世纪末期做出第一步决定后，它便呈现出一个不断演变的过程。

⊖　查理是查尔斯的昵称，这里指查尔斯 J. 梅奥医生。——译者注

步骤1：创立新型合伙模式：仅将收入作为共有合伙资产　19世纪90年代末期，威尔医生和查理医生，以及他们的父亲，还包括克里斯托夫·格拉汉姆医生和奥古斯都·斯奇菲尔德医生是梅奥诊所最初的5个合伙人。后面两位医生分别于1894年和1892年加入梅奥诊所，其中格拉汉姆医生是查理医生的妹夫。格拉汉姆医生和斯奇菲尔德医生仅是通过口头约定的形式加入到这一非正式合作中。威尔医生在其70多岁时一直重病缠身，受此影响，持续合作问题提前摆在了各位合伙人面前。威尔和查理意识到合伙人的遗产问题，遗嘱检验法庭的法官将他们的合伙资产划分为5份。虽然不存在历史文件的记载，但梅奥兄弟俩可能认识到医疗服务实践的声誉取决于临床手术效果，于是诊所业务的价值很大程度上依赖于受患者欢迎的医生的临床收入。因此，未对合伙资产进行投资的格拉汉姆医生和斯奇菲尔德医生并没有对梅奥诊所本身所代表的财产和股权价值做出重大的贡献。

鉴于认识到5位合伙人中的任何一位去世都会破坏梅奥诊所的运行，并可能会直接干扰为病人提供的护理服务，因而梅奥兄弟俩设计了另一种方案。他们提议把梅奥诊所本身同所有固定资产和有价证券从合作协议中分离出来，仅将梅奥诊所收入作为共有的合伙资产。合伙人无论退休还是去世，合伙人或其继承人都将获得"等同于其退休或去世之前创造的全部收入的一笔钱。"[3]威尔和查理签署了这份合同，然后将其转给其他合伙人签字。格拉汉姆医生和斯奇菲尔德医生在起初的两年里拒绝签署这个文件，因为按照他们的理解，合伙财产应包括梅奥诊所的所有资产。然后，正如历史学者海伦·克拉普萨特尔所言："威尔医生的强硬在这时表现了出来。"[4]当被告知如果不签字，合伙关系将会被终止之后，拒绝合作者终于在合同上签了字。

当时，无论威尔医生，还是查理医生都想象不出，在他们的有生之年，梅奥诊所会变成什么样子。因为那时候的医疗业务还相当少，并非十多年以后那个在公众心目中知名的"梅奥诊所"。初始时期，他们租用共济会新建的礼拜堂开展工作，当时外面的路上还没有铺上石砖；外面一些马上了鞍子，而另一些则套着马车，都拴在办公室前的桩子上。不过，通过创立仅把诊所收入作为共有的合伙资产的合伙模式，威尔和查理两兄弟已经在无意中为梅奥组织的未来铺下了一块奠基石。该组织所有的医疗和财产性资产都因这个安排和创新的合伙模式得到了保护，并处于梅奥兄弟俩的控制之下。除确保患者在合伙人退休或去世后仍能继续享受医疗护理外，没有证据显示他们还因其他长远考虑而采取上述行动。

尽管梅奥兄弟已经认识到在临床实践中把同事视为合作者和伙伴的价值，但他们还没有在梅奥诊所的管理运营中建立合作关系。后者已经成为他们留下的遗产的大部分。

步骤2：创立梅奥资产协会 1908年，威尔医生给当地一个银行职员哈里 J. 哈维克提供了一个图书管理员的职位，那一年哈维克还是一位21岁的高中毕业生。此后，他将其四十余年的职业生涯都献给了梅奥诊所，他曾升任至诊所行政主席，在协助梅奥兄弟规划长期战略和引领梅奥取得持久成功中扮演了重要角色。与哈维克一起，威尔医生构建了梅奥诊所的基础管理框架和治理结构，这些至今仍在存在。依据哈维克的解释，这些方案之所以可行是因为"梅奥兄弟坚信，除了维持他们本身及其合伙人能够体面生活的资金保证和经济安全外，多余资金应通过提供更好的医疗服务的方式回馈社会。"[5]梅奥这一坚定秉持的医疗信念和伦理文化与圣玛丽医院所坚持的伦理观念颇为相似，且彼此呼应，互为补充。圣玛丽医院曾由圣方济会修女们创立，她们的核心理念是许诺对贫困者提供帮助和支持。为服务患者，支持梅奥诊所医生的工作，修女们每周工作6~7天，每天12~18个小时，并且不要求任何报酬。梅奥兄弟和教会修女们共同秉持的以患者为中心的利他伦理观为梅奥诊所百年的成功发展奠定了重要的价值观基础。

同时，随着梅奥诊所的不断成长，越来越多的访问医生加入到梅奥诊所的业务不断扩大[6]。诊所雇佣更多的医生，通过承租方式使用的共济会礼拜堂已经无法满足诊所发展的需要。由于梅奥兄弟将自己临床手术的收入储存下来，因而他们在资金上已经有能力建造大型的门诊大楼，梅奥诊所的门诊楼于1914年建成并投入使用。哈维克通过略带讽刺意义的反语表达了梅奥业务的增长及新大楼的使用状况，大楼本来设计为"永久"满足诊所的需要，但是就诊人数急剧增加，1917年来到梅奥诊所的患者已经增长了300%，原来的大楼很快就不能满足需要了。

到了1918年，威尔医生和查理医生意识到他们的诊所运行模式是独一无二的，并且有希望让诊所继续经营下去。随着1914年大楼的启用，诊所也正式命名为梅奥诊所。他们已经初步认知到，为了维持诊所运行，并支持医学研究和教育项目，非常核心的关键就是需要保持梅奥诊所的声誉。由此，梅奥诊所启动了一项新的计划，正如哈维克所说的那样，在那个时候威尔医生和查理医生兄弟两人都"正当中年，精力充沛而健康，都处于各自事业的辉煌顶峰，共同期待在未来的许多年间推动和维持梅奥事业的兴旺发达，这样的期待是很适宜而合理的"。[7]

经过一年的紧密筹备，梅奥兄弟于1919年发起创立了梅奥资产协会。通过签订赠与证书，威尔医生和查理医生兄弟俩将梅奥诊所从营利性机构转变成了非营利组织。他们将所有现在和将来的收入，以及房产、设备、证券等资产都转入了这个新成立的慈善组织。通过将所有的个人财富贡献给这项事业，他们践行着自己无私的价值标准。依据退休的前梅奥诊所首席行政官约翰·赫瑞尔所述，这项赠与到现在已经达到5千万美元的价值。梅奥兄弟在20年前创造了合乎法律的基本结构，并迫使格拉汉姆医生和斯奇菲尔德医生接受这种创新的合伙模式和合法架构，现在看来是上天赐予的礼物。如果没有经过那段痛苦的小插曲，梅奥诊所在20世纪很可能就不复存在了。

梅奥资产协会依据协议运作，根据协议的规定，该机构的财务资产要用于促进医学教育和医学研究。哈维克写道："通过一个永久委员会的自主维持和永续经营，指引和领导梅奥资产协会的运行，委员会的成员不在协会中享有任何薪酬。协议文件显示，'任何因解散或破产而结余的财富或资产，均不能成为协会中任一员成员的私人利益'。"这一着重强调的条款体现了梅奥兄弟二人的基本价值观。兄弟俩一直坚持，从梅奥诊所业务中得到的净收益应该使患者和社区受益，而并非为健康护理的提供者增加收入。

步骤3：向理事会转变　到了20世纪20年代,临床医学在梅奥诊所作为"合作科学"发展得非常顺利。1907年，亨利·普拉莫医生发明了让所有医生和护士都能够使用的通用病历，这个意义重大的发明使得在医疗和护理病患时进行团队合作成为可能。同时，普拉莫医生指导设计了1914年建造的门诊大楼，这种设计容许医疗团队成为实施医疗活动的基础。但梅奥诊所的经营管理和治理架构已经有些落后了。然而，当哈里·哈维克受雇于梅奥诊所后，他在财务和行政管理上的运作所达成的深远影响，足以与普拉莫医生在诊所运作上的创新相提并论。1908年，在哈维克刚刚上任时，诊所的12位医生"习惯于各自处理各自的收费，他们会随时随地地收取医疗费用，有时甚至将钱很随意地在口袋里放上几天或者几个星期。"对医生们在门诊服务中的大部分支出或收入，梅奥诊所没有任何记录。医生们的花费也无迹可寻；医生和他们的助理只要觉得有必要，就会购买任何他们想要的东西。当哈维克着手建立基本的会计程序和制度时，一开始就遭到了反对。

直到20世纪20年代早期，梅奥诊所的管理仍然是粗线条的简单模式。不过梅奥兄弟俩完全明白这种管理方式的危害，意识到这种模式在梅奥诊所不能够再长期存在下去，他们仍然需要为诊所的协同合作进行管理创新。通过将大部分私人财富赠予梅奥资产协会的方式，他们清楚地表明了，梅奥诊所已不再是家族产业，梅奥诊所已经远远超出了梅奥兄弟的基本含义。

在哈里·哈维克的帮助下，他们进一步创立了理事会，建立了一种可持续经营的管理和治理模式。20世纪20年代早期，他们开始将这一模式用于诊所运营。刚开始，理事会只负责诊所内的管理和运行，但在制度成熟后，也开始处理组织外部政策方面的事务。通过成立由7名医生和哈维克组成的理事会，威廉 J. 梅奥医生表明，他将终止同他的兄弟分享了超过30年的对诊所事务的控制权。哈维克也提到，组织中的一些人曾经对这个治理团队嗤之以鼻——因为既然威尔医生从一开始就一直担任理事会主席，直到他1932年底退休为止，所以理事会中治理状况的变动自一开始就似乎没有多大的意义。尽管起初，"在存在分歧的情况下，梅奥兄弟的威望会起到决定性的影响"，但是随着时间的推移，这种情况已经发生了改变。哈维克的这段话表明了当时理事会成立初期的状况及其可能的转变。

威尔医生依据使其成为外科医生先行者的衡量原则和评价标准，继续推进梅奥诊所基础治理和管理架构的转变。他开始将诊所的管理和治理模式转变为"合作科学"这是一种组织内的同事之间的合作伙伴关系。哈维克强调说，在接下来的几年里，威尔医生逐渐地将一些任务交给理事会里的其他成员完成。当梅奥兄弟俩于1932年正式从诊所管理事务中退下来时，管理权向下一代领导者的交接就显得非常自然和顺畅。不过，只要健康允许，只要在罗切斯特，梅奥兄弟俩仍会到诊所办公室。若有相关服务要求，他们还将会是高级顾问。海伦·克拉普萨特尔提到，在图森市过冬时，梅奥兄弟俩收到了来自诊所的第一份报告，当时查理阅读了这份报告后，微笑着对他哥哥说，"哎呀，这对于我们来说绝对是个失落。威尔，他们现在比我们在诊所时做得都要好。"威尔医生，一位绝对的领袖，以一种非凡的、后人可仿效的优雅方式，从手术台，然后是专业协会，最后是诊所的管理岗位上，成功地退了下来。无论在哪种情况下，他的言论都显示了对下一代领导者的尊重。对每一代梅奥临床医疗和管理的领导者来说，当他们的职业生涯在梅奥诊所即将结束的时候，威尔医生的故事仍然是他们的榜样。

步骤4：通过委员会开展参与性治理　为配合理事会，威尔医生在1923～1924年组建了一系列的委员会（如临床医疗实践、医学教育、医学研究、人事管理、财务金融和其他一些委员会），负责梅奥诊所的治理和管理事务。哈里·哈维克承认，这些委员会是在他的反对下成立的，但几十年后再回头看，哈维克不得不承认威尔医生是正确的。各个委员会成为了未来理事会各个层级的领导者和梅奥诊所各个部门及分支机构的负责人的培养基地。这种参与式管理体系也成为拓展医学及诊所医护人员管理思维和商业模式观念的一种有益方式。

继任的领导者，无论其来自临床领域还是行政领域都不断实践着由梅奥兄弟开创的4个步骤的实质。自从格拉汉姆医生和斯奇菲尔德医生同意以授薪方式工作的那一刻起，梅奥诊所的所有医生都实行了授薪制——在1923年，当他们终止合伙，所有医生都成为一个叫梅奥诊所的志愿者协会的成员以后，威廉医生和查尔斯医生也接受了薪金制。梅奥资产协会演变成了梅奥基金，它成为了所有梅奥诊所业务及资产的总部。梅奥诊所的公共受托人仍然以无报酬形式服务。理事会和委员会体系都经受了时间的考验——在许多年里仅进行了一些小的调整。

21世纪在领导层的合作者

1908年，包括威廉医生和查尔斯医生在内的12位医生组成了"梅奥诊所"，而如今有大约2 500名医生服务于诊所的3个院区。尽管在不断成长，梅奥诊所依然保持团队医学实践这一特点。根据2007年2月开始担任梅奥诊所首席行政官的雪莉·维斯的说法，这一特点是理解梅奥的基础。哈里·哈维克称其为"医生的志愿组织"和"一个有着目标的组织"。[12]维斯评述道："今天梅奥诊所能够良好运转是基于这样一个事实：这里的医生都认识到这是他们自己的事业。"罗伯特·斯莫尔德——雪莉·维斯的前任，也认为团队实践的描述是比较准确，但是他补充道，梅奥诊所对医学研究和教育的支持也是使其区别于其他团队活动的因素。

在对医生—管理人员合作的分析中，1993~2001年间担任诊所首席行政官约翰·赫瑞尔写道：

> 坚持医生领导并不必然意味着医生管理一切，但应是决定事情方向的一个基本要素……梅奥诊所特别之处在于医生负责制的组织框架。如果诊所运行失败，应该受到责备的是医生自己。这种方式以积极的方式影响医生的行为。他们必须时刻牢记诊所的利益，因为自身利益是与之休戚相关的。[13]

梅奥诊所的医学实践形成了一种同时满足患者和医生双方的体制。下属3所医院均低于2.5%的人员离职率是医生满意的一个很好的体现。内科医师柯克·罗迪希尔博士，在其曾就读的明尼苏达州立大学的毕业后从事住院医师的校友中间就其十年职业生涯进行了一个非正式的调查。他发现，"接受调查的医生中最快乐的来自梅奥诊所，而其他的大多数医生在职业中并不快乐。"因此他加入了梅奥诊所。

梅奥诊所始终以医生为领导。1999年以总裁和CEO身份退休的罗伯特·华勒医生的一句拿自己开的玩笑经常被引用："梅奥拥有一个总裁，但同时又有1 500个副总裁。"他一直很坦率地承认，他领导着一个由大批接受过高等教育的医生组成的机构。2005年以罗彻斯特医院CEO身份退休的休·史密斯医生说："大多数医生不喜欢听其医学专业外的非专科医生说'不'，他们更不喜欢听管理者说'不'"。对那些在梅奥诊所工作的医生们而言，医生领导者们营造了一种对等的关系，他们了解这些受过高等教育的职业医生的需要、希望和困惑。

领导上的团队合作："医生—管理者"合作

哈里·哈维克与威廉 J. 梅奥医生的关系是梅奥诊所今天数百种管理

关系的原型。威廉医生负全责，但他同哈维克的关系基于他们作为同事的相互尊重。在现行管理模式形成的过程中，他们进行了重要的谈话，并相互交换观点。

在该组织大多数层级中，这种模式已经运行了将近一个世纪的时间。然而，这些合作关系时至今日仍然得以存在，不是因为它是对创始人长达一个世纪的推崇合作箴言的尊重，而是因为它们可以让诊所在面临财务和运营上的困难时，仍能继续把患者的需要放在首位。亚利桑那州分部首席行政官詹姆斯·安德森，确认了为什么这种"医生—管理者"的合作模式会成功："医生领导者拥护的是'患者至上'的理念，而管理者则要对财务运营负责，只有在这两方面保持适度平衡，才会产生高效的管理决定。"受托人期望每年能保持一个净收入底线以维持诊所运转，而要想长期支撑这个任务则需要所有医生与管理者在提供服务和财务方面紧密合作和共同关注。约翰·赫瑞尔补充说："医生面临和管理者同样的危机感去保证机构的财务状况良好；而管理者面临和医生一样的危机感去保证患者得到良好护理……"[14]

我们通过对医疗部门心脏病科的描述来阐释这类合作的性质，当然这种模式也适用于任何一个临床学科。心脏病科主任——一位心脏病学专家，和一位运营主管搭档，共同开展工作。主任所负责的最重要工作是业务的远景规划和战略方向，当然也包括临床活动、门诊（办公室）业务、心脏病诊断实验室（例如超声波心动描记）、导管插入以及住院业务，他也要负责每位心脏病专家的事业发展、研究、实践及其业绩审查。

运营主管负责心脏病科关事务的日常运营管理，这其中包括对所有需要进行临床协作的医疗护理人员（非医生）以及临床实验室的监督和管理。主管直接对管理者和监督者汇报，管理者和监督者通常由负责监督的临床和技术部门的专家担任。运营主管也直接同医生一起工作，如提出一项由所在部门医生支持的新的临床创新的倡议。主管将帮助设计这项倡议和陈述内容，并为内部评述和决策过程做准备。

詹姆斯·安德森描述了另外一种看待管理者角色的途径：

> 医生接受的教育要求他们要能够创新和独立行事，并且能够将服务的重心放在单个病人身上。对管理者的训练要求他们要将管理观念和组织理论应用于培养团队协作以及提供能使患者满意、保证质量及财务上成功的制度和程序。有效的管理者会综合各种信息并帮助医生看到更远大的目标——大量的患者或者部门手术统计数字，而非单个患者的实验价值。

患者更多地接触主任医生，而很少能见到管理者。罗切斯特诊所首席行政官杰弗瑞·科斯莫曾经用舞台来比喻这种关系："管理者使那些帮助患者的人员能够将精力放在病人身上。由于我们在后台的活动，前台的活动才得以开展。观众就是患者和他们的家属。"已退休的运营主管戴夫·莱昂纳多回应了这种说法："管理者提供了将各种事情保持在一起的黏合剂，和使它们运转平稳的润滑剂。"管理者的责任就在于尽可能地缓解医生的管理负担。

医生为领导力注入了深厚的临床知识，相较之下，管理者则带来了管理和梅奥工作方式方面的知识。首席行政官雪莉·维斯强调："为使合作进行，管理者需要提出很多价值理念。大家都期待我们能利用我们独有的经验和专门知识做出贡献。"一位医生领导承认作为一名年轻的科室主任，他感觉他需要同员工一起参与有计划的活动。当他试图描述他想要什么时，他的管理合作伙伴回应："你需要做一个SWOT分析。"

虽然这种被用来确定"优势、弱势、机会及威胁"的工具是管理者中常用一个基本的概念，但并不属于医学院的课程。不过，反过来，优秀的医生领导也会指导管理者，比如避免为了效率而牺牲患者的最大利益。梅奥诊所的医生领导和管理者之间互相学习，他们作为合作者比各自独立要表现的更好。梅奥诊所的领导者都拥有一个良好组织结构设计的平台。

　　然而，这种安排只有在管理者和医生彼此互相尊重并共同承担责任时才会运行良好。罗切斯特医院内科副主任道格拉斯·伍德医生，描述了他同部门主任尼古拉斯·拉鲁索医生以及运营主管芭芭拉·斯普雷尔之间持续了8年的合作关系："当拉鲁索医生说，'它就应该这样子'的时候，我可以立即表示不同意，芭芭拉也可以，然后我们就会一起仔细地把事情理顺。当我们那样做时，我们就会做出更好的决定，因为这才是真正的合作，而不是那种人云亦云的合作方式。" 每当内科进行季度总结回顾时，内科各部门的主任医生和管理者就会同拉鲁索医生、伍德医生以及芭芭拉·斯普雷尔一起开会，平等地讨论事务。

　　当然，医生领导不仅要同他们的管理搭档一起工作，医生间的合作也至关重要。对于内科主任来说，其下属如肠胃病科、内分泌科以及过敏性疾病科等不同科室的主任，都是重要的合作者。对于医院CEO来说，临床部门的主任是最重要合作伙伴。CEO同样依赖于临床业务委员会、教育委员会和研究委员会等三个主要委员会的主任医生的强有力合作。离开CEO与这些医生领导之间的开放的、公正的、互相尊重以及信任的关系，梅奥诊所的管理模式将无法有效地运作。

　　运营主管由首席行政官任命并受雇于管理部门，然后根据不同的管理活动的需要，分派到那些最为重要的临床部门和科室，任期一般从五年到七年不等。这样，整形外科就不用自己招聘管理者，而是会从管理精英团队里指派。当然，整形外科主任将会协助选择人选。

　　医生—管理者合作模式能在梅奥发挥作用是因为梅奥致力于使其成功。医生—管理者关系的艺术性体现在二者之间的配合，每一步努力都是为了能让合适的人相互搭配。通常一位新的年轻主任医生会和一位经验丰富并熟悉内部程序的管理者组成搭档；一位年轻的涉世不深的运营主管将会首先服务于临床部门，并很有希望遇到一位好的医生导师，医生导师会将怎样有效地同梅奥医生工作的方式传授给他。如果一个组合不能发挥作用——这种情况有时会出现，人们就会分析原因，但期间任何一方都不会遭受指责。如果分开被认为是最好的选择，管理者就会被派到一个新的岗位，因为管理者多样的管理技能也能在其他地方得到发挥。管理者并不会因此带着污名到一个新的职位上去。如果医生或管理者总是不能与不同的搭档有效的合作，医生将不再担任领导职务，而管理者则会在梅奥内部或者外部找到更适合的位置。

无论是对医生还是对管理者，没有什么事情比找到正确的领导人选更为重要了。休·史密斯医生认为在梅奥庞大的医生队伍中，总会有潜在的领袖脱颖而出。不过他暗示仅靠脱颖而出的领袖的先天能力还不足以胜任领导工作。"医生领导力的培养更加重要。"

医生领导力：以患者护理为基础

在临床上表现良好的医生在梅奥会得到普遍的尊重。梅奥诊所医生在担任领导职位之前，必须让自己在专业领域出类拔萃。另外，大多数医生领导作为研究者或者教育者已经赢得了巨大的学术荣誉。梅奥诊所文化的另外一个方面就是"不情愿的领导者"。梅奥诊所的领导一般都是由他们的同事邀请其担任领导职位的，这可能因为诊所的利益做出个人的牺牲。梅奥佛罗里达州杰克逊维尔院区的CEO乔治·巴克利医生认为，"在我所知道的梅奥诊所现有医生领导中，几乎没有人一开始就是把成为领导当做他们的事业目标。多年来，我对于做做外科手术，写写论文的生活感到很满足，直到被指派担任第一个管理职务之前，我都从未想过参与管理工作。"

医生领导们不可避免地要牺牲一部分他们业已建立起来的临床学术事业，他们中大多数都承认会有一种失落的感觉。如果医生们对高层领导职位表现出很高的热情，那么他们被拒绝的机会也会很高——对领导职位过于强烈的热情会使组织面临过度政治化的危险。在成为CEO的道路上，医生们通常已经获得了教授的学术职称，他们中的一些人可能已经是临床部门或系所的主任，大多数都在一些委员会中担任领导职务。另外，领导能力、沟通能力和人际交往能力是担任医生领导最基本的要求。

在成为领导者的必要资质的表单中并没有对其接受正式管理培训的要求。一直以来，没有一位梅奥CEO级别的领导者有商业方面的本科学位。对患者现实需要和未来健康医疗体系具有远见卓识是医生领导的主要标准。另外，医生领导应是一位受医院员工信任并能激励和鼓舞他人的领袖。梅奥确实会在领导培养计划中提供一些有关商业原则的基本训练；然而，一位医生领导应该首先是一位医生，而非管理者，成为梅奥诊所的CEO并不是其医生生涯的结束。那些已经65岁，或者年龄更大一些的，已经从高层的管理职位上退下来的医生们，也会在退休后的几年里以兼职医生的身份继续工作。

为了保持同患者和同事的联系，医生领导（除了很少的例外情况外）每周仍然会花一定的时间关注医疗活动。休·史密斯医生强调，为保持同其他医生的联系和相互信任感，医生领导会同手下医生一起全力为患者提供护理服务。他讲述了在一次理事会会议上的经历：执行团队向理事会展示一种有效管理新来患者的工具，他们保证这种工具能让系统运行更加平稳并使程序更加简单。因此，史密斯医生说："在那个下午，我来到临床科室，试着使用这个工具。令人失望的是，我搞得一团糟。那个培训项目是由技术人员设计的，因而他们对此了如指掌。但是对于繁忙的临床医生来说，这是一种负担，他们还没有为此做好准备。"通过第一手的经验，史密斯医生能够在其他众多医生经历类似挫折之前，对执行团队的活动进行干预。他总结说："对于医生领导来说，相互联系和信赖至关重要。离开这些就不会有凝聚力。"

因为在任期结束后，大多数医生会返回实践岗位，所以保持现有临床技能也很重要。举例来说，在4年罗切斯特医院CEO任期结束后，罗伯特·哈特利医生又回到了放射科进行X光线诊断的工作；3位前任心脏病科的主任如今都以心脏病专家的身份在所在科室工作。事实上，由医生担任的所有领导职务都有"任期限制"。有时会很艰难，但过得很快。比方说理事会或医院执委会的成员职位限定为只能担任两个4年任期，部门和科室主任的任期一般大约为8年——虽然有可能会延长到10年或12年。由于部门主任获得任命时通常在45～50岁，因此结束主任任期后，在退休之前他们还会有几年能在临床岗位发挥更多作用的时间。梅奥罗切斯特医院的CEO格伦·福布斯医生引用英王乔治三世⊖的一句话，回忆了在梅奥担任领导时的时光："如果乔治·华盛顿有一天自愿放弃权力，并在担任新殖民地的总统任期结束后回到普通人的生活，那么他就是所有时代最伟大的人之一。"福布斯医生继续说道，"在梅奥，你不会无限期地拥有任何领导职位。你仅在那里服务一个时期，然后你将重新进行临床业务、参与研究或其他管理工作。"

乔治·巴克利医生在担任3年眼科住院医师之后回到了梅奥诊所。1986年，他被要求加入医疗团队；然后，他就沿着一名医生领导的典型事业发展轨迹不断地成长。1992年，乔治·巴克利在他35岁的时候被任命为梅奥罗切斯特医院眼科的主任。在如此年轻的年纪获得这样的任命标志着他有潜力成为本部门外的医生领导。在他担任眼科主任期间，他被罗切斯特医生领导指派到超过20个不同的院级委员会任职。这些任命使巴克利医生能够站在超越眼科部门的高度，从内部对医院许多重要的管理和经营事务以及诊所的运转进行观察。然而更重要的是，通过这些任命，罗切斯特医院的医生领导们可以观察到巴克利医生的资质，包括他对讨论的贡献、他的工作理念、他的领导技巧以及与医生和其他管理者进行人际交往的能力。

2001年，巴克利医生被选为梅奥罗切斯特院区10人理事会成员——

⊖　英王乔治三世（1738—1820）在1760～1820年间在位，他在位期间发生了美国独立战争。——译者注

最近据说已经成为罗切斯特医院执委会成员。这项任命使他不能再担任眼科主任的工作。然后，在2002年，他又成为杰克逊维尔医院的CEO。他今天的身份很大程度上仍是建立在他的初始职业目标上——成为一名外科医生、研究者和教育者。因此当他周三早晨离开办公室到诊所或手术室工作半天，并认为是在度过一周中最好的一段时间的时候，其他人也对此习以为常。

鉴于梅奥领导轮换的传统，他不可能一直担任杰克逊维尔医院的CEO直至退休。或许他将来会担任梅奥诊所另一个高级领导职位。这样的机会很多，包括一些从梅奥研究项目转变而来的以盈利为目的的生物工程活动，当然他也可以选择全身心投入他的事业，返回他的临床和学术研究。

行政领导：以运行为基础

明尼苏达州的盖瑞森·凯勒（Garrison Keillor）用带讽刺意味的语言宣称，在沃比根湖，"所有的孩子都在平均水平以上。"⊖剔去其中讽刺的味道，这个谚语却真实描述了梅奥诊所的医生们的平均水平。医生们的学识、培训以及职业精神为那些在领导层中需要赢得同等地位的行政人员树立了高的标准。管理者必须是在新的挑战面前以及不断变化的环境中不断成长的快速学习者。管理者应该能够适应合作医生的工作方式、长处和兴趣，并与之形成互补。更重要的是他们必须是团队参与者——享受团队胜利的心情就好比他们个人贡献得到了认同一般。

虽然一些读者可能会好奇，明知梅奥诊所所有最高的行政职位都会授予那些拥有医学博士学位的医生，那些管理人员为什么还要加入梅奥呢。雪莉·维斯强调："管理人员也能拥有强大的影响力，这些影响力

⊖ 源自盖瑞森·凯勒在小说中虚构的一座小镇，那里的人宣称本地所有孩子的智力都高于平均水平，然而这在实际上是不可能的，这句谚语后来被引申为大多数人都认为自己高于平均水平的心理学效应。——译者注

一部分来源于其本职工作、将材料集中、运用数据信息提供选择方案以及为同事和医生领导提供指导，但是最重要的是你必须心甘情愿完成这些工作，而不是为了其中获取利益。"

　　管理人员和医生一样，初始都是以试用的身份加入员工队伍的。3年后，医生能够从高级顾问升任顾问，然后他们就成为有投票权的员工并能投票确认执委会成员。管理人员也有一个类似的升迁轨迹，经过至少5年值得赞誉的服务并在重要管理职位任职后，他们也会获得投票权，然后这些管理人员会得到跟医生同等的地位。

　　他们的事业刚开始的时候，管理人员通常会在一些发挥核心作用的岗位上进行轮换以使他们能够明白梅奥是怎样运作的。他们可能会在诸如人力资源、财务或者科研管理等部门任职，广泛的接触诊所文化和各种功能。通过培训或者其他经验获得管理职位，有3条主要路径：（1）直接从MBA或MHA培训项目中获得；（2）在另一家诊所或医院获得管理经验；（3）在梅奥诊所一个临床岗位上如物理治疗、临床实验室或者护士管理等岗位有优秀的表现。虽然从任何途径升上来的管理人员实际上都有可能已经在某个临床科室工作过，但对他们的任命不会据此而被进行归类。相反，加入管理部门的人员可能同任何临床部门或许多管理部门一起工作。玛丽·布朗的职业轨迹清楚地表明了这一点。

　　1993年，布朗在临床实验室工作了13年后加入了管理部门。在那里，她的领导才能被发现并被委任了多项工作。她首先被任命为3个不同内科科室的管理人员，因此她必须同时与3个不同部门的医生进行合作。随后在1997年，她被任命为临床实践委员会（CPC）的秘书，这是一个几乎需要全职投入的主要管理职位。该委员会监督所有门诊和住院手术、医生和护理人员的配备，以及临床空间和设备预算。

　　在她3年的CPC秘书任期结束后，布朗又担任了两年的外科管理人员。随后她又担任了另外一个主要委员会秘书的职务，这一次是梅奥最高水平的管理团队罗切斯特医院执委会的秘书。在那里她直接向首席行政官汇报工作并同时负责预算、规划以及行政部门的运行。2003年，她在罗切斯特医院被授予"梅奥卓越管理人员"的称号。

2007年，她又回到了临床实验室，但不是作为一名科研人员，而是临床业务主管，与实验医学和病理学主任搭档，共同领导一个有大约2 500名雇员的科室。梅奥的管理者计划让布朗能以更宽广的视野来看待管理实验室的任命。因为能从外部视角来看待实验室，她除了维持实验室正常运转以外还懂得更多的东西。她知道实验室怎样运转以及怎样同整个医院连为一体。她和梅奥大部分机构的管理人员和医生领导都有工作联系。

布朗可能不会在这个职位上一直待到退休。或许一个新的部门主任职务需要她提供一套新鲜的管理观念；她可能觉得自己需要在亚利桑那或者佛罗里达寻找一个新的挑战。首席执行官也可能需要她去填补新的空缺。布朗在上述任一情况下都能得到梅奥诊所管理层重用，这就是梅奥管理机构和文化优势所在。梅奥职业化的管理方式使组织能够通过提供许多新鲜且富有挑战的事业来留住那些富有才华的管理者。

在管理中的次级专家

一些医生领导承认与他们那个时代不同，今天的医生已经很少直接参与到诊所所有的管理事务中。医生在临床活动中的核心角色一如其过去那么重要和深入，但是随着医疗护理领域面对的行政和管理上的挑战越来越复杂，梅奥开始加快向具有专业技术背景的行政管理者的转变。正如道格拉斯·伍德所述："四五十年前，你根本不必担心诸如反托拉斯法、劳动法以及其他一些与非营利组织相关的法律和准则或者有关医疗保险、公共医疗补助制度等方面的细节。"医生不直接领导的领域通常是技术复杂的商业原则或者与技术基础设施有关的管理。正如休·斯密斯写道的："医生领导在与患者相关的所有事务中都表现得很出色。"

梅奥诊所雇用了数百名这些商业或专业技术领域的行政管理者，他们通常不会与一位眼前的医生搭档共事，除非他们处于机构的最高层。确保诊所的功能运转良好需要许多专业知识。许多管理者一般都具有研究生学历，他们将会在诸如信息系统、材料管理、会计、投资管理、策划、公共事务、通信、市场营销和基础设施领域工作一辈子。但是，在较大的部门仍有提升的空间。这些管理者也可以成为具有投票权的员工。

参与这些管理的医生与那些参与临床管理的医生具有不一样的价值。虽说如此，通过让医生们参与到监督委员会，比如营销委员会、投资委员会或者设备委员会，医生员工也可以认识到医疗护理管理的复杂性。

合二为一：整合诊所和医院

虽然美国有着数百家不同的医疗团体，但是梅奥诊所的确与众不同。举例来说，仅有3%的医疗团体的医生数量超过50名，而梅奥有2 500名；大部分医疗团体是单一专业团体，比如放射科医师团体、外科医师团体或病理科医师团体，而梅奥是一家多专业的组织，在所有医疗专业和医疗附属专业学科方面都有深厚底蕴；更让梅奥诊所与众不同的地方是它同时还以自己的方式经营医院。

大部分医疗团体都在与他们相分离的医院，比如社区医院和众多学术医疗中心工作。那些医院都有自己的董事会，而且医院管理者的信托责任并不总是与使用该医院的医疗团体的利益相一致。一所医院常常会依靠若干医疗团体，而这些团体可能反过来相互竞争。紧张关系便由此而生——管理者和医生相互争夺优势地位。约翰·赫瑞尔写道："这种关系似乎是对抗性的，他们的利益难以协调一致。"[15]

但是如今在梅奥门诊部和住院部的服务通过预算、患者服务、诊所的员工和行政领导有机的整合了起来。这种专精使得任务、服务和成果能够高度一致，这对于本章开篇故事的主人公乔纳森·科特莱特具有相当的吸引力。

近一个世纪以来，坐落于罗切斯特的圣玛丽医院由圣方济会的修女们经营，但是起初它与梅奥医生们的需求是不可分割的。对于这两个相互独立的机构而言，圣玛丽医院与梅奥诊所的合作是相当紧密的。举例来说，在19世纪80年代，梅奥兄弟和他们的父亲周游美国以决定当时最佳的医院设计，而圣玛丽的修女们则按照他们的要求来建造医院。医生提出需求而医院以最高水准的设施予以回应，这种关系持续了很多年。

比如说，在20世纪50年代，神经外科护士长阿马蒂斯·克莱因遇到了麻烦。六七个外科医生要求将他们的患者——那些刚刚做完手术的病人安置在护士站隔壁的房间内，以更好的进行观察。当然，这是不可能的。于是，护士长不得不安排专门护士，以保证患者能一直有人照顾。最终，与外科医生一起共事的护士长想出了一个更好的解决方案——成立一个病房，护士可以从护士站观察到所有的病人。这个创新意义重大，但花费不菲，却促成了美国第一个重症监护室的出现。已退休的管理人员简·坎皮恩职业生涯中有很长一段时间都是在圣玛丽医院度过的，她写道："当今世界，人人都在争夺着属于他们的那份馅饼……而在圣玛丽医院却没有这种现象，每个人都在为共同的梦想奋斗。我们要建立并运营一所能照顾患者的医院。这是多么美妙的合作。"1986年，圣方济会修女们正式签署了文件将圣玛丽医院的所有权和管理权移交梅奥诊所。

如今，梅奥诊所经营着4所医院。除了圣玛丽医院之外，梅奥还经营着罗切斯特卫理公会医院。该医院始建于20世纪50年代中期，并且不对外招聘，院内只有梅奥诊所的医生和外科医生为患者治疗。罗切斯特卫理公会医院的所有权和经营权于1986年移交至梅奥诊所。梅奥诊所又分别于1998年和2008年在菲尼克斯和杰克逊维尔建立了自己的医院。这4所医院都没有大部分医院能见到的那种传统的"医院管理"，梅奥医院很大程度上是通过各个院区临床业务委员会下属的由医生领导下的医院业务委员会运营的。委员会的核心成员——医生主席、护理部主席和特派医院管理人员形成一种"三人执政"的形式，对医院内日常运营做出决策。

但是在梅奥诊所总体运营中大部分阻碍都是无形的。比如说，护理部主席要对所有护士负责，无论她们在医院还是门诊办公室工作。三大院区中的临床化验室、放射科、安全保卫处、后勤、维护中心以及其他大部分功能多是被整合成统一的服务，来满足医院和诊所运营的需求。

医院和诊所的整合运营使得它们能更加专注于满足个体患者的需要。由于预算紧密相连，所以单独考虑医院或梅奥诊所的财务状况通常是没有意义的。但是整合运营最关键的好处在于，它将医生和医院管理层的利益协调一致，因此他们间的紧张关系也就消弭于无形。对个人有益，就对他人有益，因为他们为同一家机构工作，他们的薪水由同一个出纳支付。

委员会建立的文化共识

委员会制度是梅奥诊所管理中的一个重要特色，也是所有要素中可能最饱受争议的一点。单看数字可能有点让人咋舌：多达80个委员会管理着遍及整个院区的所有事务。除了这些院区范围内的委员会之外，科室和部门还有内部委员会。梅奥基于委员会的管理模式动用了宝贵且易逝的资源——医生们数千个小时的时间。

梅奥许多的管理工作是通过委员会或者特别工作组去完成的。从布朗的履历中我们可以发现，她在实验医学和病理学部工作的13年中，曾参加了18个不同的委员会。这些委员会从服装礼仪，到院内传染控制，以及部门图书馆委员会都有所涉及。自从1993年加入管理层以来，布朗已经成为了超过60个委员会的成员。这些委员会要应付科室或部门事务中最基本的细节问题。

梅奥诊所中的重大决定很少仅仅由一两个人做出，而不考虑同事们的意见。休·史密斯医生将温斯顿·丘吉尔的言论做了改动，来阐明他对委员会的观点："除了所有其他已经被尝试过的方式外，民主是最糟糕的政府形式。"史密斯医生暗示道，"除了所有其他已经被尝试过的方式外，委员会是最糟糕的医疗护理管理系统。"他认为尽管委员会可能会拖慢决策进程，但是只要决策做出，执行起来就会很迅速，因为机构已经就此达成了共识。

现任CEO丹尼斯·珂迪斯医生写道，梅奥如今的决策已经不像过去那样常常由高层做出："我来这儿已经37年了。随着规模逐渐增大，我们已经变得越来越扁平化，发号施令的机会已经越来越少。但在我记忆里，在20世纪20年代如果某人想做一件事，但梅奥兄弟不让他们做，那么毫无疑问他们就不会做。"珂迪斯接着补充道："做大宗购进逐渐变得困难起来，做决策也更加困难，但我认为那仅仅是因为我们规模变得过大。"委员会在参与梅奥诊所横向审查中占了很大的比重。

尽管有时梅奥各委员会会显得比较累赘，但是曾在2001年到2007年间担任梅奥诊所首席行政官的罗伯特·斯莫尔德相信，其作为由专业人员比如医生、教授、工程师和律师组成的机构中的一种参与式管理模式，运行良好。与其同事保持沟通的领导们会赢得他们的尊敬，但并不会使他们敬畏。如果来自高层的命令难以理解并且缺少说明，专家们就不会积极做出正面的回应——毕竟，他们接受的培训都要求他们问"为什么"。

梅奥诊所委员会系统为医生员工们在决策之前努力达成一致提供了平台。比如，在20世纪90年代，梅奥罗切斯特诊所决定与本地区的医生和医院搞好关系，以增强地区知名度并扩大职业分配咨询网的影响。第一项实验于1992年进行，最终有两项收获。通过短暂的反思和分析，地区战略委员会和理事会在网络的操作模式及商业策略方面达成一致。在这些就位之后，委员会迅速地建立起梅奥卫生系统（MHS）。到1999年，差不多有500名医生通过MHS聘用上岗，并在55个不同的社区中为患者服务。[16]手术量也在持续不断增加，如今MHS雇用了超过800名医生，有16家加盟医院，年收入超过15亿美元。

同一份提议被多次提交的时候往往是委员会系统表现最糟糕的时候。就在不久之前，整个过程还有可能被拖延数月之久。然而一些领导注意到，如果提议让委员会运做陷入僵局，那通常是因为提议需要更多的准备工作。不过，可能是出于"过于礼貌"的文化，委员会可能不愿直接指出该项观点没有批准的价值。当委员会不给予正面回应并且言辞闪烁时，它便没有很好的为该项提议提供服务。

在委员会表现最佳的时候，其评价过程会明确被提议的活动——通常是无意识的——对运营过程其他环节的影响。如果一项提议与"另一部门相冲突"，委员会中的医生们往往会看到问题所在。委员会一般会坚持让两个团体在提议被正式通过之前，共同努力达成妥协。

罗伯特·斯莫尔德的职业生涯有35年是在梅奥诊所管理岗位上度过的，据他观察，委员会系统"……起到了很好作用，因为委员会成员为梅奥诊所尽心尽力，并且一直保证这个机构运作良好。"委员会成员由许多不同的部门科室中抽调出来，在讨论中大家期望他们能够确定由他们原来的部门提出的问题。然而在投票的时候，大家又期望他们能"戴上他们梅奥诊所的帽子"。这样的结果是，委员会中形成的合作关系通常能够使达成的决定满足大众的利益。

汇聚型治理

2006年，梅奥诊所启动了一项重大的治理改革——一项有利于及时决策的改革。在杰克逊维尔和斯科茨代尔的诊所开业后的20年里，梅奥是由3个理事会进行运作的。这些委员会同时拥有治理和运营管理的权力。在这些委员会之上是由梅奥诊所领导组成的执行委员会，这些领导同时也是理事会成员，所有3个院区的CEO们都是执行委员会的成员。

很显然，这种体系太过累赘了。比如，当公共事务部提出一项对梅奥诊所网站做出重大修改的提议的时候，它会首先将提议呈送到执行委员会，但是通过决议并不代表提议得以开始执行，因为提议还必须对在本地工作的网站管理负责的所有3个理事会做"路演"。不过在2006年，执行委员会变成了唯一的理事会，对梅奥所有的决策都拥有治理决策权。3所院区的委员会都转变成了对院区进行管理和运营监督的执行委员会。如今有关梅奥诊所网站的提议只需向单独一个理事会提起报告并获得通过即可。然而，他们仍然需要与各个院区的医生领导人交流，以确保他们不会因网站上有关他们工作的内容发生重大改变而吃惊——这是一种政策上的权宜之计。

梅奥诊所董事会负责诊所的重大决策，该董事会由17个公共董事和14个内部董事组成，他们中的大部分都是理事会的成员。已故美国最高法院法官同时也是梅奥诊所荣休董事的沃伦·博格简洁的将梅奥诊所描述成"……一家为了公共目标的私人基金会。"[17]而那些公共目标正是外部董事们必须保护的。公共董事选举并监督CEO，确保梅奥运作上的财务完善和安全，并辅助梅奥诊所的领导层为这家非营利性的私人机构完成公共目标。梅奥诊所名誉退休董事会主席波特·盖茨指出，他曾在许多非营利性机构或公司的董事会工作过，但据他观察，公共董事完成的职责同它们中的任何一个都不一样。他写道："每次会议都有将近100%的出席率。"所以他非常赞同，梅奥诊所的使命，它成功的长久历史和梅奥领导人的素质激励了理事们为梅奥诊所努力工作。"梅奥诊所领导人所展示出的如此无私和甘于奉献的精神，我从未见过。"盖茨总结道。

薪水的文化作用

梅奥诊所的薪金体系深深植根于这家独一无二的机构的文化和价值观念中。尽管并不铺张，但梅奥兄弟努力让所有的员工得到公平和慷慨的报酬。一位名叫休·布特的退休医生曾经在1936年接受过威廉·梅奥医生的培训指导，他解释了为什么威廉医生相信领薪医生是他和查理医生创造的业务模式中一个关键要素："威廉医生说，'你知道，他们不必担心其他事情。无论他们为谁诊治、耗费多长时间、他们发现了什么，他们只要为这儿的患者尽其所能就好。'"几代梅奥人唯一的驱动力便是患者的最大利益。梅奥诊所付给所有临床员工的薪水，包括医生和行政管理人员，都是基于纯薪金制。

有些患者了解到，梅奥诊所的医生们并不从他们建议的任何检查与治疗上获取经济利益，这让他们很放心。许多患者都有这样的经历，一位梅奥医生推荐他们到与他同一医学领域的另一位同事那儿去只是因为那位同事的临床技术更加独到。比如，一位诊所员工的已被确诊为肾上腺癌的兄弟从堪萨斯州转诊到梅奥诊所。第一次为这位患者会诊的泌尿科医生看了CT之后说道："这个手术很困难，我有一个同事，他在应付这种类型的肿瘤方面比我更有经验。"患者的需求得到了满足，而没有哪位外科医生的薪水因此受到影响。梅奥诊所退休CEO罗伯特·华勒将领薪医生称为使诊所把重心集中在患者的需求上的"梅奥文化的关键原则"。

梅奥的薪酬体系是通过对薪金调查，考虑其商业可行性之后建立的，医生薪水是基于其他学术医疗中心和医生市场的总体情况而确定的。对薪水管理工作进行监督是董事委员会的一项重要职责，该委员会仅由公共董事组成。梅奥医生的薪水往往比市场中的一般水平更有竞争力。

梅奥对做同样工作的医生团队实行同一水平的薪金制度，这种为内科和外科医生建立的薪金政策同样加强了合作。必须明确的是，一般外科医生和内科医生的薪水并不完全相同；他们在梅奥的薪水反映了市场上两种医生的薪水差别。对于采取介入疗法或者非介入疗法的心脏病医生，他们的薪水也是基于各自的市场薪金水平。依照梅奥的政策，新入职的医生的薪水随着工作时间逐年增加，在5年之后达到最高。这样，虽然工作较久的员工会获得更多的休假时间，但是一位38岁的内分泌医生在梅奥的第5年赚到的薪水与一位从医32年的62岁内分泌医生同样多。梅奥诊所的内科医生还可获得学术等级的提升，从讲师到助理教授、副教授、全职教授。但是一个更高的学术级别尽管提供了相当高的学术威望，却不会让医生进入另一个薪资水平。

在很大程度上，梅奥诊所的文化可以对工作效率进行自我调节。梅奥阐释了美国职场管理的社会评论家阿尔菲·科恩的观点："如果我们的目标是追求卓越，那么没有任何人为的动机能与内在的动力相提并论。从事非凡工作的人拿到薪水会很高兴，甚至会更高兴拿到高薪，但是他们工作并非为了收集工资条。他们工作是因为他们热爱他们所从事的工作。"[18]的确，乔治·巴克利医生回忆起从他的导师、前老板和同事理查德·布鲁贝克那里拿到退休通知时情景："布鲁贝克医生指出，他一生中从未工作过一天。当他走进办公室，走进诊所，走进医院的手术室或者化验室，他是去玩去了。所以他感觉他在梅奥的30年如消遣一般快乐，于是说他一生中从未工作过一天。"

在大部分情况下，梅奥的医生一生都是顶尖的表演者——无论在教室里还是在进行医疗培训、体育竞技、音乐、辩论或者社区服务。临床和学术上的工作效率只是常规工作考核的一部分。尽管传统的"三威胁"医生——在临床、教育和研究方面都非常优秀的医生——由于时间的限制变得越来越少，但是梅奥诊所所有的医生都在临床医疗和研究、教育或者服务、管理中至少一项上表现卓越。对于信奉梅奥诊所价值观和使命的医生们而言，经济因素并非是他们的必要动力。

最近，巴克利医生带领一支团队对薪资体系进行了一次彻底的分析。他和他的团队做出这样的结论：一种基于工作效率的薪资体系并不一定会大幅提高医生的工作效率，但更重要的是，这种体系可能会给梅奥的文化造成无法修补的损害。据巴特利医生讲，这种文化反映在弗朗西斯·福山所描述的那样一种机构上："对于个人而言，如果机构的首要目标并非经济因素，那么他把机构的目标置于他或她狭隘的自我利益之上是相当容易的事。"[19]为了维持较高的工作效率，巴特利医生总结道："管理活动的目标是'营造一种团结和信任的氛围'"。

当医生们获得了领导岗位，比如成为一个科室或部门的主席，他们薪水的增加意味着他们要承担更多的责任。然而，增加的幅度并不大——大约5%~10%，但是增加的薪水会伴随这个人的整个职业生涯。在医生的一生中，薪水上的差异会变得相当大，因为一名医生的养老金是基于更高的薪水的，这点之所以重要是因为部门主管通常每8~10年轮换一次。对于个人而言在40多岁或50多岁早期成为部门主管十分正常，所以当个人由于轮换而离开了领导岗位时，这种薪水政策不会对个人做任何经济方面的"惩罚"。

据休·史密斯医生观察，在大部分学术机构中，当一位主席卸任之后，他的薪水也随之下降。"于是人们有了一种留在权力中心以获取个人利益的倾向。如果不小心的话，那便会产生一种老人政治……而这是不利于组织的！"梅奥诊所的薪资政策反映出该机构致力于领导层的持久更新。

梅奥诊所薪资政策的设计是为了两项主要的价值观——患者至上和团队精神进行补充。离开梅奥的员工中，没有几个是因为对薪水不满意才做出离职决定的。

不是明星，而是群星荟萃

当被问及梅奥中的明星医生时，一位退休的院区CEO回答道："梅奥群星荟萃，因为我觉得事实上每个人都是明星。但是没有北斗七星，没有北极星，没有那种真的闪耀的将我们余下的人置于暗淡之中的星星。当我说到我们没有明星的时候，我真正的意思是说我们没有那种大家都崇拜一两个明星的明星体系。"

问问任何一位领导有关梅奥诊所医生明星的事，他都会给你一一列出类拔萃医生的名单：这些医生在其卓越的职业生涯中都曾担任国家和国际专业机构的领导职位；其他被提及的医生可能编辑过重要的医学期刊或著有供临床医生学习的教科书；一些人则开发出新的医学技术或曾在一项新药物的突破性研究中担任首席研究员。卓越的教育家也同样会被提及，不仅是因为他们对梅奥自己的医学学生或住院医师的影响，也由于他们为医学教育做出的贡献。在一一罗列这些杰出的个人之后，梅奥的领导会这样说："他们中没有一个会被当成明星对待——他们也不希望这样。"

罗伯特·斯莫尔德回忆起20世纪70年代他在整形科担任管理人员时遇见的一位谦逊的梅奥明星：

> 马克·考文垂是一位明星——他是将全关节置换手术引进到美国的先驱之一。在国际上，他是真正的明星，但是在诊所中他与所有的同事们一样按规矩办事。在我们的整形外科，外科医生所做的咨询可能并不是有趣的整形案例，而是患者们需要接受的诊疗。考文垂医生和其他每个人一样进行岗位轮换。所以在我看来，梅奥的明星们将自己融入了梅奥专注于患者护理的系统中，在其中他们感到相对于一个明星而言，一个团队能让患者们得到更好的治疗。

杰出的梅奥医生们常常收到其他机构的加盟邀请，但是大部分人选择了留在梅奥，因为他们希望在梅奥诊所的医疗模式中实践团队医疗。在很久以前，一些梅奥医生能够成功的争取到了他们自己的手术室，并且能按照自己的喜好进行设计，但是今天则不可能发生那样的事。这些请求需要上交到由其他医生组成的委员会，所有外科医生进入手术室都由该委员会负责。拥有一群明星的梅奥诊所必须依靠其总体的系统来满足所有医生的需要。

罗伯特·斯莫尔德回忆起当他得知考文垂医生将要退休的消息的情形，那仿佛就是一场危机将要发生。当时他是整形外科最著名的外科医生，许多患者因为他的国际声誉慕名而来。作为管理人员，斯莫尔德预计考文垂医生的离开会对部门和部门业务带来灾难性的影响。但是他的退休"没有激起一丝波纹"，斯莫尔德写道。梅奥团队的"板凳实力"是如此的强劲，能把明星医生的退休或空缺对医疗质量和"顾客体验"的影响降到最低，当行政管理人员离开机构时也是如此。

给管理者的启示

在梅奥，领导层的合作晚于临床护理上的团队合作，但是梅奥兄弟和哈里·哈维克开创的模式已经被证明具有长久的生命力。这种长久的生命力表明，梅奥提供的管理模式是一个值得研究的范例。这不意味着梅奥诊所的管理结构必须被其他服务机构所采用。然而，梅奥诊所基于合作的领导模式的确有很多值得学习的地方。

启示一：协调一致，取得成功 约翰·赫瑞尔对梅奥诊所共同管理的结构为何运转如此高效做出了解释："医生们同管理者一样，有保证机构财力殷实的责任；管理者也和医生一样，有保证病人被悉心看护的责任。"这看起来相当简单，显而易见，以至于人们会以为这便是所有医疗护理的进行方式。但是，情况往往不是这么回事。一所医院中竞争的医生团体时不时会发生争执。医生们创立由医生拥有的、单一专业的能帮他们赚钱的医院或门诊服务，而不是到社区医院中工作。相反地，在梅奥诊所医疗护理的每个要素都被整合到一个单一的机构中——该有机体每一个细胞的健康要依赖于其余维持机体生命力的细胞。

应当引起其他机构注意的是，在经济领域被认为是最复杂、最难以管理的产业中，梅奥诊所已经创立了一支超过42 000人分布在3所院区的高度协调的工作团队。尽管梅奥的许多员工都受过高等教育，但那并不意味着会简化协调过程。

梅奥诊所的成功建立在一个人性化的观念之上——满足患者的需要。各个级别的员工都能得到不菲的报酬，于是他们能够寻求比经济收益更高的价值。水管工使供水系统运转，那么临床员工就能护理好病人；保管工人将房间打扫干净，那么患者们就会满意。一位在若干所不同的医院进行了6年综合外科培训的同事，谈起他在梅奥诊所一项两年的研究项目中所度过的18个月时说道：“我从未听到梅奥的医生们在医生休息室里谈论钱的事。”这是与他所了解到的梅奥诊所同其他医院的显著区别。

　　启示二：以慷慨换慷慨　威廉医生和查尔斯医生将他们大部分的个人财富都贡献出来，以确保承载他们姓名的机构能够生存下去，这使他们成为无私的典范。他们的行动并非为了虚荣，而是他们的人生信条已经不再局限于个人和父母的经济安全，他们觉得在医疗护理中赚来的钱应当通过更好的医疗护理回馈给大众。

　　在一个CEO的声誉、薪水以及随着公司财产变动的股票期权疯狂膨胀的年代，梅奥诊所的故事看起来有悖常理。诊所稳步成功，历经多年的经济萧条和通货膨胀、数次战争与和平、不断变化的美国人口统计数据以及数次医学技术的突破性创新而长久不衰。“患者至上”的核心价值观由一种培养出了高度的自发努力、合作与参与的文化和一种管理结构所填补充实。领导们不断的以新的挑战更新自我，并致力于一个比他们自身重大得多的观念。

　　尽管威廉医生和查尔斯医生在其一生中被视为公众舞台上“大名鼎鼎”的明星，但是他们并不认同公众媒体对他们的评价。他们都清楚梅奥诊所在他们的生命中绝不仅仅意味着“我的兄弟和我”。上千名同事，包括医生、护士、技术人员、行政管理者和其他人，都如伙伴般共事，专注于患者的需要，创立并使梅奥诊所得以维系。梅奥诊所之所以欣欣向荣，是因为一位有爱心的雇主在他的雇员中激发起了一种慷慨的、奉献的精神，那些想要在个人认同或财富的星光下享受的人们只能在别处寻求成功了。

启示三：参与促进投入 梅奥诊所的大部分管理决策由团队做出，而不是由个人拍板决定。梅奥诊所的CEO是理事会决定的发言人，单个院区的CEO和负责部门事务的部门主席也是如此。一项没有达成共识的公开说明很难得到同事们的一致支持。如果接触产品的员工——医生和其他接触患者的服务提供者——在理智和情感上都不买账，那么具有真实人性关怀的医疗护理服务将无法可靠的提供给患者。这一条也适用于所有的服务机构。

梅奥诊所集体决策的核心有赖于同事之间的良好沟通。一项委员会决议通过之后，10~20名了解情况的人通过共同合作，经常能在恐惧或误解中使得问题迎刃而解。集体磋商，达成共识的过程有助于建立一种专注的工作氛围。员工对梅奥诊所领导层所做决策的信任意味着他们不用担心他们的工作，也没人会去了解那些武断的反复无常的声明，政治阴谋的影响力也被弱化了。这种工作氛围鼓励员工对梅奥诊所的病人给予可靠、准确、安全并且个性化的医疗服务。

启示四：组建领导团队的板凳实力 ⊖ 从1932年梅奥兄弟退休之后，诊所的未来从未有一天因某个人的健康情况而受到影响。依靠集体协商和委员会管理，梅奥诊所培养出了准备充分的接班人——他们已经将机构维系70年之久。通过让数百名睿智的医生和行政管理人员融入到管理的过程中，梅奥诊所不断地培养出信仰并实践着梅奥的价值观的下一代领导人。大部分领导岗位的任期限制确保了临床科室和部门主席、理事会和执行委员会成员、甚至院区CEO的轮换。梅奥的行政管理文化能提供很多平级调动或者升迁的机会，从员工的个人层面给予他们全新的挑战。

⊖ 板凳实力（bench strength），原指篮球场上在场上板凳上坐的替补队员，现在泛指后备力量。——译者注

小结

梅奥诊所的奠基人创立了能够使机构持续良好运作的领导模式。一个多世纪以来，梅奥诊所沿着成功的山路行进的同时为后来者指引了方向。正如沿着山路艰苦跋涉的旅程那样，对任何公司来说跌宕起伏都不可避免，都会经历社会的、财务的和技术上的周期。梅奥诊所富有生机的领导轮换模式和集体协商管理的制度能够让富有天分的人脱颖而出，能够战胜艰苦跋涉中的任何挑战。管理中的伙伴关系与合作方式有利于创立一种有助于提供仁慈的、富于同情心且个性化的医疗护理服务的内部氛围，正是这种医疗护理服务维系了梅奥诊所的声誉和品牌。

也许其他机构的成功有着不同的模式，但是服务业尤其需要在梅奥诊所管理模式中寻找帮助以应对各自的挑战。

注释

1. Judith Hartzell, *I Started All This: The Life of Dr. William Worrall Mayo* (Greenville, SC: Arvi Books, Inc., 2004), p. 138.
2. Harry J. Harwick, *Forty-Four Years with the Mayo Clinic: 1908–1952* (Rochester, MN: Mayo Clinic, 1957), p. 5.
3. Helen Clapesattle, *The Doctors Mayo* [abridged] (Rochester, MN: Mayo Foundation for Medical Education and Research, 1969), p. 227.
4. Clapesattle, p. 228.
5. Harwick, p. 11.
6. Clark W. Nelson, *Mayo Roots: Profiling the Origins of Mayo Clinic* (Rochester, MN: Mayo Foundation for Medical Education and Research, 1990), p. 120.
7. Harwick, p. 15.
8. Harwick, p. 17.
9. Harwick, p. 7.
10. Harwick, pp. 18–19.
11. Clapesattle, p. 417.
12. Harwick, p. 19.
13. John H. Herrell, "The Physician-Administrator Partnership at Mayo Clinic," *Mayo Clinic Proceedings*, January 2001, p. 108.
14. Herrell, p. 109.
15. Herrell, p. 108.

16. Kenneth E. Smith, "Mayo Health System: Development of an Integrated Delivery System in Southern Minnesota, Northern Iowa, and Western Wisconsin," in *Integrated Health Care: Lessons Learned*, J. William Appling, ed. (Englewood, CO: Medical Group Management Association, 1999), p. 308.

17. Mary Ellen Landwehr and Gregg Orwoll, "Warren Burger—Beyond the High Court," *Mayo Alumnus*, Fall 1986, p. 25.

18. Alfie Kohn, "Why Incentive Plans Cannot Work," *Harvard Business Review*, September–October 1993, p. 62.

19. Francis Fukuyama, *Trust: The Social Virtues and the Creation of Prosperity* (New York: The Free Press, 1995), p. 156.

第 **6** 章

为价值观和才能而招聘

1978年，我从南非来到美国，因为南方一所杰出的医学研究中心给我提供了一份工作。在美国度过的这3个星期时间里，我还关注了一下其他医学研究的职位。尽管有一些职位已经同意接受我，不过我对一位医生朋友讲，我还是打算去梅奥诊所看看，它在南非享有盛誉。于是我的朋友说："没问题，我认识鲍勃·布拉登伯格，他是梅奥诊所的心脏病科主任。"随后我收到了一封来自鲍勃热情洋溢的回信，信中说："我刚刚从心脏病科主任的位置上退下来，我会把这封信转交给罗伯特·弗莱医生，他是我的继任者。"

我差点去南方那个医疗中心的理由之一在于，它拥有一支了不起的研究团队，其中包括诺贝尔奖得主。但具有讽刺意味的是，那也是让我担心并犹豫不决的地方，我真切的感受到那所机构的临床医学并非他们所说的那样了不起。事实上，那儿的一位领导告诉我："我们这里的一切都是美国国立卫生研究院（NIH，National Institute of Health）赋予的，在我们这个领域现状就是如此。我们被赋予重任，我们要成为南方的研究中心——我们会成为南方的哈佛。"而我却打算两样都从事——医学研究和临床医学。

当时好几个职位都看好我——我是来自南非的罗虚奖学金

获得者；我在牛津大学攻读博士，并已经著有若干篇论文。当收到弗莱医生令人鼓舞的信件之后，我前往梅奥诊所并在那里待了一天，那天结束时我对弗莱医生说："如果你给我一个工作机会，我会很乐意接受。"（尽管那天是个糟糕的3月天，天下着雪，地又湿又滑，而我离开开普敦的时候那儿正是夏末，我还是那样说了。）对我而言，梅奥诊所有几点与众不同的地方——人、同事之情、优良的手术设备、在卓越的临床服务方面明确的投入以及研究机会。所以作为一名职员，我被诊所的许多核心价值所吸引。我喜欢大家的工作方式，而且持久高效率的工作，这令我印象深刻。最打动我的是：对我个人而言，这里是一个充满学术潜力的地方，因为它符合我的研究兴趣，同时临床医学和教育也同样受到重视，而我正打算3样都做。

梅奥诊所之所以在人才市场竞争中表现优异，在于她只做梅奥诊所自己。伯纳德·格什现在是一名医学教授，在他看来，当他1978年初次来到美国的时候，梅奥诊所最符合他作为一名医生、教育家和研究人员的价值观、技术和兴趣。到了1998年，当他在离开梅奥诊所并在另一家医学研究中心担任了7年心脏病科主任之后，在众多的选择中，他又再次选择了梅奥。他承认："做出那个决定并非易事。"回去的理由与20年前也有所不同。这一次，"梅奥诊所不断稳步地进步而当时医学研究界几乎到处都充满着不安定"这令他深受触动，"梅奥的稳步成功的确吸引了我。另一件触动我的事情是，这儿的人们看上去都很快乐……回来一年之后，我记得曾这样想过，'能回来我真的很高兴——我确实过的很开心。'"

格什医生发现自己两次加入梅奥都有部分原因是因为这里的人。他不仅提到了他的医生和研究员同事，还提到了帮助建立和谐工作环境的其他工作人员。梅奥诊所的荣誉首席执政官罗伯特 C. 罗斯勒，曾把他的论文集命名为《原则与人：梅奥的核心要素》。他写道："梅奥诊所的精神，……只能通过人而存在。梅奥的员工才是梅奥诊所成功的最根本要素。"[1]劳动密集型服务组织的现实是：员工就是他们的产品。正如《伟大的服务》中陈述的那样：

> 服务即表演，人是表演者。以顾客的眼光来看，从事服务的人就代表这家公司……粗心的银行出纳员就是粗心的银行，傲慢的服务生就是傲慢的餐馆。从事服务业的公司需要正确的人在顾客面前掌持公司的旗帜……他们需要像争抢顾客一样去努力在人才市场争抢优秀人才。[2]

让正确的人掌持旗帜毫无疑问适用于它的顾客（患者）怀着很高的期望前来就诊的医疗护理机构。医疗卫生服务具有高度的私人化，常常会触及个人隐私。患者在被诊治的时候很容易受到伤害——躺在检查台上或者医院病床上，穿着不体面的"衣服"，使得他们失去个性，并且遮盖住了他们的社会地位和威望。而且，患者常常感到痛苦、害怕、或者绝望。因此，能够找到与这些极为敏感的顾客打交道的员工就显得十分重要。"幸运的是，我们已经能够吸引这样的人为我们的价值观和原则工作，并且立志完成我们正从事的任务。"梅奥罗切斯特诊所的首席执政官格伦·福布斯医生如是评论道。

格什医生的评论中所包含的主题被一次次的重复，正如管理者和一线员工在梅奥诊所3所院区的招聘与录用实践中所反映的那样。在本章中，我们将审视梅奥诊所是如何将人力积聚在一起以及如何把全体员工塑造成一个一流的团队，并为处于人生低谷的人们提供高水准服务的。用洛斯勒的话来说，梅奥人是这样的几代员工——他们的个人价值观已经与组织价值观协调一致，他们的才能已经与他人浑然一体，从而一起为患者提供人性关怀。

价值观第一

杰克逊维尔院区的首席行政官卡勒顿·莱德卡曾讲过，在20世纪80年代早期，诊所对在新的地理区域开展业务持保留态度的最主要原因是，理事会对于从梅奥的上中西部文化之外区域招聘员工的前景持怀疑态度。他叙述道："他们无法想像能将罗切斯特专职医护人员（非医生员工）的素质加以复制。"但他们无需担心。今天非常清楚的是，员工的个人价值观必须与梅奥诊所突出的价值观相得益彰。而这些相互补充的价值观对于生活在上中西部的人们来说，并不苛刻。

雇用正确的员工听上去很容易，杰克逊维尔院区首席执行官乔治·巴特利医生这样解释理想中的员工："你需要去认定这样的人，他们的核心价值观与我们的核心价值观——患者需求至上的理念——能产生共鸣。"梅奥诊所因其价值观而闻名医学界，所以一旦专家们感到自己受到患者护理价值观的驱动，那就意味着他们很适合梅奥，而且能在那里找到合适的工作。"护理职业生涯发展的专业环境就在罗切斯特——这句话传遍全国。于是，我们发现有一批数量稳定的护士想要来此工作。"护士调度员、注册护士特蕾莎·埃尔伍德说。亚利桑那州院区的一位员工也分享了她的心得："事实上，我选择梅奥诊所的原因在于他们为患者考虑。他们如何照顾患者、如何做出额外的改进。他们把所有东西都推给了机构，所以他们能进行更多的研究，从而发现更好的治疗手段。那是使我来到这儿的真正原因。"巴克利医生认真地说：

> 似乎在梅奥诊所大楼奠基的那一刻，价值观的种子也就埋下了。我们可以发现那些符合我们价值观的员工——我们无需把他们从明尼苏达迁移过来，新的萌芽会在佛罗里达萌发。当我步行在医院的各科室，与医院和诊所的员工交谈时，我能感到每个人身上的梅奥精神。他们从未去过罗切斯特，然而，梅奥诊所的价值观仍如他们天生的直觉一般。

研究发现，高效的服务机构会采取慎重招聘的方式[3]，他们会花费很长的时间来寻找最合适的员工。举例来讲，梅奥诊所的一位管理者可能会单独工作9个月，直到他能为二人小组中的空缺找到合适的人选。"梅奥不是一个容易找到工作的地方。"梅奥亚利桑那州院区前任首席行政官马修·麦克艾尔雷斯说道："我们采取了许多步骤，会让相当多的人参加筛选和面试，甚至入门级的工作也是如此，只有能最终通过这个漫长招聘过程的人才是真正想来这里工作的。"他所描述的并非是用来检验应聘者的策略手段，而是一种谨慎和完整招聘过程的结果，这个过程用来招聘那些有助于维系诊所核心价值的人才，因为这些价值观本来就属于他们自己。

诊所的招聘过程是这样进行的：人力资源经理和招聘部门在对应聘者进行筛选之后，会有3～4位候选者来到院区参加由4～8位或者更多成员组成的小组的90分钟的行为面试。梅奥经常只从三四位候选者中的招收一个，而且有时候一个都不招。小组面试是这个组织里通行的标准面试方式，甚至丹尼斯·珂迪斯医生被选为首席执行官也是在董事会成员对所有候选者小组面试之后深思熟虑而决定下来的。因为珂迪斯医生当时是杰克逊维尔院区的首席执行官，所有的小组成员，包括董事会主席都对他很熟悉。然而，小组面试不只是一种形式，小组成员会花时间评估候选者对于所有问题的回答。同样，雪莉·维斯也是首先成为内部候选者，并经过由首席执行官和若干来自理事会的医生组成小组进行面试后才成为梅奥首席行政官的。

在小组面试中，小组成员会基于梅奥诊所的价值观和岗位技能提出一套标准的行为问题。比如说，小组可能会采用这样的问题："讲一个你为了避免错误而对上级的意见有异议的经历。"候选者在讲述故事的过程中，会不可避免的需要描绘出在个人印象中最深刻的冲突。候选者可能会被要求描述过去一个特别成功的项目，候选者使用"我"还是"我们"是梅奥面试小组感兴趣的问题。在90分钟的面试时间里，小组成员会听到候选者对8～10个问题的回答。除此之外，他们还能够通过询问细节来考察候选人。举例来说，一位护士候选者问道："我在这个职位上有多少自我决定权？"这便显示出她没有认识到梅奥是以团队合作为中心。小组面试和一对一面试会使小组成员对候选者有不同的看法。在做出决定的时刻，小组成员会相互交流并最终决定候选者是否真正适合机构和应聘职位的情况。

招聘护士的时候，罗切斯特的行为面试包含一个情景案例。这个情景案例是护士们可能会亲身经历的真实临床情景，候选者要认真思考并且描述在给定的情形下应当如何应对。"我们将观察他们在处理某些情况时采取的步骤。"护士调度员、注册护士露丝·拉尔森说。

梅奥诊所并不都是通过这个程序挑选医生和研究人员的，而是还有一套——如果不是更严格的话——同等严格的程序。许多新来的医生都是梅奥自己培养起来的。正如第2章所提到的那样，梅奥诊所超过60%的医生都在梅奥接受过培训。尽管一些人认为，如果半数职员在他们工作不久后共同接受培训，研究项目可能会有"近亲繁殖"的风险，但是通过招聘与梅奥的价值观相契合的医生，我们可以断定他们能够将这个创造出百年品牌的文化尽可能地维系下去。"通过雇用我们自己的培训生，我们可以优中选优。而且他们已经见过我们，他们是因为想留下才留下的。"梅奥亚利桑那州诊所首席执行维克托·特拉斯特克医生陈述道。在梅奥诊所医学院接受培训的人、住院医生或参与研究项目的医生都经历过1～7年甚至更久的"深度面试"。培训人员旨在为这一领域里公开招聘的职位寻找合适的人选，培训项目会准确判定医生在临床和文化方面是否适合梅奥诊所。梅奥培训项目之外的医生则常常因为梅奥中的某些人对他们的工作很熟悉，并且相信他们很适合这个机构而被邀请到梅奥来。作为面试的一部分，这些候选者往往会就他们的研究或临床方面的兴趣做一个演讲。

梅奥诊所的人事经理很清楚，对于一位成功的梅奥诊所员工来说，候选者价值观的契合是第一要求：

- "许多人会首先专注于技术，但是我却以价值观为第一。如果我们没有共同的价值观，那么你的能力对我们就是无用的。"——马修·麦克艾尔雷斯，前亚利桑那州院区人力资源主管。

- "改变一个人的价值观更具挑战性，或者这根本就不可能。你可以改变人的行为，但是潜在的价值观依旧不会被触动。"——迈克尔·埃斯蒂斯，杰克逊维尔院区人力资源主管。

- "他们加入我们在于我们代表了某种东西，他们能在梅奥比其他人工作的更久是因为他们看到并创造出了我们的服务。他们是与我们的价值观相一致，并且想要为患者服务——那便是使工作有价值的人。我们寻找那些想要成为团队一员、与他人协作、热衷讨论，而且不认为他或她会比其他人更高明的人。"——肯尼斯·斯内德，罗切斯特院区人力资源主管。

梅奥亚利桑那州诊所在最初运行的11年里使用一家社区医院为患者服务。当梅奥计划于1998年开办新医院时，它遇到了一项令人生畏的任务——招聘超过1 200名新员工。为了帮助经理找到合适的候选者，梅奥的领导们与一家咨询公司合作，开发出一种基于梅奥诊所核心价值观念的筛选程序。"我们打算从一开始就面试那些最契合梅奥价值观的候选者，我们希望能在新的员工中也建立一种梅奥精神。"梅奥亚利桑那州诊所护理部主管、注册护士黛博拉·彭德加斯阐述道。新医院开业的时候，亚利桑那州正经历高素质护理人员紧缺局面。"我们聘用一些高度专业化的职位，应聘人数很有限，并且有些人的价值观并不符合筛选程序的要求。"她说："有时候我们会对这些例外感到遗憾。"不过总体而言，医院的领导团队对新职工比较满意。有趣的是，与梅奥诊所所有其他的医院相比，亚利桑那州医院自开业以来的第一次调查开始就一直得到最高的患者总体满意分数。

融入或者离开

接下来迈克尔·埃斯蒂斯将要讲的这个故事，阐释了几乎所有成功员工身上的一个重要的态度——愿意去适应他们所信任的机构。

几年前，我们在招聘护士的时候发现了一个突出的应聘者，每位面试过这位应聘者的人都会说："他有竞争力，态度良好，表现非常的活跃，价值观也符合梅奥——就好像他生在梅奥似的，我们必须把他带进梅奥来。"但是有一个问题：他曾是海军并有文身——而且还有很多。我们坐下来与他谈为什么仪表这么重要，这是职业态度的一部分。我们有一个简单的解决方法——穿长袖衬衫。于是，我们建议："无论湿度有97%还是98%。请尊重我们，尊重患者：穿上长袖衬衫吧。"他回答道："那简单，如果我想成为这个组织的一员就必须这样做的话，让我戴手套都行！"现在他与我们已经共处了5年多，每次他都能超乎我们的期望。

尽管有融入组织的需要，但梅奥诊所的员工并不是别人的克隆体。梅奥超过42 000名员工对基础价值观的理解和运用并非完全相同；但是最后，那些为有价值的事业而工作的员工与他们的雇主和同事都能和平相处。有的时候经理们会忽视对合适员工的培养，这就要求他们意识到，招聘正确的员工只是第一步，对他们进行定位是第二步，但这些步骤还不足以把一名员工塑造成一个可以信赖的、能对机构做出长期贡献的人。每位员工必须感到他或她适合这个组织，他或她很乐意的成为组织的一分子。那些在梅奥诊所工作的头几年里就适应梅奥文化的员工，梅奥的患者和老员工们会在满意度上给他们打高分。

简·坎皮恩，在圣玛丽医院和梅奥诊所有着37年职业生涯的名誉退休行政官对此有精辟的论述："梅奥不会为你而改变，有某些东西你必须去适应。"特拉斯特克医生呼应了她的评论："你不可能凌驾于梅奥的体系之上，所以你必须按照梅奥的规则行事和说话并感觉良好，否则你就得离开，因为你无法改变体系。"梅奥的文化是如此的强大，建立得如此完备，如此受各层级员工的赞誉，以至于很少有人或团体能成为文化变革的成功者，大部分长期员工都决定去融入梅奥。尽管一些高层领导曾进行过一些效果显著的变革，但当他们的任期结束后，机构又变回到梅奥的规范，领导者个人的力量对文化所做的改变仅仅是表面上的。当梅奥的文化逐渐变化的时候，并不是对某种形式或者偏好的调整，而只有当那些令人信服，以数字做保证的情形能说服管理委员会这样的变化应该发生时，梅奥的文化才会改变。

简·坎皮恩指出，那些会问："我能帮上什么忙？"的员工是以积极方式回应组织的员工。她还描述了另外一些员工，这些员工以一种更中性的态度看待梅奥诊所——非敌视的，但是也不起劲。她已见过许多这样的员工"恍然大悟"——他们突然领悟到了梅奥诊所的精神并且想要成为其中一分子。

机构中有正式和非正式的辅导项目。时间最长的便是非正式的"培训"。培训会以案例或者一则简短评论的形式出现，比如同事进行工作时会说："那件事我们在梅奥会这样做"。非正式的导师会为新员工解释梅奥的文化及融入其中的多种方式。有时这些交流会在私人午餐过程中或者在走廊遇到时进行。在交流过程中，老员工会为新员工解释刚刚在会议中提及的某件事的重要性。大部分员工会和同事或上司进行非正式的谈话，这会帮他们在刚进入梅奥的头几年里学习"梅奥的工作方式"。但是非正式项目往往是不够的，梅奥也已经开发了许多正式项目；比如：在罗切斯特内科部门，所有新来的医生都会配备一名导师，导师会为他们讲解梅奥文化和科室中的业务风格，正式导师制度也适用于许多新上任的行政管理人员。

帮助新人融入的目的不是为了创建一种员工只会盲目的追随和赞同

别人观点的温和乏味的机构。在梅奥文化内部，仍为理事会副主席妮娜·施文克医生所描述的"不和谐个体"留有存在的空间，这些人"在边界范围内工作，但他们不断的推动边界的拓展。"在诸如临床实践委员会、执行委员会、或者管理委员会等团队中工作的挑战者的确为推动机构文化的改变提供了帮助。施文克医生解释道："举例来说，在梅奥，传统上我们对医生专业性予以尊重的方式便是给予他们在临床决策方面相当多的自主权，我们没打算告诉受过高等训练的医生们该如何照料患者。"她清楚地记得，有一次一位外科同事挑战了传统，管理委员会让步了没有反对，而在此之前至少对于一些人来说这在梅奥文化中不可改变的。

梅奥诊所前整形外科主管、前美国整形外科学会会长、外科医生伯纳德·莫雷曾观察了所在科室的关节置换手术。对于一位特定患者的髋部或膝盖移植，可以根据医生的判断选择不同种类的人造关节作为植入体，而不同的外科医生往往有不同的偏好。他问他的同事，如果7种不同选择中的任一种都符合患者的利益，那么这么做是否有意义。带着这个问题，他促使整形外科和理事会对医疗中那些基于医生偏好而非根据实际的临床情况的变量严格考虑。

在高层委员会任职期间，施文克医生就见过类似莫雷医生这样的人："他们不会允许你呆在你感到舒服的领域内，他们会让你突破自己或机构的界限，去挑战创造这些界限的假设。"在触动机构底线的过程中，他们带来了重大的价值。"这是拓展思想和视野，带来变革和创新必须采取的措施。它要求给予'不和谐的人'信任和尊敬，只有这样才能促使你自己去思考那些所谓不可能的选择。"梅奥诊所的领导们往往需要这些忠实的叛逆者，并希望他们存在于具有挑战性思维的战略委员会和工作团队中。如果在机构中，员工在说"好的，女士"的时候，心里却在想"管你说什么呢"，那么这个机构是无法取得成功的。然而，这些不和谐个体中的一些人如果感到重要的变革不会发生，或者不会尽快发生，他们就会沮丧的离开。

当然，在梅奥工作也会有一些不如意：一些医生和研究员发现出行政策太过死板，它给每个人用于参加专业会议或者做论文演讲的出行天数都一样（18天）。尤其是那些著名人士，到处都会请他们去当客座教授或做会议发言人，他们觉得他们的工作帮助梅奥保持了领导者的声誉，他们的作用大于那些仅仅把出行时间用在假期的专家。有的人对限制名片信息的规定感到失望；有的人则不喜欢着装规定。"你必须理解制度，你必须理解规则。如果你能做到，那就请遵守它，如果你做不到，那你就得离开。"格什医生评论道，他又补充说："而且你必须与你的同事共事，无论男女——不仅仅是医生。有些人非常独裁，有些人喜欢大呼小叫，还有些人只愿意按自己的方式做事。这些人不应当留下。"

另外，简·坎皮恩注意到，"有些人抓不到梅奥的精神实质，他们在梅奥很难适应。大部分情况下他们选择了离开，这样倒好——我们真诚的祝福他们。大部分人会找到一个适合他们的地方。"尽管梅奥在招聘、筛选和面试上的努力已经做到最好，但仍然只有80%的新员工的价值观和组织保持契合。"最好的时候，可以达到90%。"迈克尔·埃斯蒂斯补充道。

大部分时候，无法适应诊所价值观和文化的人会在最初的几年里就会选择离开。在诊所工作超过5年的员工通常会选择整个职业生涯都留在梅奥，除非家人想把他们拖出来。事实上，大约2/3的志愿者工作结束后都表示他们还想再到梅奥工作。举例来说，梅奥杰克逊维尔圣卢克医院的一名员工写道："我真的不想在'老大'们不知道当我不得不离开梅奥时我有多遗憾，我在圣卢克过的有多开心的情况下离开。我觉得自己能加入到梅奥的体系中来真的非常、非常幸运。"马修·麦克艾尔雷斯解释道："那些离职的员工里仅有1/3的人确实对在梅奥工作感到不满意，2/3的人其实想要继续留在梅奥，只是因为配偶被调离或者某些其他不受他们控制的原因而不得不离开。"

　　3个院区中都有一小部分雇员，他们既不与梅奥保持一致的价值观，也不离开。这些人通常（但并不总是）不受机构管理。正如一位梅奥的领导解释的那样："我们必须确保我们清楚陈述了什么是我们将要从事的工作，并且为了我们崇高的志愿和理念努力工作。我们必须要坚定并始终如一——我们必须说到做到"。埃斯蒂斯说："我们请无法融入我们的人离开——那些价值观与我们所赞同的价值观相冲突的人。无论前面的工作有多少优异，总还是会有错配存在，而且如果你不以一种令人尊敬却又严明的方式处理这些错配现象的话，那么他们最终会冲淡文化和价值体系。

　　对于真正的价值观而言，它们必须应用于整个机构——应用于专职医疗人员、护士、实验室技术员、秘书、会计、医生和管理人员。一些接受采访的领导指出，专职医疗人员的管理者在管理价值融合的问题上，尤其是会破坏相互尊重原则的问题上极其尽心尽职。自从20世纪90年代早期以来，梅奥诊所一直专注于相互尊重的问题，将其视为招聘和保持一个多样化工作团队的出发点。罗切斯特人事委员会主席摩尔·格茨强调，几乎所有的医生都能对团队中的其他成员展现出值得信赖和模范表率的一面。但他也强调，多年来诊所放任了一些不恰当的医生行为。对于少数离群的人，他指出：一些因素正促成诊所发布一项强有力的命令用来促进相互尊重、共同掌权、以及提倡在处于压力时保持冷静的行为。这些因素包括：第一，专职医疗人员越来越不能接受他们认为带有侮辱性的行为；第二，对于医生来说越发明显的是，每位团队成员都必须睁大眼睛，竖起耳朵，从思想和理念上都需要做到防止错误发生；第三，梅奥最近启动的两年一次的员工满意度调查给科室和部门的医生主管提了醒：当专职医疗人员或医生职工感到有问题的行为并没有摆在台面上时，在确凿的数据面前，很难对这些问题视而不见。

　　有些医生没有遵从梅奥价值观或没有以尊重、合作的态度对待所有团队成员，对于这个问题，所有3个院区的人事委员会已经开始以更直接的方式予以强调：一些医生被停薪或停职。梅奥诊所首席行政官雪莉·维斯也希望能提高管理团队的责任感："我将要与团队一起从事的一项事情是，互相检查对方，然后提出建设性的反馈意见。如果某件事与它本应达成的状态相去甚远，那么我们就需要进行坦诚、开放的交谈。我并不认为在机构中我们始终只有一种力量。"

作为改革进行的一个信号，罗切斯特的部门和科室主动开始选择包括360度反馈在内的一系列标准对医生的表现做出评估（360度反馈是一个在专职医疗人员里通行的评价标准。）专职医疗人员包括护士，挂号员，秘书以及医生同行，只要有要求，就可以加入评价活动。所有员工，包括医生在内都要在源于诊所核心价值的5条原则下接受评估，这5条原则是：

1. 不断改进服务和服务过程来支持诊所在患者护理、教育和研究方面的工作。

2. 促进相互尊重，并支持梅奥在多样化方面的工作。

3. 促进团队合作、增强个人责任感和诚信意识，提高创新能力，促进信任和交流。

4. 坚持以高标准要求个人和专业行为。

5. 保持并提高个人专业技术和能力。

梅奥诊所的大部分员工与他们的雇主都能和谐相处。正如第5章所讲的那样，在3个院区中，医生每年的自愿离职率仅为2.5%。在罗切斯特，非医生员工自愿离职率约为5%。在杰克逊维尔和亚利桑那州，专职医疗人员每年的离职率约是罗切斯特的两倍。但是，我们需要在当地市场的背景下理解这种离职率的差异。对于梅奥杰克逊维尔诊所，10%的离职率几乎比北佛罗里达州的其他服务产业的离职率要好上300%。迈克尔·埃斯蒂斯评论道："所以说，当我们想要将这一数据进一步降低时，我们知道我们已经做得很好，因为我们要比与我们类似的本地机构好上3倍。"

招聘有才之士

　　正确的价值观和能力出众的员工，二者都是梅奥诊所所需要的。高效的机构无法忍受那些没有能力的员工占据着他们的职位。"首先，他们必须是优秀的医生——我们必须知道在临床上他们卓越非凡，优秀的临床护理是梅奥存在的基础。"特拉斯特克医生说："他们可以是了不起的研究者和教育者，但是如果他们不是好医生，那就不行。或者如果外科医生技术不过硬，那也不行。他们必须是优秀的医生，并且知道如何照顾病人。医生必须精于诊断，这完全是公认的事实。"

　　"很幸运的是，在罗切斯特，我们的护士岗位拥有大量的应聘人才储备，所以我们能够筛选出学术功底强的护士——以高分毕业于名校。"注册护士、护士调度员露丝·拉尔森说。"当然，我们感兴趣的是那些对于工作热情和团队合作等价值观予以特别强调的人——这是我们在面试中需要评估的价值观。"罗切斯特护理部主管、注册护士多琳·弗鲁斯蒂强调，招聘护士的标准，即使在护士匮乏持续了好几年的情况下，也没有降低。"我们对护士寄予非常高的期望。"她解释说，诊所是从长远的眼光进行招聘护士的工作，并以此分配预算的。"我们把资金用于维持充足的员工，并给予他们照顾病人所需的设施，而不是把资金作为签约奖金来招聘护士。我们很幸运，得到了领导的支持，能在大部分学术培训项目中以理想化的模式来实践护理专业。"她归纳道。露丝·拉尔森总结道："当护士护理患者时，患者会称赞他们并对家里的朋友们讲。这些谈话接着会传到那些决定来到梅奥工作的护士耳中，就是这样循环往复的。"

　　小组面试在确定候选者价值观方面起了很大作用，同时也有助于确定候选者是否具有足够的能力胜任工作。更进一步说，对于招聘小组而言，小组面试可以是一种学习的经历。罗切斯特行政副主席纳恩·索耶强调："小组面试的过程是无法预料的"——因为结果还没有被决定，所以它还不是正式的。她和她的团队当时正准备从若干内部候选者中挑选一名就任一个重要的领导岗位。"如果我们只看简历的话，我们的最终选择将不会是那名表现最突出的候选者。当我们讨论我们在几轮小组面试中的见闻时，确定了一个对于这个岗位来说最关键的素质。同时，同事们也会帮忙明确那些从应聘环节中无法看出但却非常重要的个人素质。"

公司若想同追求员工约长期价值，就不仅要考虑每位员工在应聘期的表现，还需要考虑他将会变成怎样。尽管梅奥诊所对员工的能力有很高的期望，但是这些员工还必须同时展现出善于在工作中学习的能力。同其他行业相比，这一点对医生尤其重要，因为迅速发展的医学知识和持续的学习机会使得梅奥的临床医生的记录、观察、诊断和结论会被同事们从通用医疗记录中重新审视。医学的发展对机构形成了冲击，它要求大部分员工随着时间的发展逐渐掌握新的技术。

"在求职市场中有这样一种认识，即在梅奥工作你需要高人一等，这在某种意义上来讲是好事——好的候选者会自我选择。但是在另一种意义上却是糟糕的，因为其他梅奥想招聘的人会自己选择不来梅奥应聘。"肯尼斯·施奈德评论道。那些高人一等的员工的声望会让他们意识不到数以千记的通过精细培训，或者有着丰富的知识和高超的沟通技巧并胜任工作的那些员工的需要。正如绝大多数其他大型机构一样，梅奥有数千个不需要大学成绩优异，甚至不需要大学学历的职位。梅奥诊所的部分对外机构包括数百名登记处和挂号处的员工。这些岗位中的大部分都不需要大学学历，但是这些岗位的确要求员工具有较强地以价值观为基础的人际沟通和解决问题的能力。大部分测试实验室的技术人员至少要有助教或学士学历，并且常常要精通某些流程。这些技术人员必须是经过培训且值得信赖的，因为他们必须精确执行操作规程——这可是人命关天的事情。

一个多世纪以来，梅奥诊所一直在对技术员工进行培训，以适应业务的需要。如今这个责任大多由梅奥诊所卫生科学学院承担，它负责的项目推动了从细胞遗传学技术、放射治疗技术到麻醉技术等许多技术领域的发展和进步。总的来说，该项目大约60%的毕业生都成为了梅奥诊所的签约员工。妮娜·施文克医生谈到了这所学院对梅奥所起到的作用："这就是我们培养，然后我们挑选那些不仅表现出色，而且适合梅奥文化的员工的地方。那些表现不错但不符合梅奥文化的人会离开，那些性格符合但技术上并不优异的人——我们有时会雇用这些人，然后我们会给予他们更多的培训。我认为和使人技术变得出类拔萃相比，让人性格变得符合机构的文化要困难得多。"

梅奥诊所同时投入大量资金进行在职培训，许多是一次几小时的教育课程，有的则会持续数天。这些项目由人力资源经理和许多其他部门，比如护理部、财务科、放射科、保卫处、信息技术科和临床试验部来进行。"这些教育项目用于帮助提高和更新熟练工的知识水平，并巩固确保梅奥诊所不断成功的价值观念。"罗切斯特人力资源教育与发展部部长，帕特里夏·亨德尔·斯普雷特解释道。课程需要同机构的战略和操作计划保持一致。在2006年，3大院区中有超过417 000名员工注册了数千门课程——平均每位员工大约9门。以下列出了有关普通、临床和专业技术的课程：

- 领导方式变革：获取信任和激励信心。
- 掌握挑战性谈话的技巧。
- 素质学院：团队训练和倾向性思考。
- 回答有关薪水的困难问题——经理的角色。
- 一个经理关于商法的介绍
- 梅奥旅行——玻璃匠和机器工场。
- 致癌原因的传说和事实。
- 如何有效利用翻译。
- 个人成长和专业成长的目标设定。
- 个人健康保险便利及责任法案和保险培训。

- 工作场所暴力。

- 相互尊重/性骚扰。

人力资源经理提供的数百项课程有两个主要目的：第一个是为了改善行政人员、管理者或者一线员工在其岗位的工作表现。比如，那些身处第一线岗位的员工可以学会如何用心倾听患者的需求，管理者可以学会绩效管理、委任以及高效领导团队等方面的技能。第二个目标针对的是现有员工的个人职业发展，比如那些可能渴望获得管理职位的人，想要将委员会运行的更有效率的人或者希望在现有工作部门之外寻求挑战的人。每年有数千名员工参加培训项目，目的是提高他们使用电脑软件，包括梅奥临床系统的效率。

提高员工能力和发展职工职业生涯的另一个重要部分是专业发展辅助项目。通过提供学费上的支持，梅奥诊所鼓励员工利用外部的教育机会为自己在梅奥当前或其他岗位提供专业发展支持。每年有超过3 500名员工参与该项目，并取得了认证或获得了研究生和本科学历。

选取适当的位置

2006年，当96岁的休·巴特医生回想起1936年他作为威廉 J. 梅奥医生第一任助理的3个月的经历，他尤其强调了威廉医生向梅奥诊所员工传达的家长式的爱心精神。"'我们是一家人'。威尔医生说，'我们如一家人一样在此工作，医生不必担心护士或者他们自己的薪水，他们很满意在这个不同寻常的机构里工作。'"家庭的比喻在21世纪依然适用：梅奥诊所的文化将员工看做人而不是一种经济资产，或者是机器上的一个齿轮，又或是预算中的一项消费项目。梅奥试图找到一个岗位和一个环境，一个适当的位置，使每位员工都能感到舒适，并能够真正的做出贡献。

已退休的梅奥诊所首席执行官罗伯特·华勒医生在回忆起"我在梅

奥诊所经历的最糟糕的两天之一"时。他叙述道，那天梅奥诊所的领导将两名长期员工叫到他的办公室，然后告诉他俩他们被开除了。而且，他还安排了安保官员陪同他们到各自的办公室收拾个人物品，接着他命令他们再也不能返回院区。对于以数千员工为基础建立起来的具有高度执行力和忠诚度的"梅奥家庭"来说，这件事情无疑是站在了他们对立面上（几个月后，主使开除事件的领导也离职了）。

伯纳德·格什医生说："诊所的力量源泉之一就是几乎每个人都有适合他的位置。我不认为存在某一套标准能决定你是否是一名成功的梅奥诊所医生。"他自己就在几个领域都做出过贡献：心脏病人临床护理、开发教授年轻学者们的学术天分的同时发表了超过700篇论文，为诊所打开了知名度并与国际接轨。格什医生说，他的同事杰拉德·高医生和许多像他一样的受人尊敬的主要关注于患者护理工作的临床医生对心脏病科做出了同样的贡献。罗伯特·弗莱医生的职业生涯同时兼顾了临床护理、研究、学术管理以及领导专业协会。他担任过罗切斯特心脏病科主管，然后是美国心脏病学院院长，接着就任罗切斯特药品部主管，最后退休。但是他的事业没有在管理诊所上达到很深的程度——比如说，他从未在理事会任职。与弗莱医生相似，休·史密斯医生在进入行政岗位之前，也已经树立起了作为一名学者和临床医生的声誉。他紧随弗莱医生就任了罗切斯特心脏病科主管，但是随后他的事业转移到了企业战略和管理方面，最后他以罗切斯特理事会主席的身份退休。所有这些人都是从同样的起点开始——一名心脏病专家。

尽管大部分员工依靠自己找到了机构中适合他们的位置，但梅奥仍有一些员工随着时间的推移变成了众所周知的"不适合圆孔的方木钉"。这便是同情心管理与家庭触动能得到体现的地方，在诊所中第一推动力便是管理者帮助员工找到他们能够舒服契合的圆孔。在一些高层行政管理者中流传着有些重要员工不再适合他们所在岗位的说法。有时这种情况是个人在领导或管理岗位的一种倦怠的表现；有些时候则是工作需要变化太大，以至于员工的技能无法再满足这种需要；而有些时候则是表现优异的职员晋升到管理层之后却发现他们的技能或性格并不适合岗位的要求。

因为梅奥诊所是一家大型机构，真正的机遇——并非只是为提供就业机会而安排的工作——在许多情况下都能发现。"梅奥的方式"希望行政管理人员多观察个人的长处而不是短处。一些细节导向的管理者并不像其他管理者一样是通才，但他们发现专注于复杂项目的管理事业很有价值，在那些项目中关注细节是一大优点；有的缺乏担任团队领导必需的人际交往技能的人可以从利用自己敏锐的分析能力着手做起。由于诊所内部轮换是如此的普遍，甚至包括像部门主管或者理事会成员这样的实权岗位，这些改变往往是以一种日常事务的方式进行，而不是一件引人注目的公共事件。在大部分情况下，梅奥会帮助那些无法胜任或者表现不佳的员工找到一个更适合他们能力的位置。

其他管理案例还包括帮助那些在其大部分行政任务中表现都很优异，只是在某个地方存在"严重的"潜在缺陷的员工找到适合他们的岗位。比如，有一位领导可能喜欢幻想、富有灵感，并受到其下属的尊敬，但是他在财务管理或者细节型行政任务的及时执行上表现不佳。在这种情况下，诊所可能会给这个员工指派一位会计或者行政助理——也许是兼职的，确保达到最佳的管理效果。而且，梅奥的领导认识到，事实上一些管理岗位即使对于一位杰出的行政管理者也太庞大了，通过对所谓的瑕疵和缺陷进行弥补，梅奥能够留住那些具有重要才能的有价值的员工。

员工们往往视自己是梅奥诊所的员工，而不是某一个科室、部门或工作单位的员工。在其他医疗护理机构下，员工们可能会说："我为心脏导管实验室工作。"或为放射科、人力资源、安全保卫部门工作。但是当梅奥员工被问到他们在哪里工作的时候，大部分只会说"梅奥诊所"。的确，这是一个大部分美国人所认同的品牌，但是对机构的初步认同意味着员工将与比他们当前工作大很多的事务联系在一起。这种无言的联系是一种期望，即员工们会被一个他们信任并适合的机构平等、负责的对待。

忠诚循环

梅奥诊所作为雇主，是一个重要的实体。在搬到南加利福尼亚州之前，卡萝尔·休斯在梅奥亚利桑那州诊所放射科当了5年的医学秘书。2001年，她决定返回菲尼克斯，并申请重新回到梅奥。"我告诉我自己，梅奥诊所是我唯一会申请的地方。她是我在菲尼克斯唯一会工作的地方。"她回忆说。回到城里仅仅7天后她就开始在梅奥工作。雇主们赢得这样的忠诚，是金钱所买不到的。当员工们相信机构对他们忠诚的时候，他们便会对机构忠诚。梅奥杰克逊维尔诊所的一则短篇案例研究将此阐述为"忠诚循环"。

2008年4月一所新的梅奥诊所在杰克逊维尔院区开业。先前，梅奥在其诊所院区14公里以外的地方拥有并经营着圣卢克医院。梅奥将圣卢克医院定位为一家为社区医院，同时也用来满足梅奥诊所对医院场所的需要。院区里的新医院的床位比圣卢克医院要少100张，并且只对梅奥诊所的医生及其病人开放。通过计算减少的100张床位需要少配备多少全日制员工，诊所认为应少配350～400全日制员工（大约500名员工）给新医院。

在期待着2008年搬迁的同时，梅奥诊所的领导们要采取策略让机构在有可能产生竞争矛盾的事务上取得平衡：第一，有效进行裁员，达到新预期的员工数量；第二，将员工先予以保留，这样可以确保他们在保持梅奥护理模式和较高的护理水平的同时，有足够的数量和人员搭配去配备新医院。在整个过程中，梅奥的领导们也承诺帮助确保圣卢克医院的新拥有者圣文森特医院也有充足的员工来为所有留在圣卢克医院的社区患者提供安全和有效的护理。

2006年的夏天，梅奥的领导层大幅变动。在全体职工市政厅大会上，在每周的员工通信上，以及在梅奥诊所内部互联网上，领导层做出一项承诺："所有希望留在梅奥并在过渡时期依然表现良好的圣卢克现有员工，将在新整合的诊所和医院院区中获得一个同现有职位类似的工作。"少聘用500名员工的风险是可以计算出来的。但是在梅奥领导层眼中，该战略的正面好处要远远大于可见的负面危险。

为了兑现2006年做出的保留现有医院员工工作岗位的诺言，梅奥制定了3项战略步骤来帮助那些在开业当天虽然被雇用但没有合适岗位的员工实现过渡到新医院的目标。更重要的是，没有一名员工会被解雇。第一，创建了一个新的员工目录：《圣卢克医院2008（SLH2008）》。这些岗位的员工在应聘的时候了解到，当机构的所有权于2008年发生改变的时候，如果他们依然表现良好的话，他们将获得一个与在圣卢克医院时相似的岗位。这使得梅奥可以在过渡时期继续雇用她所需的员工。该战略同时可使SLH2008中的员工能够在岗位开放时申请内部调动到梅奥诊所。第二，创建了有限任期员工目录，以填补过渡时期的空白——这些岗位通常提供了任期为24～36个月的临时工作，在过渡到新医院之后3～6个月就会消失。第三，梅奥与一家临时员工公司合作，他们能够提供一些额外的非临床岗位职工。这些基础工作于2005年末完成，而且战略执行也已经准备就绪。

2007年，梅奥诊所进行了第一轮的岗位配备。那些在2006年夏天得到梅奥保证会在新医院开业时为他们提供就业承诺的员工98%都表示希望留在梅奥。据人力资源部主管迈克尔·埃斯蒂斯说："只有很小一部分员工（不到50个）表示拒绝，他们要么说'我想留在圣卢克院区因为它离家近'，要么说'我打算在梅奥找一个与你们和我讲的不同岗位碰碰运气。'"

梅奥需要所有选择留下作为梅奥员工的人，到医院开业时则还要更多。埃斯蒂斯和杰克逊维尔诊所首席行政官罗伯特·布莱汉姆相信，之所以能有这样良好的结果是因为梅奥诊所保持着其价值观念，并且首先向员工们表达了忠诚。他们进而指出，这不应当被当成圣文森特作为一名雇主的一项控告——SLH2008的员工们确保了过渡的平稳。圣文森特和梅奥为过渡计划紧密合作了3年多，而过渡的结果是让两家机构都十分兴奋的双赢局面。

给管理者们的启示

梅奥诊所的价值观遍及在其对员工的选择、评估以及定岗和发展等各个环节之中。由于无论从临床护理到财务管理、信息系统、血库、建筑设计还是预约安排，每个运作环节都需要高水准的精湛技术，所以梅奥也必须确保所有员工都掌握了其岗位所需的技术技能。

启示一：价值观第一 梅奥诊所能长期保持作为一家运营高效的诊所和商业企业，要归功于其员工。医疗护理机构运营是最为复杂的服务，部分原因是由于医护服务是如此的私人化和个性化（患者们都是独一无二的），而且创造这些私人化和个性化服务——往往都是实时进行的——最需要员工们的情感付出，对头脑的挑战性也最大。医疗护理的劳动强度非常大。潜藏在独特的、个人化服务之下的本质要素是价值观的体系，自发的服务是由此而来。友善与富有人情的行为更多的来自于潜在的价值观而不是培训课程。人在成年后，价值观随着时间的流逝通常不会有太多改变，除非有很大的干扰才会影响到它们。梅奥诊所，如同其他运营高效的服务机构一样，在员工被雇用之前会尤其注意确定他们的价值观。如果出现了招聘上的错误（梅奥诊所有时也会出现）则机构必须去应对这种价值观上的不和谐因素，因为这对文化是致命的。

尽管其他服务不像医疗护理那样需要与人亲近，但是大部分机构都会从梅奥价值观第一的招聘方式中受益。对于其他劳动密集型的互动服务，友善与人道主义行为会对品牌的建设给予丰富的回报：比如，在帮助一位体型较大的人找到合适衣服的同时，还要保护顾客的尊严；付出额外的努力去帮助一对预算紧张的夫妇为他们成员不断增长的家庭找到一个有吸引力同时也支付得起的房子；不放弃帮助一位被暴风雨延误航班的旅客预定另一条路线回家；单独并耐心的回答年长者向呼叫中心热线咨询的基本问题。服务即表演，而表演者的个人价值观会产生很重要的作用——无论是在医疗护理行业还是在其他行业中，都是如此。

启示二：创建一种"成功圈" 梅奥诊所会尽可能的延缓解聘他的员工。梅奥杰克逊维尔诊所在从一个既存的医院向一个新的、更小型机构转变中需要减少配备500名员工，但梅奥不会为此解雇哪怕一位表现良好的员工的所以梅奥走了相当远的弯路。这是一条关于梅奥诊所的陈述，作为一名雇主，梅奥不会被受到影响的人们所忘记。

梅奥是一位理智的雇主。她招聘那些为事业而来而不只是为工作而来的员工。她努力寻找那些具有必备价值观、才能和成长潜力的合适员工，接着继续努力在每个员工的贡献和诊所需要之间建立起良好的契合点。当专职医疗人员中的成员缺乏岗位所需的技能时，梅奥诊所管理者通常的反应会是帮他在机构中找到一个更合适的职位，每个员工都代表着数千美元的招聘和培训成本。已经感觉自己很好的融入了梅奥文化的员工们，就是在机构中其他更有前途的岗位上再次投资的资源。这解释了梅奥较低的员工离职率以及为何有大量员工选择在梅奥诊所发展的原因。

梅奥乐意投入大量的时间、人力和金钱，用来遴选和发展员工，部分是由于其领导层假定员工们在整个职业生涯中都会留在梅奥。当然有一些人不会留下，但是这种假定占了上风并影响到了员工投资的总体方式。这种"职业生涯"假定很重要——也不寻常，非梅奥诊所的管理者应当考虑到其对机构的适用性。许多服务机构的管理者将员工的高离职率视为理所应当，并且对在不久后离开的员工不予以投入——形成谢林辛格和赫斯科特所说的"失败循环"。[4]对员工的投入不足会导致他们无法为在工作中做出良好表现做好准备，他们接下来便会退出或者被解雇，因为服务质量和顾客回头率会由于员工缺乏经验和准备不足受到损害，收入会因此下降，继而就会更进一步削减本可以为员工成功投入的资源。[5]

梅奥为"成功循环"投入，正如其他高效服务机构一样。梅奥诊所做了实质性的前期投入，以提高她发现适合其文化并打算待上很长一段时间以取得成功的员工的几率。梅奥诊所与其患者都从这种为梅奥诊所提供经验的长期忠诚员工的身上获益。[6]

启示三：进行百老汇式的表演　服务机构战略执行的第一原则便是聘用优秀的人才，梅奥在寻找优秀人才方面的耐心具有指导意义。是的，当有空缺岗位出现的时候，诊所内的竞争是令人疯狂的，而且这会使有价值的候选者灰心丧气。而最终，诊所将耗费大量的时间。需众人协力的招聘过程成为了持久成功的基石，因为梅奥诊所如果缺少了非凡的人便不称之为梅奥。如果没有优异的人才来组成团队，其核心价值观/战略——"团队医疗"也将变得低效。一位已故的服务质量先驱作家和演讲家罗恩·泽姆克曾经建议服务公司的主管人员将招聘视为类似百老汇表演一样慢慢地完成它。[7]梅奥诊所是"百老汇表演"招聘的贴海报孩童，小组面试过程可等同于一个表演小组前的观众。成功的候选者往往必须一次性通过若干筛选阶段，这与在戏剧或其他娱乐节目中使用的返场很相似。

机构经常处于压力之下以至于会降低招聘标准：员工的离任会产生出需要填充的空缺；顾客的需求超过了预期，导致急需增加员工；劳动力储备中缺少某种类型的岗位；不断下降的利润率使得注意力都集中在控制工资成本上。梅奥无视这些压力，并且成功地保持住了自己的招聘标准。比如说，在我们的研究中，在编护士都对她们所经历的梅奥严格的面试过程表示惊讶，尤其是在护士严重紧缺的情况下。正如一位在编护士所说："梅奥非常在意他们招聘了谁。当时正缺护士，而我有17年的工作经验，便径直走进了门里。那里有3个人在面试中不断向我抛出问题，可并不是每一个来这儿应聘护士的人都能成功，那真是不可思议。"[8]

小结

无论是对于个人还是机构，投资员工就是投资成功。在服务业中，服务即表演，员工即演员。正如梅奥诊所的例子所展示的那样，聘用正确之人是第一原则；支持并奖励他们是该原则的必然结论。评估潜在员工的一些基本标准包括如下：

- 个人价值观补充公司的基本价值观。
- 态度可以改变——愿意融入机构，但当必要时有勇气挑战现状。
- 在专业技术和团队合作方面很出色。
- 在现有水平之上，具有成长和发展专业技术的潜力。
- 对事业而不仅仅是工作有兴趣。
- 对雇主忠诚。

通过基于严格筛选过程的慎重招聘，面试官会最终发现能将活力注入产品的优秀人才。

注释

1. Robert C. Roesler, *Principles and People: Key Elements of Mayo* (Rochester, MN: Mayo Foundation, 1984), p. 7.
2. Leonard Berry, *On Great Service: A Framework for Action* (New York: The Free Press, 1995), p. 167.
3. Leonard Berry, *Discovering the Soul of Service: Nine Drivers of Sustainable Business Success* (New York: The Free Press, 1999), p. 84.
4. Leonard A. Schlesinger and James L. Heskett, "Breaking the Cycle of Failure in Service," *Sloan Management Review*, Spring 1991, pp. 17–28; also see James L. Heskett, W. Earl Sasser, Jr., and Leonard A. Schlesinger, *The Service Profit Chain* (New York: The Free Press, 1997).
5. Berry, *Discovering the Soul of Service*, p. 133.
6. For an excellent discussion of how high-performance service firms invest in employee performance, see Sybil Stershic, *Taking Care of the People Who Matter Most: A Guide to Employee-Customer Care* (Rochester, NY: WME Books, 2007).
7. Ron Zemke, "World-Class Customer Service," *Boardroom Reports*, December 15, 1992, p. 1; also see Dan J. Sanders, *Built to Serve* (New York: McGraw-Hill, 2008), Chapter 4.
8. Leonard L. Berry, "The Collaborative Organization: Leadership Lessons from Mayo Clinic," *Organizational Dynamics*, No. 3, Fall 2004, p. 231.

第 **7** 章

精心安排质量线索

　　玛丽·安·莫瑞斯如今在罗切斯特梅奥诊所负责一般事务和梅奥志愿者项目的管理，她乐于不断地讲述她初到梅奥诊所的那些日子里的故事。那时她在一间实验室工作——工作性质要求穿白色制服和白色鞋子。在一个令人疯狂的早晨，她把两个孩子送到学校后才赶到实验室，却发现上级盯着她的鞋子看。原来上级注意到莫瑞斯的鞋带很脏，已经把带孔都堵住了，因此要求她清理一下。莫里斯感觉受到了冒犯，回应说她是在实验室工作，不是同患者在一起，这会有什么关系？她的上级则向她解释说，她已经在以她没注意到的方式同患者交往。比如说，穿着带有梅奥名字标签的服装走在大街上，或者穿过舞会时从患者和他们的家属旁边经过——她不能用带有脏鞋带的鞋子来代表梅奥的形象。"虽然最初感觉受到了冒犯，但自那时起我意识到我所做的一切，小到我的鞋带儿，都代表了我对患者和访问者的承诺……如今我仍用脏鞋带的故事制定服务水平的标准，并追求以此来要求自己和我的同事。"[1]

　　在高风险背景下的患者护理行业，一根脏鞋带儿几乎不能看出有什么意义。然而，一根鞋带却可能被患者或焦虑的家属看到，虽然不大，却是一个机构及其所提供复杂的无形的医疗服务的一个有形的证明。实际上，鞋带扮演了替代角色，帮助她向患者讲述一个服务机构的故事。

这条鞋带是有关质量的一个线索，梅奥诊所不断地以一种与众不同且引人注目的方式来将她的故事发展下去。诊所的线索管理把直觉和追求为患者提供优质服务的目的融合在一起，是可效仿的典范。本章将阐述梅奥是如何精心安排质量上的线索，甚至小到一根鞋带，并在线索管理理念的基础上，提供顾客的服务体验。

顾客们都是侦探

　　顾客在同某个组织交流的过程中通常会获得某些体验，一种内在的体验，但实证的体验有时候并非是内在的。顾客在交往过程中会有意识或无意识地过滤嵌入他们经历中的线索，并组织形成一系列印象，其中一些是理性的，但更多是感性的。任何感知或意识到的事情或者是明显缺少了的事情都是一种体验的线索。比如顾客们可以看、闻、听或品尝，这就是一种线索。一位医生进到检查室见已坐着等候的患者，进去后依旧站着询问患者问题与进去后立即坐下并通过直视眼睛的方式进行交流，两种情况很可能会传递一系列不同的提示信息。具体的线索会带给患者信息，并且这些线索和信息汇集并形成顾客的服务体验从而影响顾客的感受。当这种经历发生时，顾客会得到的感觉，将变成体验的一部分。比方说，这种服务体验能否使顾客感到安全、有信心、认为医生很有效率、很聪明、患者受到了尊重或来此看病是很值得的，或者是否有其他相反的感觉？面对一位站着的医生，患者不可能感到特别地有信心、感觉自己受到尊重或来此看病是值得的。若一位医生进门后仍旧靠着门，并向患者发出信号，表示他要尽快离开，患者消极的感觉就会被加重。

　　在选择和使用服务时，顾客会看到和处理远比管理者和服务提供者所能意识到的更多的信息。顾客会采取与侦探同样的方式来处理和组织线索，并形成一系列能够唤起感受的印象。在决定是否购买服务和当他们受到服务之后，顾客会处理这些线索。服务越重要、越易变、越复杂、个性化越强，顾客就有可能对细节更加警觉与敏感。消费会有风险，面对增高的风险，顾客会计划做更多的侦查工作。[2]

卫生保健服务充满高风险，它具有重要性、易变性（因该种服务在劳动和技术上的高密集度）、复杂性和私人化等诸多特性。在医疗护理中，患者的生活质量及生活本身存在风险，因此，对于卫生护理机构来说，对经验线索进行管理就尤其重要。另外，许多其他类型的服务也具有风险过高的特点，因此，也可将线索管理原则扩展到服务领域。

三种类型的线索

经验线索以一种有力的方式讲述着服务的故事，而以特色服务出名的成功组织则通过系统化的细节管理有效地阐述了它们的故事。细节可以分为三个类型：功能性线索、机能性线索、人性线索。"机能性线索、人性线索"这两个词汇是由路易斯·卡博尼和斯蒂芬·海克尔于1994年在他们发表的文章中独创的。"功能性线索"则是在随后的著作中加入的。[3]

功能线索关注服务的技术质量，换句话说，就是可信赖度和功能性。任何影响顾客对技术质量印象的因素而不论技术质量是存有还是缺乏都可以称为功能性线索。机能性线索来自无生命的物体，包括视力、味道、声音、口味和外表。而保健设施、设备、家具、陈列品、照明及其他可感知的索引提供了一种不需要语言就可以进行服务的视觉展示。人性线索存在于服务提供者的行为和外表，比如说，他们的口头和肢体语言、音调、热情度和合适的着装等。[4]

功能性线索主要关注服务技能是什么，而机能性线索和人性线索则主要关注服务技能怎么样。有时尽管服务是有效的，却会因传递方式的问题给顾客带来消极的感觉。我们假设某位患者找医生两次征求意见，第一位医师对患者的问题做出诊断，并认为手术是必要的；第二位医师则向患者确认了诊断的正确，并推荐进行手术。两位医师都提供了有效的正确服务。然而，他们行事方式却十分的不同。第一位医师看起来是冷漠的，从未提及患者的名字。相反，第二位医师则是友善的，利用了患者的名字，并且对此表示了同情。因此，即使功能线索都差不多，这位患者对两次经历的感知（印象）和感觉却是不同的。

线索的作用

　　功能性线索、机能性线索、人性线索在形成顾客服务经验中扮演着特定的角色。正如图7-1所展示的，功能性线索主要影响顾客的理性感知，而机能性线索和人性线索则影响感性感知。良好管理的服务组织会致力于全部优化这3种细节，并对服务经历的感性部分采取和功能性部分一样严格的管理。各种细节之间被认为是互相促进的，而非是各自作用的简单叠加；他们在一起共同出现的总和要大于各个部分独立作用的总和。那些进行有效地线索管理组织的领导者可能没有听说过"线索管理"这个词，但他们凭直觉已理解了这个词的含义——就像威廉·梅奥医生、查尔斯·梅奥医生和亨利·普拉莫做的那样。不论是梅奥诊所早期的领导者还是后来的继任者，他们将大量的精力和投入放在如何有效传递服务而不仅仅是服务本身，这对于他们来说是一种荣耀。

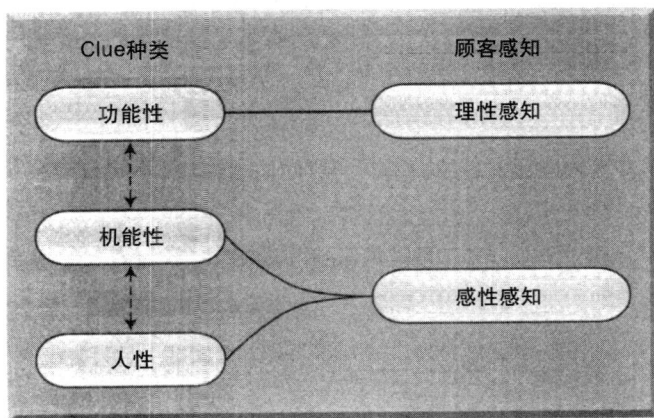

图7-1　Clue通过经验对顾客感知的影响

功能线索：展示能力灌输信心

顾客之所以进入市场，是要购买问题的解决方案。他们购买同他人交流的能力，而不是电话服务；购买长远距离旅行的能力，而不是一张飞机票；在卫生护理方面，患者购买的是行动方便以及对长期痛苦的缓解，而不是膝盖手术。

顾客购买的解决方案依赖于其功能性。在提供保质服务时，没有比按承诺进行服务更好的办法。已公布的研究不断地证明信赖是最重要的迎合顾客服务期望独立的因素。[5]一项获奖的研究表明，在问及为什么顾客会从一家服务型公司换到另一家的原因时，苏珊 M. 凯维尼发现44%的受访顾客（部分或唯一地）是因为公司无法提供核心服务，也就是说，是由于公司拙劣的服务表现。相较于任何其他导致更换服务提供者的因素，无法提供核心服务这一点被更多提及。[6]

功能线索的主要角色就是强化顾客（或潜在顾客）对服务行为可信赖度的信心。这家组织或这家服务提供商能胜任吗？进行服务的必要技能和知识都很好地到位了吗？显然，功能线索需要有效地回答这些问题。不过，因其本身无形的性质，对于顾客来说，服务一般比物品更难评估。许多服务，像卫生护理，在技术上很复杂，顾客很自然地会寻求某些细节来帮助他们对功能性做出判断。服务无形性加上复杂性使顾客加强了"细节警报"，另一方面则进一步强调了一种服务的重要性、多样性和亲密度等特性。

梅奥诊所的诸如患者至上、团队合作、目的地医疗等核心价值和战略都对于功能线索的展示做出了巨大的贡献。团队服务模式给患者带来了这样一种感觉：诊所在协调资源提供最好的可能服务；"力量的联合"则以力量强大的功能线索的形式提供服务；为实践目的地医疗并同时将诊所的功能传递给患者和陪同家属，诊所的体制和基础投资要提供节省时间的一体化的必要医疗服务。诊所一体化的、逐渐积累起来的电子化的医疗病历可确保如一个患者接受访问时说的那样："在我上一次看医生时，医生从电脑里将我过去5年里就医的检查记录全部调了出来，然后告诉我病情的发展趋势，接着我们一起讨论了接下来该做什么。我觉得那样太棒了。"[7]

重症患者很可能在感知功能线索方面特别警觉。在接下来的由来自美国东南部的一座中等城市的癌症患者提供的有关梅奥的小故事（我们称呼他唐），再现了功能线索在管理顾客体验中的重要作用。

差不多有两年，我嗓子里感觉特别不舒服，但我却一直被告知这没什么好担心的。一年后我被引荐给另一位医生，他告诉我在我舌头的根部有一个肿瘤，同时他还告诉我他将不得不对我实行化疗。就在那一刻我决定去梅奥诊所就医，并在两星期后来到了那里。

梅奥的团队治疗方式给我留下了非常好的印象。他们给我配备了3位医生：克里·奥尔森医生，耳鼻喉科专家；罗伯特·福特医生，放射肿瘤专家；和朱利安·莫里那医生，内科肿瘤专家。同我以前经历的完全不一样！我记得奥森医生告诉我他将不会进行手术，因为仍有其他物理疗法。那样的一句话让我印象深刻，并增强了我对即将接受最好护理的信心。诊疗小组制定了一套包含35次放射治疗和3次化学疗法的养生法。在3个多月的时间里，我和妻子搬到了罗切斯特的一家宾馆居住。在那些日子里，虽然治疗很折磨人，但我在梅奥诊所却感到很幸福。

在养生法结束后的两年里，我们每隔3个月都要到诊疗小组接受后续的护理。现在后续护理已是每6个月一次。

另一件我很快注意到的就是梅奥的办事效率。对大多数人来说，不确定的感觉让人难以忍受。在梅奥，我从来没为化验和检查结果等很长时间。这样做不仅减少了患者的疑虑，同时也能使医师之间迅速地分享信息。它使梅奥诊所能够及时有效地去做正确的事情，并把它们做得很好。

在放射治疗过程中，为避免我头部活动，我被置于一个防护罩中。在治疗中，有一次我感觉特别的难熬。记得我对那个叫詹米的年轻女士说（她负责看护其中的大部分治疗过程）："詹米，我确实希望这些治疗将来能带来好处。"詹米强调说："我不是希望这些治疗将会带来好处，而是确切知道它们将会带来好处。"她说出了在那个时候我最需要听到的话。当时，在身体上，我感觉很糟糕，但对希望的士气、态度和感觉却在不断地提升。

在接下来3个月接受后续护理的过程中，我会经常找到她并告诉她，"我仍然在这儿，你为我的生命带来了巨大的不同。"在3个月里的每一天，你可以依赖像在放射肿瘤科咨询台前的詹米和罗斯那样的人。其实，在你生命里的那个时段，他们已成为梅奥诊所外在形象的一部分。

唐的故事不仅显示了功能线索的显著作用，同时也表现了3种类型的线索之间的相互作用（从图7-1中两个垂直箭头可以看出）。这种相同的刺激作用可能不仅仅由同一种线索给予。詹米对于她确信治疗会有帮助的肯定说法不仅是一种能量巨大的功能线索，也是能量巨大的人性线索。她及时地为唐开了一剂特别需要的精神支持良药：善良与出众的能力相结合会对病人的病情大有帮助。

机能线索：对第一印象、期望和价值的影响

机能线索来自于代表无形服务的有形的可触摸的部分。一般来说，顾客是在他们实际体验之前就要购买这种服务，而机能线索的一个显著

作用就是营造一个良好的第一印象。在体验功能线索和人性线索之前，顾客通常会在一定程度上体验机能线索，机能线索经常会影响顾客对服务的选择。对特殊服务缺乏先前体验的顾客，比方说，游客参观一个以前从未去过的小镇，他需要选择一家宾馆或饭店住宿，经常会依据他们对这个物体的外部形象做出选择。机能线索在顾客获得和接受服务之后起到培养顾客对服务信心作用的同时，还要使顾客从购买服务时起就认为自己在这方面做出了聪明的选择。

由于它们会形成第一印象，所以机能线索会影响顾客对服务的期望。这很重要，因为顾客对组织服务质量的感觉来自于他们对所接受服务的评价，而这种评价与他们对服务的线索期望有关。[8]机能线索则向顾客暗示服务应该是什么样子的。相较一家传统的随意就餐场所，一家配有桌布和柔和灯光的高雅餐厅则向顾客预示了一种更有特色的服务体验和更具水平的个人服务。因此，通过准确地标识寻求提供的线索，机能线索的设计适合并支持了组织的预期市场定位，这一点很重要。

由于机能线索是顾客体验的一部分，它们会对顾客怎样看待这种体验以及他们对价值的感觉产生影响。当顾客在一家服务机构花费更多时间时，机能线索对价值感知的影响通常会逐步增加。[9]星巴克的非凡成就不仅是由于咖啡质量始终如一且产品种类总能推陈出新，也是由于它为顾客提供了放松的空间，顾客可以和同事一起享受美好时光或者一个人休息独处。桌子和桌子之间分得很开，它可使顾客享有进行私人谈话或一个人待着思考（或膝上电脑或一本书）的空间。同时，星巴克的桌子是圆的，这是因为研究显示，与方桌子比，独处的顾客更容易在一个圆桌子边获得身体上的放松。[10]

没人想去医院

在卫生护理行业，机能线索十分重要。卫生护理在许多方面并不同

MAYOCLINIC

于一般的服务，也包括它会给顾客带来的压力。对于一个消费者而言，生病恐怕是最不快乐的事情。疾病或伤害可能会带来疼痛、身体机能降低、对医疗化验和规定的程序感到焦虑及对未来感到不确定，而患者则会从疾病和疼痛中感受到压力，他们也可能从卫生护理机构那边体会到相当大的压力，特别那些是给人恐惧、喧闹、缺少精神支持、没有亲近自然并且令人束缚的医院。[11]

卫生护理服务同服务机构的内部环境紧密相联，[12]环境有助于患者（或者他们所爱的人）平静下来，能够振奋他们的精神并创造出一种很快就能治愈的感觉。正如在表7-1中显示，梅奥诊所设施设计价值集中在帮助减轻那些使用这些建筑的人们——患者、家属、其他来访者及雇员的压力。很难想象还有其他建筑会让使用者感受到比在医院大楼里更多的压力。因此，诊所建筑及其设计者的目标应是创造一种令居住者缓解压力的物理空间。

梅奥菲尼克斯医院的大厅为进出的人们提供了一个令人愉悦的出口，包括它的中厅设计、石雕工艺、室内喷泉、钢琴、彩色长椅以及带有窗户可以看到山脉的墙。门诊大楼的特点是大厅里的大喷泉、雕塑和钢琴，而在医院和门诊大楼里则展示着当地艺术家捐赠的艺术品。亚利桑那州梅奥诊所人员服务部退休主任布莱恩·麦克斯韦尼说："我们的建筑很壮观，因此我们努力在建筑内部——通过材料、颜色及艺术品——营造温馨的环境。患者处于压力中，我们一直努力减轻人们的这种感觉并创造具有积极作用的娱乐活动帮助其舒缓压力。"

表7-1　梅奥诊所设施设计价值

梅奥诊所建筑采取以下方式帮助建筑的使用者减轻他们的压力：

- 提供一个庇护所
- 与大自然联系
- 强调自然光
- 减少喧闹
- 创造积极的娱乐活动
- 传递关怀和尊重
- 标识能力
- 将拥挤感觉最小化
- 便利的道路指引
- 容留家属
- 使雇员开心
- 加强业务合作

　　另一幢体现梅奥设计价值的建筑是高20层的贡达大楼,它于2001年启用，现为罗切斯特院区新的前门。贡达大楼拥有一个十分壮观的大厅，开口宽阔，有两层楼那么高，这样从空间上看起来就不会显得拥挤。另外大厅内有大理石材料的楼梯间和地面，巨大的奇胡利枝型吊灯，一堵面向花园的由诸多故事装饰的墙以及遍布公共空间的钢琴。大楼里用的大理石和石头来自全世界——"就像患者一样"，正如设备与系统支持部主任克雷格·斯莫德所言。在上部大厅角落，占据主要空间的是斯拉格基家族癌症教育中心。当被问及为什么将如此高价值的位置用做这一用途时，斯缪特说："没有一种病能比癌症影响更多的人和家庭。中心越显眼，越能移除患上癌症所遭受的歧视。"

　　贡达大楼表现出的一系列精心安排的线索减轻了痛苦和疾病给病人带来的负担。并不需要开口，大楼就可以告诉来访者："欢迎来到这里，您的舒适是我们优先考虑的事情。"诊所设备委员会的医生主席凯莉·奥尔森评论说："我们不仅花了很多精力在整体设计上，也在材料的选择和使用上下了工夫。我们努力做到的就是确保病人一进门，他们就知道自己来到了一个独一无二，非常特别的地方。我们希望能营造出一种专业的感觉，一种被呵护的温暖感觉，并把这种感觉保持下去。"

关注细节

　　众多线索可以合在一起，讲述一段相互关联或者相互抵触、互不相干的服务故事。安排梅奥诊所的质量线索需要以对待大线索的精确程度来管理小的线索。所以，在代表着大线索的宽敞前厅中，小的线索同样重要。比如，梅奥诊所设备小组会到大理石采石场仔细观察将要做成墙壁板层的大理石石块，以确保石块中不会有潜在令人焦虑不安的人或疾病的自然图形出现。梅奥对患者整个就诊经历的有效线索管理给予了相当的关注。在一所医疗机构的公共区域给人留下良好的第一印象当然很重要；然而，患者就诊经历中令人畏惧的部分同样也会发生在私人领域，比如检查室、医院以及操作室。患者停留时间最久和有可能处于最大压力的地方，线索管理需要做到最好。举例来说，当亚利桑那州梅奥诊所医院正在修建时，一辆汽车会被抬进院内，以保证身体正在康复的患者不受医院进出车辆的干扰。[13]

几乎所有患者都会经历孩子遇见医生时那种恐惧和压力。梅奥诊所在其罗切斯特分部中认真进行线索管理，缓和并且转移儿科患者的恐惧。罗切斯特院区里，儿科的设施以当地学校儿童的绘画为特色，这些绘画已经变成了数千块五彩缤纷的陶瓷墙壁瓦片。这些瓦片展现出与医疗护理毫无关系的视觉乐趣，检查室里的设备被一大幅画隐藏起来（当需要设备的时候，这幅画会滑走）。

2007年，梅奥诊所T. 丹尼·桑福德儿科中心开业，开始提供专业的儿科服务。可以饮用的喷泉有3种高度，最低处大约45厘米，刚刚适合刚学会走路的孩子。镶嵌在地毯上和砖瓦上的河水和动物痕迹会引领孩子们自己去检查室。孩子们已经很熟悉梅奥诊所传统的检查室的设计了，比如，医生的桌子没有90度角的边缘或角落；所有都是大半径的弧形。当孩子躺在放射成像设备的桌子上时，他们可以看到动物图画镶嵌在隔音的天花板砖上。装饰的主题是经过美化的明尼苏达动植物群落，而且许多设计安排在孩子目光的水平高度——比如说，图画安排在从地面算起的76厘米高的地方。环境设计的平静柔和，灯光也不会很明亮。区域中没有东西会产生噪音。没有东西会闪光，除了在后方点缀的动植物群落墙壁上的电子感应器在孩子们走过墙壁的时候，会发出微弱的宛如萤火虫的光芒。

光线设计在诊所的技术线索管理中起到了突出的作用。房间中的边界照明被认为对于装饰墙壁有着实质性意义。梅奥杰克逊维尔院区策划和工程总裁罗伯特·方丹，在3个院区都工作过，他解释道："没有一个梅奥完成的工程是不用边界照明的，原因在于，它附着在墙壁上，使得房间感觉起来更大，更清新干净，并且创造出一种更加令人愉悦的友善空间。你可以在房间里呆得更久，而不会感到它在干扰你。"

梅奥诊所的检查室在整个系统中都实现了统一设计，让医生高效的使用任何一间房间。检查室比通常的医疗诊所房间要大，前者约为13平方米，而后者约为11平方米。这些房间也很安静，打消了患者对隐私的顾虑。额外的厚墙和天花板使用了"五边盒子"的构造，意思是天花板修成像墙一样（第5块墙壁）。房间以艺术品作装饰。患者脱掉衣服，挂起来，然后穿上一件幕帘样的衣服。灯也有两种，背景灯和检查灯。检查桌的抽屉里配备有亚麻布、手套和设备。医生的桌子和患者及家属坐的沙发在一起，这种安排去除了桌子造成的障碍。罗伯特·方丹设计的单边沙发现在仍在梅奥使用："这种沙发的整个创意确实非常有决定性，可以说回到了普拉莫医生及其同事的年代。他们发现单人椅子不如沙发那样有灵活性，也许患者是同三四个人一起来的。或者，如果患者感觉不舒服的话，他们可以躺下。沙发上的单边可以让他们将身体某部分搭在上面。沙发是质量的一种表现。患者会感到不同。没有其他任何医院有沙发。"

请保持安静

医院中的噪音是一种剧烈的环境刺激，会产生有害的心理反应，包括血压升高、心率加快以及失眠。[14]医院噪音的来源多种多样（寻呼机、闹钟、走廊里的谈话、音响、护士交接班、使用或移动医疗设备）以及令人烦恼的叫喊声（一位室友痛苦的大声呻吟）。[15]

大部分医院，包括梅奥诊所中的那些医院，可以做更多的工作来中和噪音的负面影响。我们有很好的机会通过一项改进计划实现这一目的，该计划由圣玛丽医院胸外科中间护理区域的护士们执行。护士们利用放射量测定器获取部门中分贝水平的连续记录，最高水平的分贝数由设备移动、交接班的骚动、走廊里的电话以及床边监视器的警报器产生。推动一台可移动X光机器经过患者房间（记录显示为98分贝）产生了和一辆摩托车经过房间外时同样的噪音量。根据研究结果，在部门中实施的对噪音的干预方法包括：将交接班的地点转移到一间关闭的房间内、在走廊的门和电话旁边张贴安静区域标示、夜间在部门中减弱光线来发出需要安静的信号、停止半夜向部门运送补给、将床边心脏监视器警笛音量改到较低水平、把进行常规的X光胸透的时间从傍晚提前，以及在患者房外的金属架底部加上垫子。[16]

　　注册护士谢里尔 A.克米尔，作为发起研究的第一作者，在报告中提到各个部门一直采取文章中描述的干预方式，然而最大的挑战仍然是谈话和部门夜晚活动产生的噪音。注册护士，罗切斯特护理部主管多琳·弗鲁斯蒂给自己的注册护士领导团队提出了挑战，打算在胸外科中间护理部噪音水平的基础上作研究。罗切斯特全部57个护理部都参加了噪音感受调查，这调查还包括至少一种由个人挑选出来的噪音干预方式，以及在患者和职员中对噪音感觉的反复调查。另外，其中31个护理部放置了噪音放射量测定器。一位注册护士，同时也是术后外科部负责跟进调查研究的总调查员乔伊斯弗曼·杜贝说道："研究表明，当个体患者护理部门的工作团队认真努力的减少医院环境中的噪音，是可以成功减少可测量噪音的。"[17]比如，如果各部门与工程部合作，将餐车中餐盘固定器的螺丝拧紧来减少噪音，以及在一些设备上安装静音轮；电话上的"轻言轻语"标示以及常识性的干涉，比如关闭患者的房门、限制口头通知的音量等等这些方法都很有效。然而，即使采取这些干预措施，"很多时候我们的噪音水平还是太高了，" 弗鲁斯蒂指出，"我们仍然有工作要做。"

人性线索：超出顾客的期望

　　服务活动中的人际互动能创造出向顾客表达尊重与敬意的机会，在此过程中，服务可以超出他们的期望，增强他们的信任并加深他们的忠诚度。[18]正如一种服务中劳动强度会向我们不希望的方向发展，它同样可以向我们希望的方向进行，只要服务提供者以不寻常的礼节、全力以赴并创造性地提供服务。顾客对服务提供者努力的感知显示出它对满意度和忠诚度有着尤其强烈的影响。[19]

　　在满足顾客对所有类型服务的期望方面，功能性线索通常是最重要的（因为功能性提供了所需的核心解决方案），而在劳动密集型、互动的服务中能否提供超出顾客期望的服务方面，人性线索则通常最为重要（因为如何接待顾客是这些服务的核心，优秀的接待方式则会给顾客惊喜）。超出顾客的期望需要带给他们惊喜，让顾客惊喜的最佳时机是当顾客与服务提供者进行互动的时候。[20]

　　本书的许多例子都阐明了人性线索对顾客情感造成的影响。在这里我们挑选了一个我们最喜欢的例子，因为它恰当地抓住了强大的人性线索的本质：向你所服务的对象传达尊重与敬意。这个故事说的是梅奥罗切斯特急诊部的一名医生，路易斯·哈罗，和他所接待的一名诊所员工年迈的母亲之间的故事。故事是在2001年这名员工发给部门主任怀亚特·戴克医生的一封电子邮件中提到的。这封电子邮件被逐字逐句的重新打印一遍，除了发送者的名字：

　　　　你好，戴克医生：

　　　　由于我的疏忽，没有将这封电子邮件早些发给您，但是我想讲述3个月前我在急诊室和路易斯·哈罗医生的一次经历。我第一个想和您分享他是多么了不起的一名医生。

　　　　我与我的母亲生活在一起，她91岁了，患有严重的老年痴呆症。大约3个月前，我回到家时发现她在草坪外面摔倒了。她没法站起来，而且擦伤了肘部，伤口肿得很厉害。她体型很小，我得以将她扶起来去了急诊室。一到那儿，别人很快看到了我们，所有人都很担心她。此外她几乎什么都听不见，给她治疗不是件容易的事。

哈罗医生做了自我介绍，他耐心并且非常友善，说话声音足够大，让我母亲能够听到。当他为她做检查的时候，他让她站起来并且试着走几步。当她开始走的时候，撞到了他。我的母亲年轻的时候是个相当聪明的人，而现在还保留着一些聪明才智。撞到他之后，她抬头看了看他说："嗯，我猜我们可以跳跳华尔兹。"他回答道："是的，我们可以的。"然后他便搂住她，绕着小房间跳了几步华尔兹。我的母亲彻底的被感染了，因为她很喜欢跳舞，我则流下了眼泪。这个身体孱弱的老太太和这位最英俊的年轻医生绕着屋子跳华尔兹的情景实在是太动人了。我觉得我再也没有什么时候比那天晚上为做为一名梅奥的员工而感到自豪。通过见证这种交流互动，了解到了我们医生的气度，这让人觉得：一个人的医学专业知识是一种天赋，但是他的热情和友善以及人性关怀确实无与伦比，这样的人让人感动。

我知道，在急诊医疗的宏大的组织里这样的情节无足轻重。我的母亲摔伤、擦伤的很厉害，但是确实没什么大碍。她的身体状况一两天便痊愈了，但是那天傍晚与他互动的"治疗"确实让梅奥与众不同，并且将永远铭刻在我的记忆中。

作为一名家庭成员来写这封信，我想告诉您，您的部门和梅奥拥有像哈罗这样的员工是非常非常幸运的事。

为成功着装

梅奥通过着装规定来体现精心安排的人性线索。患者不会遇到哪位穿着随意的梅奥医生。梅奥医生们工作时身着商务正装或者手术服。梅奥诊所护理模式中的一则引文对这种规定做了解释："将穿着商务正装而不是白大褂作为一种独一无二的着装规定，得到了我们患者的认同。这种穿着能展现出一种专业气质和对患者的尊重，还体现出我们热情友善的态度。"[21]尽管一些人可能认为梅奥的正式着装规定是装腔作势，但事实上，这是基本的线索管理。正如航空公司的旅客不想看到他们的飞行员穿着高尔夫T恤一样，患者们也不想看到他们的医生穿着随便。[22]

传统意义上，护理专业因其白色制服而被人们所熟知。最近，护理服装标准在美国已经有所放松，护士们常常身着色彩鲜艳服装。但是，梅奥亚利桑那州诊所的护士们的服装依然是白色，因为研究表明医院的患者更喜欢护士这样穿着。亚利桑那州医院的一位护士团队领导布里奇特·雅布伦斯基给出了她的观点：

> 我听过这样的谣言，说梅奥外的护士们不想在这儿工作，因为我们必须穿白色制服。我为我穿着传统的白色制服而感到自豪。我认为梅奥通过禁止对制服进行任意的颜色和剪裁上的变化，形成了一套有关衣着的专业模式。我认为这有助于维持护士高层次的专业水准，而且确实是患者想要的。我知道，在我们开业之前，管理层对患者做了调查，发现患者们更喜欢看护士们穿白色的制服。这种传统的制服使得护士更容易辨认，而在无衣着规定的机构中患者并不清楚进到屋里来的某个人是清洁工、护士还是医生。很多时候制服是暗色的，于是你就很难从胸卡上读到名字，或者认不出那个做自我介绍的人。

注册护士、亚利桑那州梅奥诊所护理部主管黛博拉·彭德加斯说："1998年，我们新的梅奥诊所医院开张的时候，就做出了这样的衣着规定，我们知道我们要在第一位患者到来之前，就要拥有一种梅奥的文化，而全白的制服就是这种信息的一部分。"自从1 200名新员工来梅奥诊所报到后，护士和其他员工的衣着规定就成了对于员工和患者的线索——梅奥诊所的医院绝不是一家社区医院。"据我们所知，1998年没有哪家医院要求护士穿'全白'。"彭德加斯说。

当梅奥诊所于2008年在杰克逊维尔开设新医院的时候，患者们的看法同样促使诊所制定了衣着规定。注册护士、杰克逊维尔梅奥诊所首席护理官黛博拉·赫克说："在圣卢克医院，护士们穿着她们选择的任意颜色的背心和与此相搭配的纯色裤子。但是为了拥有一个更加专业的外表，护士和其他职员现在穿着纯色的制服。举例来说，护士会穿天蓝色的制服。"护士制服中的线索同样是罗切斯特医院文化中的一部分。"我们还要求穿纯色的消毒服"。注册护士、罗切斯特护理部主管多琳·弗鲁斯蒂解释道。她进而提出决策中团队合作的价值："每个部门都需要达成一致，从一系列被认可的颜色中选出一种。"

理想的医生行为

一项梅奥诊所患者的调查揭示出医生展示人性线索的重要性，并暗示出医生可以最完美的展示它们。[23]调查是采取随机电话采访的方式，被采访的患者最近在14个医疗专业中接受了门诊或住院的各种服务，共计192名患者，男女人数大致相等。他们接受一段了20～50分钟的采访。采访内容主要集中于患者与梅奥医生互动时最喜欢什么，最不喜欢什么。

被采访者的范围涵盖了从梅奥的长期患者到首次就诊的患者。采访人鼓励患者谈论任何一次与梅奥诊所医生共处时的情形，而不必局限于他们最近的就诊经历上。全部192名被采访者都能描述一次"最佳的"经历；只有89名能同时描述一次"最糟糕的"经历。后者一般反映出了期望医生行为的反面。正如表7-2所显示的那样，研究中的术语明确定义了7种理想的医生行为：自信、感情投入、仁慈、因人制宜、直率、尊重患者、全力以赴。这些行为的定义和调查中具有代表性的患者评论也在表7-2中。

　　该项研究的结果清晰的显示出为何梅奥（或任何其他医疗机构）不能仅仅依靠医疗质量来建立起显赫的名声。在医疗服务结束后，医疗质量对于患者而言往往难于判断。邀请被采访者对于"告诉我你在梅奥系统中一次与医生最佳（最糟糕）的一次经历"的回答中确实有提到医生精湛医技，但是这种回答太少了。并不是说这无足轻重，因为它显然很重要，患者选择到梅奥诊所和其他领先的医疗中心就诊的一个首要理由便是此。然而，医生如何与患者交流同样很重要，而且患者判断起来要容易得多。如果从人性线索的角度来看，患者是熟练的侦探。如果一名医生（或者其他医护服务的提供者）匆匆忙忙、心事重重、无精打采、态度冷淡、毫无兴趣或者惊慌失措，他们是能感觉到的，正如能感觉到医生是真正有兴趣、同情、冷静和自信一样。对于像医疗护理这样会产生焦虑、复杂、亲密接触、具有私人性和重要的服务来说，患者需要来自于医护服务者的富有司情心表现以及精湛的技艺。

　　在一次梅奥患者关注调查之后，一位参与采访的乳腺癌患者给研究人员发了一则便笺，这则便笺表达出了人性线索在医疗护理服务中的作用：

　　　　我们需要的医生，能强调并理解我们作为一个完整的人的需要。我们将医生置于仅次于上帝的位置上，然而我们又不希望他们行为太过非凡——轻视我们或者威胁到我们。我们希望我们的医生在他们的领域上拥有了不起的学识，但是所有的医生都需要知道如何以智慧来使用他们的知识，与我们这些普通人交流沟通，理解我们的疾病和治疗方法。在工作了许多年、接诊了数千位患者之后仍能保持乐观、现实、并能鼓励我们，这对于医生而言或许比较困难。我们认为我们不只是长了一个

表7-2 理想医生行为、定义和支持观点的引述

理想医生行为的描述语	定义	代表性引述①
自信	医生确认的方式令人信任。医生的信心给我信心	"你可以从他的态度中了解到他非常有能力，他会很正确，很有信心地帮助我。他的自信让我感到轻松。"
感情投入	医生努力从生理上和心理上去理解我的感受和经历，并且用我能理解的方式与我交流	"一位医生在我丈夫最后的时光中对他很友善也很体贴。同时，当他发现我身上的一块息肉时，他私下里告诉我，因为我的丈夫死于小肠癌，医生知道我会害怕。"
仁慈	医生关照患者，富有同情心，而且友善	"我的风湿科医师会坐下来解释一切，包括药物和治疗过程。我从未感到手足无措。他对患者很照顾，如果我打电话过去，他总是能为我安排时间。他告诉我他知道如果我打电话来，定是有重要之事。我很感激他的信任。"
因人制宜	医生对我而不只是一位患者兴趣，与我互动，并且把我当作一个特别的个人记住	"他不仅努力去了解患者的健康，而且去了解他们的活动和家庭生活"
直率	医生会用平实的语言和直率的方式将我需要知道的东西告诉我	"他们用平实的英语把内容讲出来。他们不会给你任何像米老鼠那样的回答，而且他们不会旁敲侧击"
尊重患者	医生认真倾听我的话，并且与我一同工作	"她为我检查。她还让我参加对我的检查结果的讨论。她会同我说什么时候需要检查，怎样安排日程我最方便。她倾听我的谈话。她是一位相当棒的医生"
全力以赴	医生尽职尽责，坚持不解	"我的心脏手术医生把一切都解释的清清楚楚。解释非常彻底。他在术后也非常关心我的康复情况。我觉得术后他能将照顾我的这么好，这真是不一般，并不是所有的外科医生都会这样做。他们在你术未之后就不再对你感兴趣了"

① 表格中引述来自于笔录中的长篇引文。被采访者通常会在描述他们与医生最佳的经历过程中提述他们与医生最佳的经历，引述中会阐释多个特质。比如，引述中会阐释"仁感"，同时加上上"尊重患者"，于是"全力以赴"也自然的被引入了。

资料来源：Neeli M. Bendapudi, Leonard L. Berry, Keith A. Frey, Janet T. Parish, and William L. Rayburn, "Patients' Perspectives on Ideal Physician Behaviors," *Mayo Clinic Proceedings*, March 2006, p. 340.

瘤、不只是切掉了一个乳房、不只是一个病痛受害者。当然，如果他们了解我们，他们（将会）更关爱我们。[24]

给管理者的启示

服务即表演。为了获得一种服务，顾客会与一个机构进行交流——电信公司、航空公司、银行、包裹快递公司、美容院、医院。顾客可能会与一位或更多的服务提供者打交道，同时还要与机构的设施、设备、网站、电话系统进行互动。

顾客与机构的互动——或者体验——承载在能够反应服务状况的线索中。对于管理者而言，问题不在于线索是否将把服务状况反应给顾客（或预期顾客）——因为它们必定会；问题在于，线索是否会正确的反映。管理者需要好好的安排体验线索，以正确反映情况，而梅奥诊所在这方面做的就相当出色。梅奥的线索管理方法为其他机构的管理者理解提供了有用的范例。

启示一：知道你要讲述的故事　每位管理者应当问这样的问题："如果我们的机构突然消失了，顾客们真的会想念我们吗？"如果坦诚的回答是类似"也许不会"或者"不会忘记那么多"的话，那么机构就需要在战略上或运营上作以检查，要开始为顾客创造目前缺少的价值。如果答案是"是"，那么接下来要回答的问题是："他们会想念什么？"该问题的答案为讲述故事提供了基础，这个故事应该是和机构的线索一起来讲述的。

100多年来，梅奥诊所一直很了解它想要讲述的故事。它想让患者们知道，他们的需求第一，机构的存在是为了给他们提供服务，梅奥关心每一位患者，即使有成千上万的患者涌进梅奥的大门。她想让患者们知道，如果有任何一种方法能够帮助他们解决其医疗问题，梅奥诊所都会承担起这项任务，并且会找到正确的专家或专家队伍来提供援助。她想让患者们知道，梅奥是一所有效率的机构，不会无所事事，能解决问题，并且会以一种团队合作的方式，通过特殊的线索来传递这些基本的信息。

通过将价值驱动的直觉和有目的性的政策结合起来，梅奥诊所精心策划了一场体验，这种体验给许多患者及其家属留下的印象或多或少包括了像"他们真的很在意"、"他们在此一起行事；他们知道他们在做什么"以及"我所能做的就是来到这儿；如果他们不能帮助我，再没有人能了。"对于许多身染重疾危及生命的患者而言，在梅奥的经历燃起了他们的希望并慢慢提高他们的自信心，这样的结合十分有力。

寻求改善顾客体验的管理者应当确认顾客渴望从体验中获取的首要感受。顾客最想要什么？什么影响着顾客的偏好？管理者了解了这些就可以通过简短的陈述清楚的表述出这些被渴望的感觉，这种陈述被称为一项"体验主题"，它能够被当作每一种体验线索的整合框架。这种主题可作为指引安排线索的北极星。所有的线索都需要为讲述正确的故事而发挥作用。[25]

启示二：在每种线索上都表现卓越 很少有哪家机构能建立起世界级品牌并且维持一个世纪。梅奥品牌建立和维系的核心，是其专注于在3种线索中的投入：功能性线索、机能性线索和人性线索。诊所的领导们在这些年没有使用这种特殊的术语；但是，他们清楚的懂得这些词背后的实质。他们懂得诊所的质量是优秀卫生医疗服务的基础，但并非全部。他们懂得疾病让患者精神紧张，医护工作者的友善和同情也是患者体验的一个关键部分。他们懂得医生和护士不仅需要医术精湛，而且要展现出这种精湛。他们懂得建筑不仅是功能上的，而且要与众不同、能建立起人的自信、减少人的压力。

梅奥诊所给我们上了重要的一课，即便过去和现在都因此闻名，她靠的也不仅仅是维系其名誉的医疗专业技术。为了在情感上打动人们，为了建立起一座与他们沟通的更坚实的桥梁，诊所还在患者（以及家属）体验的非技术方面追求卓越。各种线索扮演不同的角色，诊所在各类别都予以投入，使得竞争性的攻击更加困难。正如明尼阿波利斯经验工程公司的路易斯·卡博尼所说的："绝佳的体验一般会将这三种线索协调起来，这些线索会生成丰富的情感联系，并往往能产生强烈的偏好和忠诚。"

启示三：小中见大　梅奥诊所不仅涉及了所有的线索类别，而且还对有些观察家认为的细小线索给予有时是强迫性的、特别的关注。本章开篇那则"鞋带"的故事是梅奥诊所最佳的一个故事，它表现出机构对细节的关注。梅奥诊所不仅在安排大细节上很有心得，同时也是安排小细节的大师。检查室里有一边扶手的沙发、医生的椅子带有滚轮使得他可以很容易的移动到沙发上的患者身边、急诊部儿科检查室里隐藏的复苏设备、检查室里挂着幕帘的更衣处、钢琴、窗户墙、艺术品和户外的花园——当这些"小"细节被人们所体验、逐渐形成一股加强的"细节洪流"时，它们便非常的强大。它们创造出患者及其所爱之人想从一所医疗机构中寻求的感受。

布雷丹·摩尔医生任罗切斯特梅奥诊所输血医学部主管多年。他说，他的父亲不是医生，有一次他和父亲参观了诊所。摩尔医生将故事摘录于此：

> 当我们傍晚在大楼外面散步的时候，我问我的父亲："爸爸，今天你在梅奥诊所看到的东西哪样令你印象最深？"我希望他会说是血库。他想了一下，然后说，"化验室后面的这条走廊。"他停顿了一下，接着补充道："我打赌没有患者或者重要人物从这条走廊走过，对吧？"我说："嗯，没错。"他说："你看它多干净呀。那让我看出看门人有着端正的态度。而如果他们有端正的态度，那么大概机构中在他之上每一层的人也会有端正的

态度。所以这令人印象很深。"起初我对他给我这种过于简单的答案感到很失望，但事实上这很深刻。我一直记在心里。

小结

服务可能是无形的，但它的存在会传达给顾客。机构中的每一方面都反映着其服务的形式和内容。因此，从鞋带到CT检测仪，在梅奥没有任何东西存在侥幸和偶然。通过精心策划包括功能性线索、机能性线索和人性线索的一组线索这家复杂的医疗机构成功提供了个性化且患者至上的医疗服务。她的顾客证实了她所传达的这种服务，这便是对于策划质量线索提高效率的证明。

注释

1. Leonard L. Berry and Neeli Bendapudi, "Clueing in Customers," *Harvard Business Review*, February 2003, p. 106.
2. Leonard L. Berry, Eileen A. Wall, and Lewis P. Carbone, "Service Clues and Customer Assessment of the Service Experience: Lessons from Marketing," *Academy of Management Perspectives*, May 2006, pp. 43–57.
3. Lewis P. Carbone and Stephen Haeckel, "Engineering Customer Experiences," *Marketing Management*, Winter 1994, pp. 8–19; and Stephen H. Haeckel, Lewis P. Carbone, and Leonard L. Berry, "How to Lead the Customer Experience," *Marketing Management*, January–February 2003, pp. 18–23. Also see Lewis P. Carbone, *Clued In: How to Keep Customers Coming Back Again and Again* (Upper Saddle River, NJ: FT Prentice Hall, 2004).
4. Leonard L. Berry and Lewis P. Carbone, "Build Loyalty through Experience Management," *Quality Progress*, September 2007, pp. 26–32.
5. See Leonard L. Berry, A. Parasuraman, and Valarie A. Zeithaml, "Improving Service Quality in America: Lessons Learned," *Academy of Management Executive*, Spring 1994, pp. 32–44.
6. Susan M. Keaveney, "Customer Switching Behavior in Service Industries: An Exploratory Study," *Journal of Marketing*, April 1995, pp. 71–82.
7. Berry and Bendapudi, pp. 104–105.
8. Valarie A. Zeithaml, A. Parasuraman, and Leonard L. Berry, *Delivering Quality Service: Balancing Customer Perceptions and Expectations* (New York: The Free Press, 1990).
9. Berry, Wall, and Carbone, p. 49.
10. Michael C. Krauss, "Starbucks 'Architect' Explains Brand Design," *Marketing*

News, May 1, 2005, pp. 19–20. To read more about Starbucks, see Joseph Michelli, *The Starbucks Experience* (New York: McGraw-Hill, 2006), and Howard Schultz, *Pour Your Heart into It* (New York: Hyperion, 1997).

11. Roger Ulrich, "Effects of Interior Design on Wellness: Theory and Recent Scientific Research," *Journal of Healthcare Design*, November 1991, pp. 97–109.

12. Jain Malkin, *Medical and Dental Space Planning*, 3rd ed. (New York: John Wiley & Sons, 2002).

13. Berry and Bendapudi, p. 106.

14. To read more about the effects of hospital noise and for a list of specific references, see Leonard L. Berry, Derek Parker, Russell C. Coile, Jr., D. Kirk Hamilton, David D. O'Neill, and Blair L. Sadler, "The Business Case for Better Buildings," *Frontiers of Health Services Management*, Fall 2004, pp. 5–24.

15. Berry, Parker, Coile, et al., p. 10.

16. Cheryl A. Cmiel, Dana M. Karr, Dawn M. Gasser, Lorretta M. Oliphant, and Amy Jo Neveau, "Noise Control: A Nursing Team's Approach to Sleep Promotion," *American Journal of Nursing*, February 2004, vol. 104, no. 2, pp. 40–49.

17. J. A. Overman Dube, M. M. Barth, C. A. Cmiel, S. M. Cutshall, S. M. Olson, S. J. Sulla, J. C. Nesbitt, S. C. Sobczak, D.E. Holland, "Environmental Noise Sources and Interventions to Minimize Them: A Tale of Two Hospitals," *Journal of Nursing Care Quality*, July/September, 2008, vol. 23, no. 3, forthcoming.

18. This paragraph and the next are adapted from Berry, Wall, and Carbone, p. 49.

19. Lois A. Mohr and Mary Jo Bitner, "The Role of Employee Effort in Satisfaction with Service Transactions," *Journal of Business Research*, vol. 32, 1995, pp. 239–252.

20. See Leonard L. Berry, *On Great Service* (New York: The Free Press, 1995), pp. 89–94.

21. *Mayo Clinic Model of Care*, Mayo Press, 2000.

22. Berry and Bendapudi, p. 106.

23. See Neeli M. Bendapudi, Leonard L. Berry, Keith A. Frey, Janet T. Parish, and William Rayburn, "Patients' Perspectives on Ideal Physician Behaviors," *Mayo Clinic Proceedings*, March 2006, pp. 338–344.

24. This note was originally published in Bendapudi, Berry, Frey, et al., p. 343.

25. To read more about the experience motif, see Carbone 2004 (note 3) and Berry and Carbone 2007 (note 4).

第 8 章

品牌的创立、拓展和维护

我曾经在半夜被叫到输血实验室，目的是在一例肾脏移植前去看一下交叉配型的结果。在我离开实验室的时候我发现还有一个技术员仍在工作，由于当时已经差不多凌晨两点了，我决定之后再找时间和她谈谈。于是在第2天早晨我把她叫到了我的办公室，"我知道你的工作并不涉及那例肾移植，那么你凌晨两点的时候仍然在实验室做什么呢？我知道这件事是因为我当时也在那儿。"这个来自明尼苏达的金发碧眼的年轻姑娘显得十分尴尬，她向我解释道："摩尔医生，我真希望你没有看到我"。听到这句话我的心猛地一沉，我想，天呀，她究竟做了什么呢？她接着讲道："我昨天应该做一个血小板的抗体检测，不过我无意中使用了错误浓度的溶液以致损失了所有的血小板。后来查看所有病人的检测结果的时候，知道这下糟糕了，这可真是一个打击，那些检测结果都有问题。所以我决定回到实验室把这些检测重新做一遍。"

我答道："你这件事做得很好，不过你其实可以今天再做这个检测，而不必冒着昨天那样的大风雪的天气半夜回来，尤其这还是在一月。"她说："摩尔医生，我不能让梅奥诊所的患者因为我的错误而在医院多等一天。"这一刻我吃惊的下巴简直要掉到地上了。"这真是太值得赞美了，一定不要忘了把你的名字写在加班记录里。"她这时看着我的眼神让我觉得，我正在劝她去抢教堂的慈善箱，她的声音中带着愤怒："摩尔医生，我不能让梅奥因为我的错误还付我钱！"

我坐在那里，简直不敢相信我听到了这些。这个技术员是一个努力工作的年轻女士，她真的是太棒了，不过在某种程度上她又只是我们实验室中平凡的一员。她的态度，她的工作理念，她对职业道德的认识正如她所表现出来的那样。她对我提出让她为工作到凌晨两点而领加班费的建议感到难以接受，正是这样的员工让梅奥变得伟大。

正如我们在这本书中反复提到的，梅奥诊所员工的奉献精神使得他们的服务质量一次又一次的超越了普通的服务，他们所提供的系统的医疗护理，兼顾了病人和家属的需求和感受。有一个典型的服务案例很值得好好的记录下来，因为这是那种不可见的服务，被服务的病人本人并不知道服务是怎样进行的。布雷丹·摩尔医生——罗切斯特输液药品部门的前主管向我们讲述了这样一个案例。那个员工不愿意任何人知道，也不想要任何嘉奖。尽管这有部分原因是由于她在操作过程中疏忽犯错，但是她每天工作给予病人门看不见的服务。她清楚对于那些寒冷的夜晚所做的努力，是没有鲜花的，甚至不会有一句谢谢，也没人会因为她在第二个工作日重新做那些测试而责备她。但是她能够想象得到那个病人或许需要在病床上多等一天，仅仅是由于她的疏忽，所以这个任务不能拖延下去。

在梅奥诊所这样的故事每天都会无数次的上演，员工们每天的努力给患者创造了不同与以前的就诊经历，虽然这些努力有些是病人能看到的，有些是病人看不到的。在100多年的时间里，有超过600万患者体验了这种经历，这让梅奥诊所建立起了自己健康护理品牌。梅奥诊所的点点滴滴已经为全美80%的家庭所知晓。正如前几章中提到的"唐"的故事：

在听到外科医生告诉我，我得了癌症，并且他不得不给我做化疗的消息时，我惊呆了，几乎失去知觉。记得在开车回家的路上，我给妻子打了个电话，清楚记得当时说的是："亲爱的，你可能无法相信，我得了癌症，我们要到梅奥诊所去。"我没有停下去考虑我的保险赔付范围，因为那并不重要，重要的是我一定要去梅奥诊所。之后我反复回味了我对我妻子脱口而出的那些话，它使我自己都感到有一丝吃惊，因为明尼苏达的罗切斯特离我住的地方有1600多公里。我常常问自己："为什么是梅奥诊所呢？"

我是这么想的，哪都有医院，不过对我来说梅奥诊所并不仅仅是一所医院。这家企业有着伟大的思想，最先进的医学研究，最好的医疗护理以及一群具有奉献精神的员工。在我的一生中我听到的和看到的都向我表明医学奇迹在那里时有发生。我不是腿部残疾也不需要做心脏搭桥手术，我得了癌症，而且根据医生描述的那些可能发生在我身上的症状，我觉得我需要的不仅仅是一所医院。基于所有这些因素，我相信梅奥诊所就是我希望进行癌症治疗的地方，而且说不定在我身上也会发生医学奇迹呢。

几十年的时间，使得唐在不知不觉中建立了对梅奥诊所品牌的认识，在他的品牌知觉中，梅奥诊所与其他的医疗服务提供商有所不同，其中包括他家乡的那所大学医疗中心。这就好像唐在自己的思想中建立了一个文件夹，在那里储存了与梅奥诊所有关的各种信息，它们来自于各种渠道，包括报纸、新闻广播、他的社交圈子、甚至来自于电影、电视节目、小说中的相关内容。随着时间的推移，这些文档有了一个特殊的标签，诸如"用于紧急的医疗需要"或者也可能是像他自己所说的那样"用于你需要一个医疗奇迹时"。在与他的妻子通话的过程中，他不自觉的就把他大脑中储存的这些文档与他陷于绝望的医疗需求联系在了一起，所以他不假思索的就说出了"我们要到梅奥诊所去"这样的话。

唐的经历并不仅只是做出到梅奥诊所的决定，还包括第7章所描述的在梅奥接受临床服务的成果，这是每年不远万里到梅奥诊所来就诊的数以万计的患者的共同感受，所不同的只是每个病人所特有的那些细节。尽管并不是每一位患者都可以被治愈而且服务中的失误也偶有发生，不过在大多数情况下诊所的价值以及它的护理系统还是赢得了患者及其家属的信任和好评。梅奥已经无可争辩地成为全美患者心中处于领导地位的健康护理品牌，同时也是全世界最具实力的服务品牌之一。2007年进行的一项全国调查在全美的家庭中展开，主题是关于家庭健康护理品牌的第一选择。所有的受访者被问及，如果他们的保险以及经济情况允许他们去全国的任何一家医疗机构以应对一系列的医疗问题——像是癌症治疗，心脏手术以及神经外科手术等——那么他们会选择哪一家健康护理机构。所有的回答都是独立完成的，结果列在了图8-1中。从中可以看出有超过16%的应答者选择了梅奥诊所，梅奥的支持率大约是第二名的2.5倍[1]。

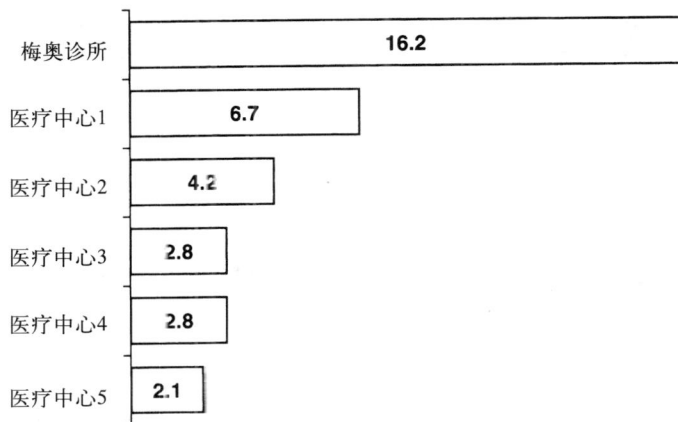

图8-1 没有外界帮助的情况下，美国家庭所偏好的医疗中心所占的比例

资料来源：专业研究公司。样本容量：1000。

在前面的章节中我们介绍了梅奥的服务是怎样建立和执行的，这部分是作为门诊预约制度的系统运作的结果，但更重要的是源于以梅奥的价值观为荣的员工们自发的努力。我们也研究了他们服务文化的基础——行政管理和职能运作的基本结构。我们在这一章中所做的就是探讨这一品牌的基本要素，从而解释为什么梅奥能够在维护这最具价值的财产的同时还能使自己跟上医学领域内不断进步的科技和商业的发展[2]。

梅奥诊所的品牌是由医师、管理人员以及数以百计致力于用诊所的服务传递人道主义的普通员工所共同创造的。这一品牌的创建并没有营销学教科书或者市场顾问做指导，从1986年到1992年，梅奥的市场部都只有一个人。至今，梅奥也只会为提升临床护理水平而做少量的媒体广告。事实上，梅奥的品牌故事否定了一般人所持的越大的品牌需要越多广告的传统观念。

在图8-2中，我们给出了形成一个服务品牌的普通模式，它阐述了一个服务团体如何通过为每一位患者提供优质的服务来创造一个世界级的

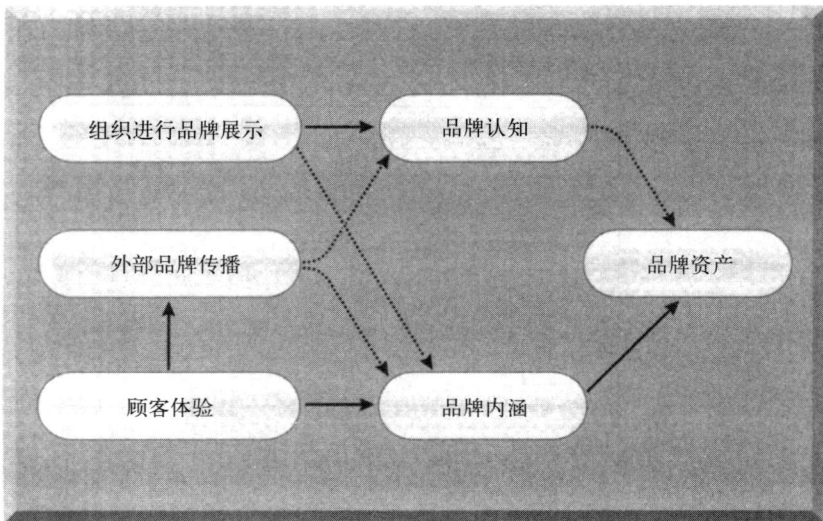

图8-2　服务品牌的建立模式

品牌。之后我们探讨梅奥诊所是如何运用这一模式来创立、拓展和维护它的品牌的。

体验创造品牌

　　品牌对于服务组织来说起着独特的作用，因为良好的品牌可以使顾客在购买无形服务中增加信赖感[3]。服务越重要、越复杂、越易变，个性化越强，那么顾客就越是需要服务商的品牌保证。正是由于顾客在选择这些服务时变得对暗示的敏感（第7章），他们对于品牌也更加关注。无论顾客挑选什么服务，他们都希望能够确信自己已经做出的或者正在做出的是一个正确的选择。正如达拉斯的广告代理商"理查德集团"的创始人斯坦·理查德斯所说过的："一个好的品牌对于顾客来说就意味着安全"[4]。

　　一个服务品牌从本质上应该是对于未来服务满意的一种承诺。它是一个集组织对品牌的定位、其他人对品牌的看法和组织在履行服务时实际的表现的集合体，关键是这一切都来自顾客的视角。一个品牌只能是顾客所感觉到的那样[5]。（除非特别指出，否则我们在提到"顾客"一词的时候既包括那些已经经历了服务和那些还没有但是在将来可能经历服务的人。）图8-2直观的描述了一个服务品牌的主要组成部分之间的关系。实线代表主要影响，虚线代表次要影响。

　　"品牌展示"是机构希望通过品牌名称、标识、广告、网站、员工制服和设施设计所展现出的品牌标识和品牌形象。品牌展示意在塑造和传播品牌信息，这使得机构可以清晰的将品牌定位表示出来。品牌展示会直接影响"品牌认知"，所谓品牌认知也就是顾客能否认出或想起这一品牌。一个顾客的品牌认知会影响品牌的内涵——也就是顾客对这一品牌的认识是怎样的。

　　"外部品牌传播"可以被定义既受机构影响，又由独立的信息来源所提供的信息。外部品牌信息的来源主要有两个，一是口头的信息交流，它常常通过国际互联网来传播；另一个来源是公开的宣传，其中也包括新闻媒体的报道。这些信息既会影响品牌认知又会影响品牌内涵，不过这种影响不一定与信息本身所导向的方向一致。顾客们倾向于接受这些关于服务机构的独立信息，这是因为顾客在体验无形的服务之前很难对他们进行评价。在服务中所蕴涵的风险越大，顾客们就越会去积极地寻找关于该服务机构的公正的信息。因此，在一个顾客选择某种服务（例如，律师、汽车修理行、大学教授的课程、医生以及医院等）之前，顾客之间往往会进行相关信息的交流[6]。在一个品牌发展的过程中，公开的宣传也有着一定的影响，关于某服务机构的一篇主题新闻故事甚至足以让图8-2中的那条虚线变成实线。

"顾客在机构中的体验"是顾客在与服务机构接触的过程中不断积累的体验。那些从来没有与机构接触过的顾客会从呈现出的品牌以及别人的说法中形成一个印象，而有过体验的顾客则会以自己对于这一机构的实际感受为准。这些体验会不成比例的影响品牌内涵的建立，也就是顾客对于这一品牌的主要认识。品牌的内涵将形成对于品牌诚信的简单印象，这将会是顾客在想到这一服务机构时映在脑海中的第一形象。

没有什么因素对于一个品牌内涵的影响会大过顾客在该机构中的切身感受。机构控制的信息，例如广告，可以在品牌发展的过程中起到重要的作用，这其中包括形成认知，鼓励顾客去体验这一服务以及从文字和形象等方面去建立品牌的诚信。不过这些信息并不能维护一个低劣的服务，如果顾客关于某一服务的体验与其广告宣传的不一致，顾客当然会相信他们自身的体验而不是广告。聪明的管理者知道，随着时间的推移广告的效果取决于广告所宣传的商品或者服务是否与机构承诺的相一致。[7]

对于有过切身体验的顾客来说，品牌认知与品牌内涵都影响着"品牌资产"，但是这种影响的程度是不同的，品牌内涵的影响要更大一些。

一个顾客如果知道某一品牌但是并不喜欢它，那么他会尝试做出其他的选择。品牌价值是指某特定品牌在与某无名品牌或者编造出来的品牌的比较中得出的一种营销优势（正面价值）或劣势（负面价值）的度量。顾客的切身感受在一个商品品牌的形成过程中作用突出，类似于它在服务品牌形成过程中所处的地位。不过对于劳动密集型的交互式服务来说顾客的这些体验首先来自提供这些服务的人，其次才是制造出的产品。一个劳动密集型的交互式服务品牌价值与其第一线员工提供的服务质量是一致的。服务提供者的表现会将一个机构的品牌期望化为现实。

梅奥诊所的领导者们在经营多年后已经直观的认识到，员工们服务时的表现才是"活的品牌"。员工们每次提供的服务都会对机构的声誉造成正面或负面的影响。因此，梅奥一贯注重提高服务质量而不是进行更多的广告宣传。通过患者及其家庭的正面体验来创造梅奥的良好形象（品牌内涵），从而进一步创造出良好的口碑（外部品牌传播）。梅奥的领导者早就知道："……品牌的传播……依靠的是两条腿……"这与服务研究者莱斯利德·彻纳东尼与弗朗西斯卡道奥尔莫·瑞利的观点不谋而合[8]。

在图8-2中从"患者在机构中的体验"到"外部品牌传播"的垂直箭头体现了梅奥营销哲学的本质，那就是提供的优质服务要让患者及其家属印象深刻，从而使他们感到有必要告诉其他人。这也就是为什么梅奥这么长时间都不需要营销部门的原因，真正的营销人员就是那些提供服务以及接受服务的人。

一个来自小城镇的大品牌

明尼苏达的罗切斯特真的不像一个可以创造标志性健康护理品牌的地方。这个故事现在已经广为人知了：兄弟俩和他们的父亲赢得了他们临床护理的良好声誉，最初，这只是在家乡的农民、牛仔以及那个贯穿于上中西部的小社区的生意人之间传播。之后有成百上千的男人、女人、儿童在梅奥医生们的诊治之下状况得到了明显的改善且生命得到挽救。

得到专业团体的认可就要慢得多了。1899年威廉·梅奥医生向美国医学科学杂志投了一篇文章，那是当时最好的医药学月刊之一。那篇文章的内容包括威廉医生亲自完成的超过105例胆囊以及胆管手术。杂志的编辑对文章中提到的手术数字有些怀疑，于是他开始了调查。当时罗切斯特的居民只有不到6 000人，以前从来没有一个费城的外科医生完成过那么多的胆囊手术；而在一年前的一项调查中，在路易斯维尔所有的医生做的同类手术加在一起只有106例。这位编辑因此推断这篇文章中的数字不可能是真的，因而拒绝发表这篇论文[9]。

查尔斯·梅奥医生在观摩完著名的芝加哥外科医生贝克的一次手术后引起了后者的注意。在他们的交谈中，查尔斯医生无意中提到了他所做的这类手术的数量要比贝克医生还多。当贝克医生跟他的一个同事说起这件事的时候，这位同事说他也听说了这一件事，在美国医学联合大会上，许多与会的外科医生都不相信威廉医生报告的手术量和临床成果。他建议贝克医生接受邀请去罗切斯特看一看梅奥兄弟所讲的事是不是真的。在之后的一个星期，贝克医生真的去了那里。"他观摩了兄弟俩做的几个手术，手术的技术是他很少能看到的"。在进一步参观了医院以及拥挤的患者人群后，他相信他们的报道和成果是真实的[10]。这次参观为兄弟俩打开了顶级医学杂志的大门，也为诊所从世界各地带来了数量稳定的外科访问医生，他们都是专程来到偏远的罗切斯特去参观他们的技术的。

在兄弟俩开始他们事业的时候现代外科手术还处于发展初期，因此像梅奥医生们这样的创造性和创新性的开拓者对于整个行业都有着广泛的影响。现代麻醉学的产生给外科医生提供了更多的时间使他们可以完成复杂的外科手术，但是在兄弟俩投入工作的19世纪80年代，大多数外科病人的死亡都是由所谓的"成功的"外科手术并发的术后感染导致的。

虽然兄弟俩是很有技术天赋的外科医生，但是梅奥的成功应当主要归功于他们及早的采用消毒手术技术以及他们对圣方济会修女们"清洁就是敬神"信仰的完善。这样的美誉以及最终形成的梅奥诊所的品牌都是基于来治疗的普通民众对治疗结果的满意以及后来同行们的赞赏，后来在顶级医学杂志上发表的临床结果也起到同样的作用。

通过关注患者的需求，在超过140年的漫长岁月里，梅奥诊所的医生和领导者们不经意间打造了一个强大的健康护理品牌。直至今日，一些梅奥的领导者仍然拒绝接受梅奥是一个品牌，以防将健康护理的焦点转移到商业上而忽略了患者的需求。公平地说，梅奥诊所这个品牌是这个机构年复一年地将自己的重心集中在对患者的服务上而产生出的副产品。梅奥诊所关注的是各种服务的发展，而不是品牌建设，却同时收获了品牌和声誉，这要比任何捐赠都更加珍贵。

提供值得论道的护理

依赖于患者自发的口口相传，梅奥的市场覆盖了全美的每一个角落，甚至还包括国际患者。不过总体来看，即使加上来自3个营业点附近的本地患者，梅奥诊所所占全美医院总的市场份额依然很小，只有大约0.37%。在各个州或者大城市附近距离某一诊所数百公里之内通常每年只会有0.01%的人到梅奥诊所就诊。举例来说，在一个地理区域内如果有大约1 000万人口，则仅会产生1 000个梅奥的患者。因此从经济学角度而言，即使它能使当地的市场占有率成倍增加，大规模的媒体广告也不会带来积极的利润回报。不过，获得满意服务的患者们已经可靠地为梅奥推销了一个多世纪。虽然梅奥的市场占有率依然很小，不过梅奥的品牌研究显示，这个国家大约1/4的家庭健康护理决策者们认识曾经在梅奥诊所治疗过的人，这都是因为梅奥诊所的患者们会主动地讲述他们的经历。关于患者们口头交流信息的最新研究显示，有91%的患者曾主动向别人介绍梅奥。当研究人员让这些曾经的患者估计一下他们曾经对多少人讲起过梅奥诊所时，数字平均是40人。这与一项历时10年重复了4次的研究结果一致。在调查中也询问了那些曾经的梅奥患者的人是否推荐过其他人去梅奥，大约85%的人做了肯定的回答。类似每一个这样的患者都会为梅奥带来了大约5个新顾客。[11]

这些老患者除了向他们的亲戚朋友介绍梅奥的好处之外，还有很多人通过向梅奥诊所直接捐赠的方式来表达他们的忠诚。例如，在2007年有超过97 000名捐赠者向梅奥诊所捐赠了超过3.73亿美元用以支持梅奥诊所，这些捐赠者中大多数都是怀有感激之情的老患者。2007年梅奥诊所还通过一番异常曲折的口头途径获得了一份捐赠。在早些时候，一个富有的国际企业家通过他的律师留下了他的遗嘱，为了他父母的荣耀，他交代律师把他的财产留给一所医院。通过他的律师，他了解了梅奥诊所以及诊所卓越的品质。尽管这位捐赠者从来没有到梅奥就诊的经历，也没有踏足过梅奥诊所，但是诊所的故事打动了他。正是由于这名律师对诊所品牌的了解并传到了他的委托人那里，从而最终促成了一笔400万美元的捐赠。

只有当一个品牌被市场所接受的时候它才会成为企业的一笔财富。梅奥诊所直到1996年才开始进行正式的品牌管理活动，那时诊所数十年都仅仅是在努力维护自身的声誉，就好像是机构拥有并小心地保存在保险柜里的一笔抽象的财富一样。梅奥诊所品牌的基础是信息、形象、感受以及信念，它们都被数百万的患者们储存在了他们的脑海之中，就好像唐脑子里的"梅奥诊所文件夹"一样。品牌应该是为组成市场的顾客所拥有的。不过如同我们在品牌模型中所介绍的，组织最多只能控制他们对品牌的投入，这些投入也只能使顾客产生对品牌概念和内涵的认识，这些认识决定了他们的市场行为。

梅奥诊所的品牌研究表明了患者或者健康人是如何看待这家诊所的。一个来自得梅因的患者从来没有到过梅奥，他是这样形容梅奥诊所的："对于那些深受病痛折磨，处于糟糕的健康状况的人来说，梅奥诊所就是希望，我听说过不少处于这种困境中的人，没有人可以帮助他们，直到他们来到了梅奥诊所并且真的在那里得救了。"一个来自达拉斯的患者也认为："当你真的生病的时候你应该去梅奥……你只会在发生了什么特殊事情的时候才会听到梅奥。"另外一个来自得克萨斯的患者说："那是最好的选择，可以处理最棘手的疾病并完成最困难的治疗。"一个加利福尼亚的息者有一些不同的认识："我是和梅奥一起长大的……我所知道的都是道听途说，但她的确是一个传奇……我们应该相信她……她是一个代表希望的符号。"梅奥的品牌监控调查跨越了十几个年头，调查显示有大约3/4的美国家庭健康护理决策者都支持这样的说法——"他们为梅奥诊所的存在而感到欣慰。"这种优质的品牌形象和前面提到的种种表现，使得人们在需要医生的那些痛苦时刻会想要找到梅奥诊所。

那些在梅奥诊所就诊过的患者发现他们的就诊经历使得他们对于梅奥诊所的护理和价值观模式有了更多的直观感受。例如，一个加利福尼亚的患者把梅奥比喻成了一个有4个箭头指向圆心的圆，这个患者解释道："患者就是那个圆心。"另外一个患者把梅奥比喻成了一只表，他说："他们把时间都花在了患者身上。"同时还有一个患者用人性化的语言这样描述梅奥诊所："优雅的，久经世故但是又是谦虚的。既不傲慢也不任性……默默地耕耘着。"其他的患者们也纷纷描述了他们眼中的梅奥品牌：

- "（内科医生）应该属于某些比他们本身更伟大地东西……历史、传统。"
- "梅奥的商业元素被剔除了……他们有着更高的道德标准……这让我对他们的诊断充满了信心。"
- "那里的医生是出于对医学的热爱，而不是对金钱的追求。"
- "梅奥就像是一曲指挥精确的交响乐……运转的很和谐……一个

人是无法做到这些的……团队、合作以及相互包容。"

- "是什么令梅奥如此的独特，答案是她的医生团队……医生和他
们的同事们之间互相的监督……他们不断进步、富有效率、细心
谨慎、团结协作。"

梅奥诊所永远不会自己这样标榜。梅奥永远努力坚持以团队协作、
患者中心和利他主义为梅奥服务的核心——梅奥的领导者们对于患者能
够感知到诊所的真正的意图心存感激。其他的一些评论可能对现实有所
夸大，例如那条剔除"商业元素"的评论，不过这种品质与第5章所讨
论的"有薪水的医生"是相近的，都主张把临床的建议中的经济利己主
义剔除出去。当患者们在诊所就诊之时会注意到很多细小的线索，因而
由他们推广的诊所广告的传播范围、频率和效果是令人羡慕。高水准的
健康护理服务为口头信息传播创造了一个绝佳的机会。通过提供值得称
道的医疗护理体验，梅奥诊所抓住了这样的机会。

谨慎地拓展品牌

直到20世纪80年代中期，想体验梅奥品牌的方法只能是到明尼苏达
的罗切斯特去。不过在20世纪70年代中晚期，诊所的领导层已经开始考
虑建立另一个业务基地了。董事会确实听到了一个不错的建议，将第二
个营业点建在佛罗里达的杰克逊维尔，不过董事会当时并没有决定执行
这一计划[12]。领导者们对于只有明尼苏达一个营业点的未来感到有些不
安，明尼苏达是维护健康机构（health maintenance organizations，HMO）
的一个早期试验点。他们担心这个非常重要的地方市场会将通往梅奥的
大门关闭，如果患者们都去了封闭的团体HMO的话，患者们的就诊范围
被限制在同HMO签约的医生群体里。再说，医疗保险支出也成为了一个
政治问题。尽管有医疗保险的患者是受益的，但是在80年代中期从"服
务费"到"病例费用"的改革中，医疗利润被压低了不少，因为这种改

革的目的就是为了控制医疗保险的支出。此外，梅奥的领导者们还感到越接近南方的阳光地带的患者们，就越能保证诊所的长期发展。

尽管并不了解有关尚未开发的品牌管理模式的知识，领导者们仍然从直觉上意识到梅奥诊所的名字是一笔财富（品牌价值），会给他们认为多样化的商业经营方式提供方便。"杰克逊维尔计划的最早版本始于一位患者捐赠人，并得到了几位梅奥领导者的支持，不过并没有成为最后商定计划的一部分"梅奥诊所的前首席执行官罗伯特·斯莫德回忆说："不过在1983年，我们经过历时3~4个月的会议，通过了一项正式的战略计划，这一次董事会没有提出异议。"正是这个计划为梅奥诊所带来了自兄弟创始人于1939年去世后最大的变化。

在1983年的那次的讨论中，我们关注了品牌拓展的4个问题。前3个问题立即就获得了董事会的同意：

1. 拓展地点选在佛罗里达的杰克逊维尔和亚利桑那的斯科茨代尔，它们分别在1986年和1987年开业。

2. 将梅奥医学实验室从一个地区机构转变为全国乃至世界性的服务机构。

3. 向公众发布健康信息。

4. 发展一个由医院、诊所组成的团体网络，也就是后来的梅奥健康系统，该系统于1992年建立。

时至今日，从战略的角度来看，这四个品牌发展举措都是成功的，凭借打着梅奥品牌的服务和商品为梅奥的品牌价值做出了积极的贡献。当然，如果上述的内容并未得到很好的执行，那么也会面临巨大的品牌风险。

地域扩张

诊所业务的地域扩张会伴随着巨大的品牌风险，因为这涉及到诊所护理的品牌核心——患者在梅奥诊所的体验。如何成功的将罗切斯特的顾客——或者患者所感受的核心特征复制到杰克逊维尔和斯科茨代尔的新营业点是主要的挑战。这需要很多不太了解梅奥的新员工在一个新的环境、新的社区、新的地区文化中提供同梅奥诊所一样的无瑕疵的服务。回顾往事，尝试着复制由梅奥家族传承和在1983年已经有810名医生和7 500名员工所共同创造的罗切斯特那世纪老店的经验，这确实有些大胆。在每一个新地点都有一座主楼，面积超过40万平方，不过员工数要少一些，分别有大约40名医生和250名员工。

　　或许这并非是什么不可思议的事情，通过细致的计划以及对患者体验本质的理解可以成功的降低品牌风险。为了达到这一目的，管理部门做出了两点承诺：（1）尽可能地让新营业点的患者获得完全相同的体验。（2）通过派遣有经验的梅奥医生和管理者把梅奥的文化带到杰克逊维尔和斯科茨代尔。

　　建筑物的设计被认为可以有效地给新营业点的患者带来相同的梅奥感受。以患者的诊室为例，可以说是完完全全的依照罗切斯特诊室的大小、设计和设备复制过来的。虽然在这两处诊所的大楼都要比罗切斯特20层的诊所大楼小一些，不过建筑的设计、内部的设备都体现出与本部相同的风格，此外，诸如患者的预约、病历记录以及患者通信系统等也都完全复制了过来。新营业点的每个细节都让人觉得从开业的第一天它就已经具有了梅奥的品质。实质上，患者的满意度调查在杰克逊维尔和斯科茨代尔两地开业时就已经展开了，调查结果发现这两地的患者满意度与罗切斯特相比没有明显的统计上的差异。

　　杰克逊维尔和斯科茨代尔诊所在开业时就有从罗切斯特调来的有经验的梅奥医生和管理领导所组成的坚实核心。这两家诊所各自的40名医生中都有大约25人是来自罗切斯特的，整个的管理团队以及大部分的业务骨干也都来自罗切斯特。正如我们在第6章所讨论的，梅奥会雇用与他们的价值观念一致的员工。此外，为梅奥品牌工作也发掘出了很多优秀员工。员工们也知道珍惜诊所声誉，谁也不希望自己的表现配不上这样的声誉。举例来说，亚利桑那诊所的一个在挂号处工作的年轻女士讲述了她的表现是如何超过了她的工作要求的。如果患者感到困惑或是焦虑，她就会亲自带着他们找到他们预约的地方。她承认，她在梅奥比在其他地方都表现的更好，因为她不想因为任何一件事没有做到最好而让梅奥的形象受损。通过提供员工们传递高水平的服务所需的工具和时间而使员工们给患者创造梅奥顾客体验成为可能。

虽然患者的感受被成功的复制到了两个新的营业点，但是战略点的其他部分仍然不很清晰。六战略虽然已经初具雏形，但是正如杰克逊维尔的第一个首席执行官卡勒顿·莱德的评价："微观战略计划即营业点战略计划被忽略了。我们是从一家小的多专业诊所开始的，但是我们却没有真正的计划过接下来该干什么。"后来成为梅奥首席行政官的罗伯特·华勒医生说，他在1984年提交给董事会的一份修正案中提到了那个被遗忘的计划："对于将来怎么办，我们并没有确定全部的细节。"之后他马上解释了个中的原因："相比较大楼、系统以及需要完善的服务等具体细节，当人们决定在一个新地点建设一个新的服务团队时似乎更倾向于讨论需要建造的设施而忽略了其他方面。"[13]

卡勒顿·莱德评价道："当你把梅奥诊所的种子投进大地，就会长出3株嫩苗——临床护理、医学研究和教育。"假以时日，这些新营业点就会发展成为一个成熟、完整的梅奥诊所，这也正是梅奥领导们的计划。10年前的董事会曾因只有一家诊所而感到发展停滞不前，现在通过成立两家新的梅奥诊所，向前的势头又恢复了。今天几乎没有人觉得这是个错误的决定。

不过一个不曾预料到的品牌危机开始显现。由于没有明确这些新营业点与罗切斯特之间的关系，显得他们之间似乎是简单地拼凑在一起。最近一个领导者曾在一次采访中提到，这种模糊的关系使得这些营业点会表现出"它们领导者的个性"。除了一些临床的部门，尤其是神经学和神经外科从一开始就表现出了一些合作关系。对于其他的学科，新的领导者们希望他们的计划可以远离罗切斯特，他们把罗切斯特看成是一个竞争者而不是一个合作者。就这样，紧张气氛在诊所之间开始蔓延。

2004年梅奥诊所的领导者们向前跨出了一步，他们决定将这3个营业点间不明确的关系确定下来，"同一个梅奥"成为了行动的口号以及战略目标。这等于着重明确了几家营业点之间应该在战略上、行政上以及临床上尽可能的通力合作。这确实带来了巨大的变化，这样一来管理的核心就集中在了一个委员会身上，而不像以前那样有3个，所有的营业点都会遵照一个战略计划来发展。在2006年，3个营业点同时开始使用首个通用行政管理软件用于财务和人力资源等方面的管理。梅奥诊所的肿瘤中心也获得了国家肿瘤机构的认可，成为了首个多院区的"综合肿瘤中心"，这印证了这些院区在肿瘤研究与治疗间的默契协作。梅奥诊所的移植中心以及其他一些或大或小的临床部门也实现了跨院区的协作。行政管理部门诸如，发展部、采购部、计划部、公共关系部、人力资源、财务以及信息系统等部门也在很大程度上解决了原先挡在各个院区员工之间的障碍。

分处3地的梅奥诊所仍在继续发展。一个几乎被忽视的事实是，过去的20年里，在亚利桑那和佛罗里达两地诊所运营规模有显著增长的同时罗切斯特也在增长。例如，罗切斯特的运营规模随着员工的数量与新建的设备而增长，几乎等于另两个营业点的总和。不过有一件事是确定无疑的，这也是梅奥品牌的核心：以梅奥名义进行的任何医疗护理都必须达到同样优秀的高水平。

回顾诊所的最初20年，卡勒顿·莱德认为梅奥兄弟对于罗切斯特的诊所并没有一个战略的规划。在那个时候他们最重要的合作者——圣方济会的修女们，因为一场龙卷风而来到这里，虽然威廉·沃瑞尔·梅奥医生不是很情愿地提供了支持，修女们还是建起了一所医院。亚利桑那诊所的首席行政官特拉斯特克医生，也提到了这一点，曾经和现在一直在亚利桑那和佛罗里达付出辛苦努力的人才是"真正的先锋",因为他们创造了一个在大都市市场成功的梅奥品牌。他们现在仍然在为这些新的市场中的后来者们"铺平道路"。

梅奥医学实验室

拥有超过800名员工的梅奥医学实验室(MML)是一个临床相关的实验室,它的服务对象是那些大医院,其中包括许多学术医学中心。那些真正的实验测试和分析通常在梅奥诊所的医学和病理学实验室进行。MML的市场定位在于那些很深奥的实验,这是其他的实验室很少进行的。从更大的范围来看,普通患者并不了解实验室的运作,因为这纯粹是企业与企业之间的活动。

早在20世纪70年代梅奥诊所的医学和病理学实验室就开始为罗切斯特周围的医生和医院提供一些复杂的非常规的临床检测服务了。最初,这些服务只是利用实验室的剩余资源来产生利润。这一方案的价值不仅包括提供检测的数据,还在于梅奥医生与社区医生间可以就检测结果及其意义进行交流。前梅奥亚利桑那诊所的首席执行官同时也是病理学家的迈克尔 B. 奥沙利文医生与前经理杰拉德·沃尔纳一起建立并实施了这一方案。奥沙利文医生从一开始就强调梅奥的目标并不是从当地的医护市场里分一杯羹,而是帮助整个地区的医生提高水平从而为他们的患者提供更优质的医疗服务。几个销售人员和受检样品的快递服务给这条生产线提供了支持。

在20世纪80年代中期,MML从为地区服务转而向全美甚至全世界提供服务,他们的工作重点依然集中在那些棘手复杂的实验检测。时至今日,每天都有大约2.5万到3万份样品通过快递运到梅奥实验室,并在那里进行相应的检测。回想起这一业务早期的艰苦岁月,奥沙利文医生说:"尽管在那个时候'品牌'是个很模糊的概念,但我们依然时刻注意不去损害梅奥诊所的声誉"。有趣的是，他在1971年所提出的那份建议中也说："虽然我们的方案是以利润为导向的，不过利润不应该也不能是我们的首要动机。"董事会在MML中看到了潜在的利润增长空间，利用它可以支持医学研究和教育。从梅奥兄弟开始，医学研究和教育是用临床手术的利润来支持的。不过，医疗保险以及其他付款人把服务提供商的利润空间压缩的越来越小，使得从医疗服务中获得的净利润已经不足以支持这项使命。

MML品牌拓展的成功是因为它把临床的知识转化成了实在的商业活动。这种拓展并不需要大笔的资金投入，因为它体现在服务之中，完全依赖于梅奥临床实验室每天提供的高水平服务。风险都被限制在了服务的基本元素里——顺畅的运营后勤保障，比如，样本的提取、运输，检测结果的电子沟通以及必要时的面对面的协商。不过梅奥的领导者们从运行的大型盈利实验室中感知到了危险，他们认为那有可能会影响梅奥诊所作为一个纯粹非营利机构的定位。随着实验室的在全国各地都派遣了销售人员，梅奥诊所的商业化的转变为保守的机构带来了一些不适。

现在，在经历了若干年利润的两位数增长之后，MML为整个机构带来了挑战，它尾随成功而至。在2000年还有7家实验室竞争相关实验室业务的市场份额，但是现在包括MML在内仅剩4家。MML不再利用实验室中的剩余资源来完成业务，而是承担了诊所检测任务量的一半。MML的成长已经超过了诊所的核心业务——患者的护理和手术——的增长速度，MML业务在诊所中占据了很大的比例。"这些都是幸福的烦恼。"医学和病理学实验室的主管，富兰克林·柯克里尔医生说："我们的增长体现了市场对不同服务的需求。在每份报告中我们提供的不仅是实验数据，还为我们的客户提供一个直接与专家顾问交流的机会，有大约150名专家负责帮助我们的客户——那些医生们会更好的使用我们提供的数据。"MML已经成为一个成功的庞大的盈利系统，它甚至在临床实验室业务中建立起了自己的品牌。为医院以及医生客户所提供的高质量的服

务不仅成功的创造了经济效益，而且也在一定程度上改善了梅奥品牌服
务商品化所带来的危机。

健康信息

在20世纪80年代早期，梅奥诊所的领导层批准成立了一个管理部门，
该部门负责发布健康信息。最初的1983年出版的那份出版物的名字叫梅
奥诊所健康通信，而后在1990年又出版了一本梅奥诊所家庭健康手册。
这个决定为第一次品牌拓展创造了机会，它使梅奥品牌在患者市场上的
影响迅速扩大。由于开始利用梅奥诊所的品牌去创造收入来维持临床研
究和教育，许多领导者都担心诊所原来的无私之名会受到影响。今天梅
奥诊所已经有了一个充满活力的患者健康信息发布机构，它同时通过印
刷品和电子媒体来发布信息，并经营着多方面的健康信息业务。

很多健康护理机构每年都需要花掉数十万美元来给他们市场范围内
的居民们邮寄新闻通信。梅奥诊所利用他们的品牌成功地把这种模式掉
了个方向，每年都有大约80万人订阅他们的两份通信：梅奥诊所健康通
信以及梅奥诊所妇女健康资源。不过这有一个非常重要的区别：梅奥并
不在他们的出版物中推销自己。这两份通信提供了实用、可靠、最新的
健康资讯，这些信息既可以指导患者同时又能帮助增强梅奥诊所的作为
医学专家的声誉。那本1448页的梅奥诊所家庭健康手册的销售量已经超
过100万本，而且已经出了它的第3版。随后，一些从食谱到一系列的重
大疾病书也陆续出版。总的来说这些健康信息的出版物所服务的人群要
大于诊所本身的服务人群。品牌在健康信息领域富于弹性的拓展，可以
帮助患者们自己打理自己的健康，这已为市场调研所证明。

健康管理资源部在20世纪90年代就认识到了电子媒体的重要性，并
开始发行CD版资讯，CD版也包括梅奥诊所家庭健康手册。该部门还在
1996年就开设了一个健康信息网站（MayoHealthOasis.com），这是互联

网上最早的健康信息网站之一。在2000年随着整个机构对梅奥诊所品牌的完全认可，网址被改为了MayoClinic.com。这些工作也获得了回报，现在该网站每个月的访问量超过1 300万次。

网络帮助梅奥诊所再一次拓展了边界。同时.com的域名也带来了一个不小的问题，患者信任的一个品牌怎么会是非商业性的呢？不过通过市场调查发现很少有患者清楚".com"代表的是商业性一词。对患者免费的MayoClinic.com网站的经费来源主要是一些经营保健产品的企业提供的广告和赞助，此外还有一部分经费来自其他网站对梅奥网站内容的转载而支付的费用。时至今日，美国的批评家们依然怀疑患者们能否把梅奥的各个部门看成一个整体，特别是当发布健康信息的内容，比如说，刚好是有某家药品公司资助，而这家药品公司的产品刚好就在这一疾病的药品名单上的时候。现在这些广告内容已经经过了数十年的检验，梅奥诊所的整体性看起来并没有受到影响。

不过，在现今情况下诊所面临的更大问题是，在互联网上同时有着两个为患者服务的梅奥网站：MayoClinic.com主要为患者提供健康信息，而MayoClinic.org则主要提供临床服务和预约信息，还有针对患者的电子服务系统，两个网站都可以通过搜索引擎检索到。编辑们自己当然很清楚这两个网站之间的区别，不过普通患者们就有可能会被搞晕了。试想当患者们想要找寻健康信息或者预约信息的时候，一上来就选错了网站恐怕就会感到一头雾水。最近诊所对这两个网站的工作团队进行了改组，使他们归于统一的领导之下，这增强了他们之间的统一性同时也减少了患者的困惑，从而更好地为患者和普通消费者服务。

在20世纪90年代的中后期，健康资源部将印刷版和电子版的健康信息拓展成了一条产品线，他们的服务对象是一些大老板和保险公司，为他们提供一种能够帮助员工们更好的照看自己身体的定制化的工具。"梅奥诊所生活方式指导"以及"问问梅奥"护士专线，是两条为这些老板们以及保险公司进行服务的电话专线。在生活方式指导专线中，咨询师们会对每个客户进行一对一的单独指导，帮助他们选择更健康的生活方式。在2008年这个服务已经扩展到了生活方式中的5个方面：健康的体重、身体锻炼、营养搭配、压力调节以及戒烟。"问问梅奥"护士专线由梅奥诊所的注册护士们负责，她们会解答患者的疑问并提供健康信息，从而帮助对方获取足够咨讯后再做出健康护理的决定，同时也可以让患者们更合理的利用各种健康护理资源。梅奥戒烟专线则是让受过专门训练的咨询师为那些打算戒烟的烟民们提供帮助。这一专线是由梅奥自己的尼古丁依赖中心建立的，老板们以及一些州的烟草戒除计划项目往往会成为这一专线的客户。

梅奥的一些现任领导人认为品牌目前仍面临三个风险：（1）通过还没有获得广泛认可的方法来完成梅奥品牌的商品化可能会损害梅奥整体性声誉，这些被认为不合适的方法包括在营销活动中将一些印刷品如实时通信等直接邮寄出去，以及在MayoClinic.com上对诊所进行推广和宣传。（2）不知不觉中梅奥诊所就有可能被重新定位成一个健康信息的来源，而不是一个解决重大疾病的医疗服务提供者。（3）梅奥诊所的众多部门各有各的使命，这些使命都是平等的，但是在他们彼此频繁且多样的沟通中能否完成为病患者服务的最主要的使命。

关于第一种风险，从其些人看来，直接邮寄包裹的方式会使梅奥诊所的形象受损，这与诊所卓越的品质很不合拍。不过，从无论是定性的还是定量的市场分析来看，这种营销方式都没有给品牌带来负面影响。当然，市场调查也可能会有一些疏漏。公共关系部的主管约翰·拉富尔贾把梅奥诊所已经建立起来的品牌比作星星的光芒，他说，"我们今天看到的东西都是早就发生的，就好像祖父的经验又应验了一样。"所以今天犯下的一些错误，可能几年之内都不会显现出来，不过这也就意味着被发现的时候已经太晚而无法挽回了。

对于第二种观点，定位的问题——就更加模糊了。不过我们能确定的一点，就是无论是从印刷品上还是网站上读到的信息都不可能与患者直接与医生接触时所获得的感触相提并论，这两者所形成的品牌感受是截然不同的。市场调查显示，健康信息的读者同病人相比只会对品牌产生一个浅显的认识，不过他们却记住了梅奥是高水平临床护理的品牌。事实上，他们对于梅奥诊所的认识要比其他的患者们更为丰富，而后者往往只是模糊的认识到梅奥是一个"最终的选择"。

至于第三点风险，与梅奥诊所次要目标之间的竞争，反映出各部门之间的复杂关系。每一年不仅仅健康信息部门会发出数以百万计的邮件对健康信息的定购和销售进行推广，同时发展部门也会向潜在的捐赠者们发出邀请信，销售代表们向各公司推销康健资源。当然所有的这些行为都有其本身的价值并且也获得了机构的认可，不过他们并不与诊所那数十亿的业务有很大的关系，那才是梅奥诊所的核心与灵魂，那就是每年为超过50万的患者进行的服务。"那些频繁多样的沟通确实增加了从梅奥诊所获得准确信息的难度。" 拉富尔贾说。

梅奥健康系统

20世纪80年代HMO对未签约的患者开始造成威胁，这种情况到1992年比尔·克林顿当选美国总统签署了医疗改革法案以后变得更加明显。许多健康护理机构希望这一次美国的健康护理行业可以被划分成地区性的网络系统，这样一来HMO以及保险业者也包括医生们和各家医院就可以成为一个封闭系统中的某一环节，他们也将只为一些特定的人群提供医疗服务。如果患者们选择这一网络之外的医生或者医院就诊，他们的支出就会增加很多。于是全国的医院和医生团体都在尽量寻找合作者以免自己被这个网络排除在外。

位于罗切斯特的梅奥诊所也不可避免地受到了这次改革的影响。罗切斯特的各大医院和诊所都开始通过兼并和收购来组建自己的网络。在罗切斯特周边200里范围内的村庄、城镇、小城市的患者们超过50%都会到梅奥诊所就诊，梅奥需要保护自己的"地盘"以免这些重要的业务被其他竞争者夺走。当然梅奥诊所也是一个极有吸引力的合作伙伴，不少诊所和医院的经理们与梅奥协商，希望通过某种方式加入梅奥。到1992年年末，两家多专长的诊所及一家社区医院开始加入本世纪最成功的一个网络之中。[14]

位于爱荷华州迪科拉的第一家诊所被冠名为迪科拉诊所，一家梅奥地方诊所；接下来威斯康星州欧克莱尔的米代尔福特诊所也加入了这一网络，冠名方式与前者相类似。之后米代尔福特诊所的第一家合作医院也成为了这个网络中的一分子，它被冠名为路德医院，一家梅奥地方医院。梅奥的命名方式与许多其他机构相反，后者通常会把集团的名字放在前面而把所在地放在后面。

不过，"梅奥地区医院"和"梅奥地区诊所"的名称也不符合梅奥所设想的组织结构。迈克尔 B. 奥沙利文医生在20年前还是一名年轻的病理医生，他不仅在MML的创建中贡献了力量，也在上世纪90年代参与了诊所与医院地方网络的发展。他评价到："虽然梅奥诊所与她的两家罗切斯特医院的合并时间还不足10年，不过我们已很清楚地认识到，这些区域性社区应该努力实现各诊所和医院之间的整合。我们希望可以把各个医院和诊所整合成一个统一的区域性实体。"米代尔福特诊所的总经理威廉·拉普医生促进了这一模式的发展并促成欧克莱尔一家地方诊所同梅奥健康系统的合并，这是在第一次合并之后的12年间实现与梅奥健康系统融合的第13家医院 同时也是第一家医生团体。

最终，品牌战略问题仍然是一个开放性的课题，各种想法层出不穷。首先，梅奥诊所对它在患者心中的形象比较敏感，她不想被人当成是"一只将近400公斤的大猩猩"，不想被看成是一只闯入社区只为取代当地健康护理机构的怪兽。更重要的一点是不要让网络的发展模式成为简单的取而代之；第二点，梅奥健康系统的首个行政领导也是现今担任亚利桑那诊所首席执行官的詹姆士 G. 安德森说："我们和服务提供商间讲得很清楚，我们不会干扰他们的业务运营模式。如果他们推荐患者到梅奥诊所就诊，我们也乐于为这些患者提供服务。此外，我们也确实有共建未来的设想，这可以帮助他们更好地服务于他们的患者。"品牌管理确实应该体现出管理的本地化；第三点，那些非营利性的本地医院是从属于社区的。这些医院或者诊所的服务对象甚至囊括了一个家庭的三代老小，而那些家庭也都对当地医院有捐赠，捐赠对象并不是梅奥诊所。因此，品牌战略就要求梅奥必须重视社区对于本地医院的热爱与忠诚；另外，这些本地医院和诊所也在当地市场上拥有他们自己的品牌资产；最后，通过融入梅奥基金会而形成的这些新的关联单位并不等同于梅奥诊所，从品牌内涵角度讲，梅奥诊所就意味着那三四家高水准的诊所，这在对于大多数地方社区的医院是无法做到的。梅奥诊所是那种当其他地方都无计可施时患者的唯一选择，而梅奥健康系统的各家诊所则是普通患者的首选。即使今天，超过70%的梅奥健康系统的医生都是初诊医生，当然其中一些比较大的诊所也有一些专家坐诊。

解决上述问题的办法就是尽可能的保持地方医院和诊所的特性，同时也要规定清楚他们与梅奥之间的从属地位。欧克莱尔的米代尔福特诊所与路德医院之间通过合并运营形成了路德米代尔福特-梅奥健康系统这一实体。在一些社区，合并后的医院和诊所会用城市的名字之后再加上"医疗中心"作为自己的名称，例如，奥斯丁医疗中心-梅奥健康系统。这些医院/医生组织的最主要的特征就是拥有地方性的相似名称，在欧克莱尔就混用了医院和诊所的名字。在这个标识的设计中（参见图8-3）"梅奥健康系统"作为副标题，字号小于当地医院的名称，以表示梅奥对这一品牌的认可。在这里使用了"梅奥"而不是"梅奥诊所"是有意的体现出与"梅奥诊所"之间的差别。当然"梅奥"一词的出现说明该业务已经为梅奥所认可，这就像是一个得到批准的标志。更进一步，借由这种关联还暗示着梅奥诊所将会介入并确保提供高质量的社区医疗服务。

Luther Midelfort

Mayo Health System

图8-3　梅奥健康系统的标识

无论对于梅奥诊所还是地方社区，这样的健康系统都是成功的。"通过健康系统，地方社区的健康护理服务得到了巩固加强，医院以及医院的服务通常都有很大的风险，为此我们在大多数的社区医院中将医生的数量增加了一倍，"梅奥健康系统的医务经理彼得·卡莱尔如是说，"另外，手术效率的提高，让这些社区系统可以支付起自身仪器设备的更新费用。这样的健康系统每年都在提升服务水平，最为重要的是在67个地方社区中为患者提供的医护服务都有了改进，因为说到底患者才是一切的核心。"从这些社区来到罗切斯特就诊的患者数量也在稳步提高。无论从哪个方面来说这都是一次成功的品牌拓展。

品牌维护

最初，梅奥的目标是为了保护家族荣誉和名字。在梅奥兄弟成功地实现目标的时候，那些怀疑者、愤世嫉俗的人、反对者以及江湖医生们躲在光环背后。最大的反对力量来自于那些医学团体，尤其是在上中西部地区。在这紧张关系中的"第三方"就是出版社，煽动性的记者们把梅奥的故事添油加醋以达到轰动效果，尽管这些都没有任何事实根据。最具煽动性的一篇文章出现在1909年4月份的《人类生活》杂志上，在那篇文章中作者对于梅奥兄弟的成就进行了夸张的描述："在他们的手术刀下从来没有死过一个病人"，"皇帝也费尽心机的希望能够说服他们移居到德国"，"全世界病人在绝境中的选择"。出版商也采取了一种很不合时宜的营销举动，他们把这份读物免费送给了全国的医生。于是医生们就有了这样的推测，一定是梅奥兄弟俩主动资助了该文的发售，从而为他们自己进行宣传。而事实上，文章的作者甚至没有采访过兄弟中的任一人。

威廉医生觉得这是一种侮辱，特别是当一位艾奥瓦州的同事专门写信给他，告诉他"不邀请"他在州际AMA大会上发言，因为那篇文章使得该州的医生们怒不可遏。最终，兄弟俩通过发表在《美国医学协会杂志》上的一篇文章做出了回应。他们做了这样的申辩："很难想象，医药行业内任何一个客观公正的人在读过这篇文章（就是发表在《人类生活》上的那篇）后会相信我们与这篇文章有关……居然有人会认为两个40多岁的人和一个90岁的人会在深思熟虑的情况下采取这种手段来败坏一生的事业和名誉，这太让人难以理解了。"梅奥兄弟甚至在"《人类生活》"事件之前就对这种推销手段感到愤怒。举例来说，作为回应，威廉医生在1908年的回信中拒绝了一家报纸的采访邀请，在信中他这样解释道："公众区分有名望者与吹牛皮者的唯一途径就在于宣传，受人尊敬的人物不会允许别人通过这种方式使用他的名字。"[16]数十年里，诊所对待宣传的态度一直是慎之又慎。

梅奥诊所现在的领导们很了解建院者的意图：品牌——梅奥诊所的声誉是最宝贵的财产。约翰·拉富尔贾说道："如果你足够了解品牌是无价之宝的话，就会明白没有哪项资产的价值比这更重要，并且作为品牌的声誉一旦失去，就会永远的消失。任何的补救措施最多也只能起到部分作用。"1997年，梅奥诊所建立了一套正式的管理流程，随时间的推移保护梅奥的品牌。品牌保护中的主要角色是品牌小组、内部法律部和管理委员会。忠实的患者和员工们同样扮演了保护品牌的角色，这些自发的品牌监控者会不断地向品牌小组报告可能出现的问题。

若要抵御外部力量，采取保护品牌的行动，就需要保持对现有品牌的控制。举例来说，如果一个机构在广告或其他市场宣传材料中未经梅奥允许使用梅奥的名称，内部法律顾问便会采取恰当的途径予以解决。梅奥诊所一位律师在加拿大度假时，发现那儿的一家新诊所考虑将"北方梅奥诊所"作为其名称，他感到很惊讶，于是告知法律部并通过寄出律师函处理了这个问题。每周对新注册的域名进行筛选，我们会发现所有使用受保护的梅奥名称的机构。梅奥品牌已经进行注册，并受到国际保护。然而，在2006年，一项网络检测显示一家将要开业的去毛美容厅使用了"梅奥诊所"的字样，而这是梅奥诊所在英国注册的名称。梅奥诊所的律师们与业主进行了接触并达成和解协议，那家美容厅最终更换名称。正如这则案例中所显示的，外部的问题通常由梅奥内部负责知识产权的律师进行更正。尽管法律体系运行缓慢且花费不菲，但是这些问题往往都能达成确定的结论。

对于品牌而言最大的危险来自于梅奥诊所内部。提议者们通常意图是好的，但是有一些提议、一旦无法在市场上取得成功，可能会对品牌的声誉造成潜在的损害。品牌小组能了解很多有关品牌的市场调查信息，他们会解决这些问题。在对品牌和文化的深刻理解的基础上梅奥诊所提出了"梅奥诊所品牌管理方针"，它的4项基本原则使得这些考虑更加容易：

1. 使用"梅奥"或"梅奥诊所"品牌名称的产品、服务或者相关企业必须由梅奥诊所所拥有，或者在梅奥诊所的完全（最终）控制之下。梅奥医疗系统在20世纪90年代的早期到中期发展起来，这项原则就是在这段时期明确下来的。梅奥与若干有意与梅奥达成从属关系的医院或医生团体进行了谈判，但是最终都没有成功。这其中有许多规模很大，经营成功的系统，也能够提供良好的医疗服务，但是与加入到梅奥诊所体系的医院和诊所不同，这些请愿者中的一些仅仅对"附属"很感兴趣，而不是二者的财产合并以及将自己的运作融合到梅奥中去。通过认真和广泛的谈判之后，梅奥诊所的领导层意识到只有完全的、直接的控制才最适合梅奥。

梅奥医疗系统成员们都在罗切斯特200里的范围内，就近管理是可行的。这项原则不仅适用于诊所的运作，而且适用于当今所有拥有品牌的产品。

2. 为了确保某种服务、产品或者关系的成功或名称识别而使用梅奥诊所的名称，这样的行为并不合适。在一些情况下，梅奥的领导会遇到这样的问题：一种产品概念的内部提倡者认为它在市场中取得成功需要利用梅奥诊所的名号。然而，领导坚持认为产品必须首先在没有梅奥品牌的情况下有市场生命力，只有没有嵌上梅奥牌子却取得成功的产品或服务才能获得品牌给予的额外增长力。诊所寻求将其品牌名称用在国际上高质量的产品或服务上，这些产品或服务能真正满足患者的需要，会增加品牌的价值——不能因为支持市场中某种边缘产品而使梅奥的品牌受到损害。1997年之前梅奥品牌组合中的一些产品或许并不满足这个标准，而今天不会再有品牌存在这样的问题。这种演变进化是通过市场力量形成的一般过程，而非品牌管理的正规行为。

3. 如果采取的某种方式会使品牌和机构变得"泯然于众人"，那梅奥诊所的品牌就不能被应用在这些方式上。该项有些主观的原则在很多关系到现有品牌的决策中有所体现。比如说，在与一家为梅奥提供健康信息的大型零售商合作的联合广告项目中，诊所的品牌领导力没能找到一个合适的定位，以至该合作关系最终没有达成一致。合作伙伴创造出一种成功但轻松诙谐的广告风格，这与梅奥被许多病危患者视为"最后的诉求地"形象不一致。因为这项原则比较主观，所以拒绝来自内部同事的声音会影响到机构赖以努力工作的合作精神。许多提议是善意的，但是本质上却比较业余——如从讨论中选取名字，或由一位员工设计推广海报。该原则否决了如梅奥诊所热气球、T恤衫设计和其他众多推广物品的提议。

4. 协议必须明确梅奥诊所与其他医疗卫生提供者、产业或品牌合作时，梅奥诊所品牌管理方针要起到规范作用。近些年来，学术医疗中心受到了越来越多的公众审查，内容涉及到医学研究者与药品公司和医疗设备公司之间的关系。这其实是梅奥诊所长期关注的问题。1910年以来，梅奥诊所成立了一个勘察小组，专门监督医生与产业部门的关系。目前担任这一工作的是医疗产业关系委员会。该委员会的职权强调，所有的商业关系都应该反映出患者利益至上的原则。

对于梅奥诊所和其他大部分从事研究和开发未来治疗手段和技术的学术机构而言，这是一个极具挑战性的领域。与产业部门的良好关系有利于机构获得资金，从而使产品的开发达到市场的要求。这种环境提高了医疗产业关系委员会的重要性，并增加了它的任务，因为它监管着所有个体医生、研究者和行政官员在商讨、讲话以及研究中同营利性机构的所有关系。由律师和助手组成的专门小组就使用梅奥名称的合同进行谈判，并且明确要求所有通信都得经过小组的允许。品牌小组还创立出了一套复杂的"普通法"方针，以应对这些不时的对品牌价值造成挑战的关系。

这些问题并不限于利益冲突，双赢原则依旧普遍适用。举例来说，一些为梅奥诊所提供产品和服务的公司经常会在其营销材料中对这一点夸大其词。为了防范那些公司打算利用梅奥的名字作暗示性认可，梅奥只允许有五家或更多机构的机构使用其名字，并要求所有的名称用同样的字号，并按字母顺序排列。

最终，梅奥诊所开发出了一项严格的测试，用来制定品牌决策（见图8-4）。该行为必须与机构宣称的价值观和原则相一致，并且能够提高诊所的品质、增强诊所的实力，广泛的品牌研究已经对此做出了认定。梅奥品牌弹性研究指出，市场希望梅奥只提供最高质量的产品和服务；研究同样揭示出，梅奥的品牌声誉限制了其在健康和医疗产品服务上的

MAYOCLINIC

广泛使用。人们希望梅奥的运作要超越时尚、潮流和空虚的定位。太阳镜、化妆品和非常流行的运动装会让其独特的临床品牌变得俗不可耐。在推广其品牌的过程中，梅奥诊所必须专注于宣传患者的需要和人性关怀，而非积累财富。

保护一个品牌与其说是一种定量的科学，不如说是一种人类的艺术。比如，在20世纪90年代中期所有品牌研究出现之前，梅奥的管理委员会否决了一项成熟的商业建议，即开发一种以梅奥诊所为品牌的化妆品，该产品在梅奥诊所皮肤医学部下研究开发，比市场上的其他产品更为优质。管理委员会否决了该项计划，并非出于对其潜在营利能力的考虑，而是因为委员会成员们感到该产品直觉上不像是梅奥的东西。所以领导们必须十分明确管理服务品牌模式中每种类型对品牌价值造成的影响：品牌展示、外部品牌传播以及顾客在机构中的体验。品牌研究目前已经提供了理解品牌和决策过程的结构良好的数据，但是这些决策的影响并非十分明了。最终，领导们还是必须依靠他们自己的感觉——一种基于对文化和价值观的天才般的直觉。迄今为止，梅奥诊所的记录相当的不错。

下列标准用来决定一项被提议的产品、服务或者关系是否有益于梅奥诊所的品牌名称：

1. 它是否与梅奥诊所的形象和核心原则相一致？
2. 它能否提高品牌品质、增强品牌实力，并且重视与梅奥诊所相关联的顾客和患者？
3. 以用户和产业的标准衡量，它在其类别中能否得到最佳评价？
4. 该服务或产品是否与卫生医疗确切相关并致力于此领域？
5. 该产品或服务是否在患者心中增强了这样的信念，即梅奥诊所的存在首先是为了人性关怀，而非积累财富或其他商业目的？
6. 该服务、产品或关系是否向顾客和患者传递了其期望从梅奥诊所获得的实惠？

图8-4 品牌管理严格测试

给管理者的启示

维系品牌的领导地位超过100年之久的机构是很少见的，但梅奥做到了。你很难找到具有如此持久生命力的品牌。管理者们可以从对梅奥诊所的案例研究中得到很多启示，以下我们着重讨论三点：

启示一：关注于表演者 一种劳动密集型服务的品牌质量取决于它的员工，是他们创造了顾客体验，形成了品牌内涵。正如在第2章讨论的那样，服务提供者的个人价值观会直接影响到其提供服务的质量和价值。当梅奥诊所将其品牌推广到佛罗里达和亚利桑那时，它在以价值观和才能为标准进行招聘的基础上又向前迈进一步，这些新机构的每一个部门都有一名经验丰富的罗切斯特员工，通常在领导岗位任职，来规范梅奥的服务和文化。

除此之外，表演服务为"舞台"为员工（表演者）和患者（观众）提供了线索。梅奥在杰克逊维尔和斯科茨代尔新院区的严谨设计向患者们传达了有关梅奥品牌质量的暗示，同时它也作为一种对员工高质量服务的期望。梅奥诊所中美丽的木质板墙和石块、迷人而又有趣的艺术品以及高品质的室内陈设——迷人的装饰、铺有亚麻布的桌子、身着正装的服务生——堪比一家高档餐厅。梅奥的环境促使员工尽力提供合乎梅奥的价值观、文化和品牌历史的服务。

不仅如此，梅奥人早已形成的并在梅奥诊所依旧流传的慷慨大方的性格鼓舞着员工心中作为服务提供者的志愿精神。梅奥为员工们寻找合适的岗位所付出的努力在他人看来，是对在此工作员工的慷慨之举。为员工提供相对丰厚的福利同样使梅奥诊所成为一名慈善的雇主。雇主梅奥诊所对其员工照顾有加，所以员工们会更加照料好他们所服务的患者们。

启示二：注意防守，也要进攻 1983年，梅奥诊所进行了3个在其历史中最大胆的主动行动：在佛罗里达和亚利桑那的地域扩展、富于侵略性的MML战略转变以及患者健康信息的出版。从梅奥运营了一个多世纪的大背景来看，这些大胆的攻击性行为是例外而且不合常规的。而梅奥一直实施的品牌保护措施虽然看起来不那么具有戏剧性，但却极其重要。梅奥诊所将一个谨慎的制度保留了下来,即秉持质量和稳定胜于增长。受到保护的声誉已不再是建院时的梅奥家族的声誉,而是如今建构在42 000名员工良好工作基础上的繁荣景象。梅奥的品牌值得患者信赖;诊所的领导层将患者的信任和医生视为无价之宝,尽一切代价给予保护。该机构的谨慎小心通过精心设计的委员会结构体现出来,并清楚地表明了品牌管理的方针——由一个品牌小组来执行,当然同时以机构的核心价值观为手段,梅奥诊所保留了人们对诊所品牌的信任度。梅奥诊所的品牌防护措施很强力,品牌攻击措施却很谨慎。

启示三:将顾客转变成营销者 令人惊讶的是,梅奥诊所91%的患者表示他们会向其他人称赞诊所的服务,实际上梅奥诊所的患者们为诊所做了广告。[17]那些重要的、复杂的和多变的服务(医疗护理也是一样)尤其依赖于人们的口碑。潜在顾客会利用有经验顾客现成的可信赖的评价。然而机构若是将资本完全投入到口碑上,则要求机构提供的服务要超出顾客的预期。满足预期的服务并没有什么特别,只有非凡的服务才会口口相传。梅奥诊所的医疗专家们精诚合作,提供的医疗护理体验是患者们在其本地市场所不容易享受到的。诊所强调的高效率的系统工作和卓越的人际服务,让她在市场上的服务表现更加的突出。梅奥诊所让大家感受到了惊喜,因为她是超越预期的必要手段。患者们想要告诉其他人有关梅奥诊所的事。根据服务品牌中的一条普遍假设,营销部门和广告创造了品牌,但是正如我们的榜样梅奥诊所揭示的那样,创造品牌的英雄们是那些产业工程师和其他设计服务流程的领导们,以及那些为患者提供个性化服务的一线员工。

小结

据我们所知,没有其他哪家机构能比本章中提到的梅奥诊所更好的诠释了服务品牌的建立模式。无需争论,梅奥诊所是一个强有力的品牌。

同样，该品牌成功塑造的原因是其持久的专注于患者服务体验的副产品。在提供重大、复杂、多变和个性化服务的机构中，服务质量至关重要。这些接受服务的顾客成为了信息的传递者，这些信息能够帮助他们熟悉和所爱的人们。最终，伟大的服务品牌建立在卓越的顾客体验基础之上，而这便是梅奥诊所给我们有关品牌的启示。

注释

1. Joe M. Inguanzo, "PRC National Consumer Perception Study," Professional Research Corporation, Omaha, NE, publication pending.
2. The framework for this chapter and some of the content is adapted from Leonard L. Berry and Kent D. Seltman, "Building a Strong Services Brand: Lessons from Mayo Clinic," *Business Horizons*, May–June 2007, pp. 199–209.
3. Leonard L. Berry, "Cultivating Service Brand Equity," *Journal of the Academy of Marketing Science*, Winter 2000, pp. 128–137.
4. Stan Richards, "Building a Brand," a presentation at Texas A&M University's Center for Retailing Studies Symposium, Dallas, TX, October 8, 1998.
5. Berry, 2000, p. 129.
6. Leonard L. Berry and A. Parasuraman, *Marketing Services: Competing through Quality* (New York: The Free Press, 1991).
7. Kevin Keller, "Conceptualization, Measuring, and Managing Customer-Based Brand Equity," *Journal of Marketing*, January 1993, pp. 1–22.
8. As quoted in Leonard L. Berry and Sandra S. Lampo, "Branding Labor-Intensive Services," *Business Strategy Review*, Spring 2004, p. 20.
9. Helen Clapesattle, *The Doctors Mayo* [abridged] (Rochester, MN: Mayo Foundation for Medical Education and Research, 1969), p. 242.
10. Clapesattle, pp. 243–244.
11. Mayo Clinic proprietary market study, 2007.
12. John T. Shepherd, *Inside the Mayo Clinic: A Memoir* (Afton, MN: Afton Historical Press, 2003), p. 135.
13. Robert Waller, "Diversification Update to the Board of Governors," September, 1894. Private papers of Robert Waller, p. 6.
14. Peter W. Carryer and Sylvester Sterioff, "Mayo Health System: A Decade of Achievement," *Mayo Clinic Proceedings*, vol. 78, 2003, pp. 1047–1053.
15. William J. Mayo and Charles H. Mayo, "A Disclaimer from the Mayo Brothers," *JAMA*, May 15, 1909, p. 2.
16. Letter from William J. Mayo to J. F. Percy and Fred Ewing, November 4, 1908.
17. Mayo Clinic proprietary market study, 2007.

第 9 章

投 资 未 来

1994年，我们发现复合膝关节和复合髋关节替换这个大项目亏损——每年亏损额大约为200万美元。这个事实对于那些每天兢兢业业的诊治各种疑难杂症的矫形外科医生们而言是无法接受的。这也部分地反映了这个项目的性质：一旦种植体不合适，就要进行大量的手术替换它们。但是亏损也有我们自身的原因——比方说，我们让患者住院的时间过长。然而，导致亏损的最根本原因来自于我们所用的种植体。治疗同一个临床适应症，会有6种主要方案，10到12种种植体。很显然，我们需要改变。

要知道梅奥诊所的文化是很强大的。我和我的同事们都放弃了开私人诊所赚大钱的机会，而选择了梅奥那种为实现大同而努力、把患者的最大利益摆在首位的文化。若是你向经理们提出"我们得压缩患者护理成本"的意见，那么你就和我们的宗旨背道而驰了。

当有信息强烈显示必须改变对患者的护理方法时，医生们往往会本能地选择逃避。他们会开始找各种借口——首先会拿数据的质量说事儿，他们会说："你们的数据有问题。回去再检查检查吧！"这反映了一种"我们不愿改变"的文化。因此我们要确保拿给医生们的数据都是准确的。进一步说，这些数据是由医生整理出来的。它是医生与医生之间的交流而非财务分析师和医生之间的对话。所以我们可以说："这些数据是准确的，这点你不用质疑。但是如果你能向我证明它们不准确，我就回去重新整理。如果你不能证明，那么它们就是准确的。"这样，我们就打破了第一个借口。

然后许多医生们就开始拿医疗质量说事儿。这通常有好几种说法，比如："我不会那样做的，我要为患者的最大利益考虑。"这样，我们就需要一个强有力的论据让医生们了解到根据需要变化是梅奥文化的表现。许多年来，我们一直以实现患者利益的最大化为己任，因此当医生们以此为借口时，很难断定他们这样做到底是为了患者的利益还是出于自己的临床偏好。最终，我们把这个项目中出现那么多治疗方法的原因归结为医生们对"什么是最好的"有不同的个人见解。

改变的第一步就是让我的同事们接受一个前提条件：由于医生们喜爱的种植体各不相同，这些种植体的成本又差别很大，12种不同的膝盖假体种植可能不全都是"为了患者的最大利益"。而且事实摆在面前，成本似乎的确是引起亏损的原因之一。身为医学科学家，我们都知道在医学领域，多样化会增加成本，而标准化则是一条控制成本和提高质量的有效途径。于是我们制定了一条基本准则：采取循证标准来判断什么是对患者最好的，并在不对患者产生影响的前提下选择成本最低的关节假体。这样，我们就打破了第二个借口。我们的目标是同一个临床适应症用同一种种植体，尽量不要在不同种植体之间选择。

于是，我们与负责供应链管理的同事展开了合作并与种植体生产商进行了协商。结果我们在两年之内就把膝关节和髋关节项目的净收入从负值扭转成了正数——仅在罗切斯特地区就增加到了800万美元。更为重要的是，患者丝毫没有受到影响，

并发症发生率依然保持在较低的水平。近10年来这个项目一直
都赢利，在佛罗里达、亚利桑那的各家分院和梅奥健康体系都
采取了这个方法之后，项目收入得到了成倍增加。

原矫形外科董事和董事会成员伯纳德·莫雷医生阐释了引导梅奥诊
所未来投资的主要原则：因为是梅奥所以能成功。

莫里医生与同事们就如何改革临床实践事宜进行的磋商丝毫没有动
摇"患者需求至上"这一核心价值观。事实上，在联手解决这个问题的
过程中，他们不仅奉行了团队合作的精神，并且由于在保证临床护理质
量不变的前提下节省了开支，他们还更好地满足了每位患者的需要。这
个案例后来成为梅奥诊所其他改革的榜样，据梅奥供应链管理部董事詹
姆斯 R. 弗朗西斯统计，过去5年中，药品部门一个类似的项目节省了共
4 000多万美元。由医生们倡导的其他项目也都提高了效益。

这些供应链管理的例子揭示了梅奥诊所的一条行为准则，那就是：
以团队合作为内在动力，并同时关注患者的需求，以及支持梅奥服务未
来所需的财务状况。如本章的后面将要谈到的那样，现在这条行为准则
和内在动力就是在全诊所内实施循证⊖的质量衡量办法。在服务行业中，
"谁能掌握住命运谁就能存活下去……决定一个企业发展方向的不是竞
争对手、不是债主、不是利益相关人、不是联盟、不是供应商、不是社
区活动家、不是媒体也不是政客，而是这个企业的高层领导人。高层领
导人应该把企业的工作重心放在为顾客创造卓越价值上，只有这样才能
保障企业的未来。"[1]

在本章，我们从梅奥今天追求的目标的先后次序中可以看出梅奥对
未来的承诺。把3个院区整合成一个运行平稳的机构是首要的，接下来
是提高临床实践的质量和安全性；实施以临床效果时间比为衡量标准的

⊖ 循证医学是近10年来兴起的医学科学，简单来说即"以证据为基础的医学"。它大大
提高了医学界对疾病的认知水平和临床疗效，减少了治疗及用药的盲目性，并影响
了卫生决策。——译者注

高价值护理；在医护实施和政策改革中不断创新以及培养后备领导。

认清整体的力量

　　梅奥诊所首席执行官丹尼斯·珂迪斯医生清楚地认识到："梅奥诊所存在的目的就是照顾病人。为了建立一个以个体患者为中心的医护体系，我们已经努力了100年。"梅奥知道自己来自何方，也知道自己将去向何处，在100年的历史里她在复杂的科学、社会、政治环境中不断的缔造了自己的命运。现在美国全国上下都在谈论医疗护理体系，人们并不接受分析师们就此达成的大部分一致意见。愤世嫉俗者甚至问道："这还能算个体系吗？"另一个迫在眉睫的问题是怎样给美国人期盼的医疗护理体系提供财政支持。在全社会和政治界要求变革的呼声中，全体医护行业都开始着手改革了。珂迪斯医生将此视为一次向梅奥所憧憬的医护体系迈进的全国性运动。"在这种医护体系下，医护实施以个体患者为中心，并通过不同的服务机构之间的整合和协作创造更高的价值、更好的结果、更高的安全性、更优质的服务与更低的开销。"他说："面对这次难关，梅奥准备得比其他大型机构更好。"但梅奥诊所也不是十全十美的。为了确保做到名副其实，无愧于梅奥品牌的内在承诺，不断给那些受到重大疾病打击的患者带来安慰和精神上的平和，梅奥的领导们也在不懈的努力工作。

　　珂迪斯医生担任梅奥诊所所长和首席执行官后的第一个任务就是把3个院区整合为一。第8章中也谈到，佛罗里达和亚利桑那院区开张时，人们并不清楚是否应该将它们看作一个整体机构的组成部分。有些领导人认为，分支机构应当享有高度的自主权，并由母公司——当时称作梅奥基金会——控股。当1983年诊所通过进行地域扩张的决定时，梅奥管理层只需要负责罗切斯特诊所的事物就可以了，而当时它只不过是一个不足8 000人的门诊医院。那时，许多领导人认为梅奥诊所已经达到了高效管理的最大规模。此外，同年罗切斯特梅奥诊所还做好了在1986年接管两家当地医院——圣玛丽医院和卫理公会医院的准备。此举不但会使员工人数增加一倍，还将大大增加诊所运作的复杂性。在这种情况下，梅奥领导人就不愿再过多地过问其他两个新建的院区的事务了。另外，由于这两个新院区处于完全陌生的市场之中，让它们拥有不同于罗切斯特的文化和业务也似乎是合情合理的。

然而，到了2003年，也就是珂迪斯医生做首席执行官的那一年，人们清楚地认识到，将梅奥诊所3个院区整合为一是非常必要的。多恩·米利尼医生是梅奥临床实践顾问小组的组长，该小组由3个院区临床实践委员会的领导们组成并负责增进全诊所在临床实践上的合作。身为组长的米利纳医生也是院区整合项目的主要负责人，他说："梅奥诊所一直处于快速发展之中，不同院区又分属于不同的地区，因此，在这个项目刚开始时，人们相互都不认识，也不知道专家们在哪儿。"自从20世纪60年代末期开始，梅奥就拥有了一套能在几秒钟之内通过电话将两个会诊医生联系起来的优先呼叫系统。到80年代，杰克逊维尔和斯格茨代尔也配备了这套系统。这套系统是员工之间，尤其是同一院区员工之间最重要的通信工具。但是，这项技术并不能解决会诊医生相互都不认识这一根本问题。佛罗里达和亚利桑那诊所开张时还引进了电视会议系统，尽管电视会议很有用，但最有效的办法还是在相互熟悉基础上面对面的交流。首席行政官雪莉·维斯指出："现在，梅奥认识到了通过不同院区间员工的相互熟悉促进整合过程的重要性。同时这也意味着会有更大的人员流动。"

米利尼医生将此次整合看作是对梅奥兄弟当年事业的一次重新体验——竭尽全力、倾其所有帮助每位患者。"然而今天，"他说："无论专家身在何处、不管患者在哪个院区接受治疗，我们都能够带给他们最好的护理，因为我们现在处于一个数字化时代。在这个时代里通信工具使得大型机构的整合成为可能。"例如，电子病历、数字CT扫描与电话、电子邮件的结合可以让 2 500 名梅奥医生中最资深的专家突破地域限制进行实时会诊。本章后面也将提到当遇到罕见的临床病例时，强大的企业学习系统会及时地自动将患者信息传递给主治医生。米利尼医生总结道："机构整合是一项艰巨的任务，不是简简单单就可以完成的。但让我感到兴奋的是，我们将要找回我们曾不小心失去的东西——那种竭尽所能、倾其所有以满足每位患者需要的能力。"

目前机构整合尚在进行中，还不能断定它对梅奥的全部意义。但即使是现在，也可以部分地看出此次整合对梅奥来说意味着什么。其中最为重要的是，它意味着无论身在哪个院区，患者都将得到同样高质量的服务、诊断和治疗。同时它也意味着受雇于一个院区的医生同样也能胜任其他两个院区的工作。与过去不同的是，员工们会更多的受到来自不同院区的同行的监督。这还意味着现在的 3 间会议室最终会变为一间。整合完成后，每个院区将不再使用独立的软件基础设施，取而代之的是一套通用信息管理系统。投资和发展决策将以反映整个梅奥诊所，而非单个院区的利益，这一点是非常重要的。珂迪斯医生将今天的梅奥诊所称为："一个有机整体，一个统一的实体——任一组成部门出现问题，都会使机构整体受到影响。"

质量——"我们能做得更好"

梅奥通过提升员工努力程度和加大投资来提高医护服务质量，并希望借此能把握住自己的命运。珂迪斯医生说梅奥无论是以临床效果、安全性还是服务质量来衡量都是一流的，但他相信梅奥还可以做得更好。放射学教授、梅奥诊所质量部部长斯蒂芬·斯文森医生指出："参照临床效果、安全性、服务、可预防死亡率以及综合考虑现存的医学困难、患者健康状况和对患者的不利因素后计算出的死亡率这些客观标准，梅奥诊所在质量方面领先于所有的其他美国医护服务提供机构。例如，在几年前首次公布的各家医院的标准死亡率中,圣玛丽医院的标准死亡率在英美两国的所有公立医院中是最低的。把所有标准综合起来看,梅奥诊所居于首位。"但是他也提醒人们:"我们只不过是在一群精英医护服务供应商中处于领先罢了,我们并没有像期望中的那样把他们远远甩在身后。"斯文森医生的这个警示给全诊所所有领导吹响了集结号。梅奥诊所一定能够应对这个挑战,对此斯文森医生信心十足:"没有人比我们更有可能从这些具有高临床可靠性的佼佼者中脱颖而出,因为我们是一个整体,我们重视团队合作,对这个由护士、技术人员、医生、药剂师和行政人员组成的同层级、多功能团队有充分的理解,还有由大批系统工程师推动的100多年来都持之以恒的以患者为中心的历史。"从采访中我们清楚地看到,所有的梅奥领导都期望着进步。

梅奥诊所并不是孤立于美国其他医疗护理机构之外的。尽管在梅奥诊所受过培训的梅奥医生人数超过了60%,但只在梅奥接受过培训的人却寥寥无几。米利尼医生解释说:"行医的人都知道错误和坏结果是不可避免的。我们告诉自己:'面对复杂状况时事情往往就是这样,肯定会有一些不好的结果,对此我们也无能为力。'怀着这种心态工作的人将努力做得更好,同时也容许一些坏结果的出现。"他还指出,20世纪60年代到80年代末是美国医学技术突飞猛进的时代。"人人都在关注新的治疗方案和程序介入,并应用这些新技术来改善临床效果。但是他们却往往忽视了在诊断、部门交接和安全性等问题上可能犯的错误。"2000年,医学研究所宣称美国每年有多于98 000人在医院中意外丧生,这一说法震惊了所有的美国人。[2]梅奥和其他各家医护机构都注意到了这个问题。"我们应该反思一下。"他接着说:"梅奥诊所从一开始就站在潮流的最前端,但是现在整个潮流的方向已经变了。尽管我们今天做得不错,但是还不够好。因为我们知道这并不是我们的最高水平。"

从某种意义上说,吹响提高质量的集结号是一次正确的行动。在梅奥早期,医生行医时要遵循一套明确的标准程序。斯文森医生说:

"举个例子，放射学研究结果表明，钡餐试验应该遵循一个严格的程序模式，在这个模式中，就连技术员怎样把杯子递给患者这类细小问题都有说明。但是现在我们已经从标准化工作偏离到一个让医生们随心所欲的自主模式上。我们发展出了差异化的医疗模式，然而这种模式却既缺乏可信度，又没有安全性。"由于拥有一流的医生和支持人员，梅奥的临床效果依然是一流的，但是越来越多的公众调查数据显示，总体而言，梅奥在临床效果方面并没有领先多少，在某些方面梅奥甚至落后于其他医护服务提供商。"我们其实有些志得意满，总觉得我们的护理是最好的，我们的临床效果是世界一流的——我们已经是最好的了，用不着再做得更好了。"斯文森医生又说到。

增加透明度是这次广泛医疗改革的催化剂——透明意味着在诊所内外公开医护小组的护理方法。珂迪斯医生说："透明意味着允许他人衡量我们的表现，广泛分享我们所学的知识，共同努力寻求进步的方法，汇报我们的临床效果，这样我们才能对自己对他人坦白我们是否达到了目标。错误是促使人改变的一个很好的催化剂，从错误中吸取教训是防止犯错误的唯一方法。"对此，斯文森医生也表示赞同，他说："相互之间关于各自表现的分享越多——例如糖尿病患者要多久才能够得到最好的护理，给病人的药物弄错了剂量或者给病人开错了药——我们就越有动力进行改变。"从2007年10月开始，梅奥诊所开始把各医疗部门的表现结果发布在内联网上。同年12月，梅奥又把这些结果发布在了梅奥官方网站www.MayoClinic.org上以供公众监督。

在提高医疗质量的过程中，个性化医疗和医护实施科学这两大辅助措施获得了政策性的优先发展。个性化医疗是基因学发展的最新成果，所谓基因学是指"研究人体内所有基因以及基因与基因之间、基因与人体环境之间关系"的一门科学。[3]这门科学开创了一个利用基因组学预测疾病并为患者提供最优预防和治疗方案的新纪元。例如，拥有预示早期结肠癌基因的患者可能需要从30岁开始，而不是像普通人那样从50岁开始，接受结肠镜检查，通过早期确认和切除癌前息肉就可以预防这种癌症了。个性化医疗还可以应用到癌症治疗中，有时候需要根据患者的基因决定化疗药剂。

斯文森医生通过一个悲剧故事说明了大力发展基因组学与医护实施科学对提高临床效果、安全性和服务质量的重要性。在不久之前，有一位年轻患者不必要的失去了生命。"这本是一次可阻止的死亡。"斯文森医生说："造成这次死亡的原因是'梅奥不知道它本已知道的事情'。"那位患者患了心脏病，他的心电图上显示的是非常罕见的"长QT间期"，也就是心电系统紊乱。按计划他还要接受一次心脏复查，但在复查前一周他就去世了。

迈克尔·阿克尔曼是梅奥诊所的一位儿童心脏病学家，也是一位在长QT间期方面的世界级权威人物。他破译了一条离子通道（心脏钾通道）的基因排序，并指出在人类染色体的30亿个核苷酸中有一种特定核苷酸的病变能够导致致命的心律不齐。心电图中的长QT间期往往就是这种罕见的基因症候群的临床证据，而这种症候群每年导致大量儿童和青年猝死。解救这类患者的方法是给他们安装一个心脏除颤器，当检测到有致命的心律不齐发生时，这个装置就会被激活。阿克尔曼医生的治疗标准还说明了当这种症候群出现时哪些药物应该被使用，而哪些药物不该被使用。然而，并不是所有的梅奥医护人员都知道阿克曼医生的治疗方法。因此，如何在全诊所范围内传播他的知识向医护实施科学提出了新的要求。

一位已故患者的父母向梅奥诊所捐了一大笔钱，而且明确要求将这笔钱用于提高梅奥的护理可靠性。梅奥诊所用这笔钱做的第一件事情就是开发了一套电子系统。这套电子系统会在需要的时候将阿克尔曼医生的知识传递给每位医生——不管他或她是否已经知道了这个治疗信息。这样，梅奥的系统工程师们就将分析心电图的计算机和患者主治医生的思维联系了起来。现在，当心电图计算机检测到长QT间期，并经过心脏病学家核实后，计算机就会自动地将治疗信息发送到患者的电子病历和主治医生那里。这套系统还具有一个反馈循环系统，用来确认主治医生是否收到了信息。此自动信息是与梅奥企业学习系统（ELS）联系在一起的。该系统主要提供了梅奥专家们对疾病治疗和状况处理的说明，另外还包括对常见问题的回答、关键事实及临床指导。电子系统将这些专门知识传递给主治医生，这样他们就可以学到那些他们以前不知道的关于怎样安全地对患者进行护理的知识了。医护实施科学中的这项创新保证了患者无论在何处、向谁求医都能得到最好的护理。

　　ELS是医护实施科学领域重大投资的代表。梅奥教育技术中心主任法雷尔·劳埃德医生强调：现在每年添加到Medline⊖里的新报告数量多达50万份，医生们根本不可能看完所有的新文献。医学图书馆馆长在向国会作证时曾说道："如果让一个认真的医生每天读两篇文章读上一年，那么在这一年的年底，他只需要648年就可以读到最新的文献了。"[4]将研究成果应用到患者护理上是一个既缓慢又困难的过程。一项研究表明，将原始研究的14%应用到患者护理上要花费17年的时间。[5]如今，医学教育的重心正在从强调记忆转向日常实践中的定位技术和对关键信息的应用。劳埃德医生说："企业学习系统是梅奥诊所让医生们方便快捷地获取所需信息的一条捷径。"

　　斯文森医生承认："对许多医生来说，标准治疗方案这个概念是有争议的——他们称之为'食谱医学'——因为标准治疗方案意味着他们要和身边的医生们、其他院区的同事们做同样的事情。但是梅奥诊所的医护模式是以患者为中心的——患者想要什么样的治疗方案呢？患者们来梅奥是为了接受世界顶级的医疗护理服务的。不论他们推开的是梅奥的哪一扇门，他们都应该得到优质的服务。我们的质量改进计划摒弃了那些没有根据的医护模式，并使它成为可靠护理的一部分。"

　　其他人也纷纷响应斯文森医生的观点。亚利桑那诊所首席行政官詹

⊖　Medline是美国国家医学图书馆的一个收录医学研究出版物的网上数据库。——译者注

姆斯 G. 安德森在梅奥诊所内外做了近40年的医疗护理行政工作，他坚决地说："梅奥诊所模式——一体化经营、医生/行政人员共同管理、医生薪水制、以患者护理为中心、以研究和教育为辅助的医疗实践——是医护市场中的一个强有力的、独一无二的模式。如果我们的经营成果不尽如人意的话，那么问题就应该是出在执行上，而不是因为我们是谁或我们的市场策略。"处于最佳状态的梅奥诊所是一支全力迎接挑战、运用可用资源积极改变的团队——此时，她拥有巨大的力量。斯文森医生讲述了梅奥诊所是怎样通过提高质量将自己调整到最佳状态的：

> 我们确定一个医生领袖，让他负起责任并任命核心团队成员。核心团队成员由一名专门负责百天项目的系统工程师、一名行政项目经理和一名数据专家组成。另外，我们还在全诊所范围内组建了一支多功能团队——其成员包括各种疾病专家、护士、技师和药剂师，这支团队制定了一套章程以便衡量其实践结果。接下来会有一段控制期，基本上是针对某一种病例的为期100天的质量提高期。以肺炎为例，首先团队确定出最好的治疗方案，然后部署实施并衡量临床效果。那么这样做和过去有什么不同吗？当然有，我们不仅缩短了住院时间、降低了复发率而且通过给患者提供最佳的治疗方案我们还降低了肺炎的死亡率。我们本来就已经很优秀了，但是我们相信我们还有机会做得更好。而且我们的确做到了。

如今，梅奥诊所秉承着这样的信念：只有全体员工共同努力找出并执行针对个体患者的最佳护理方案，并让患者在每家分院都能得到相同质量的护理，才能实现最高质量的临床效果、可靠的安全环境和辉煌的服务业绩。换句话说，所有途径（包括虚拟途径）都能提供相同的服务。"从这个关于优秀的标准出发，我们就能够革新，因为我们有了比较的对象。"斯文森医生总结道："我们提高质量的方法必须是科学的、循证的，必须控制排名和生物统计学的影响。这才是真正的医护实施科学。"

慎重的、高价值的护理服务

一位梅奥领导曾讲道："我们提高质量的目的是为了改善护理的结果、安全性和可靠度，毫无疑问这是我们提高质量的真正原因。"当然，消除患者护理中不必要的变动、浪费和不足也是出于商业因素的考虑。大部分非医护机构提高质量是为了改善盈利水平。但是对于梅奥而言，最基本的商业因素不是写在年报中的净收入，而是对梅奥整体护理模式的财务效率的肯定。梅奥诊所必须能够告诉她的患者、保险公司或业主：高质量护理不是一件奢侈品，而是一件经济的、高价值的商品。

医疗护理行业是美国最大的商业部门之一。然而，与其他行业相比，该行业效率低、缺陷率高。《新英格兰医学杂志》最新的一项研究表明美国大约有一半的医疗护理没有按照现在最优的护理方案实行。[6]第4章中曾提到，梅奥因有效的利用了患者的时间而得到患者的好评，但不少投保人和患者不确定梅奥是否也有效地运用了他们的金钱。梅奥账单费用很高，部分原因是因为这张账单包括了医生费用及实验室化验费用在内全部医疗费用。这和整体式账单在医疗护理行业并不常用，因为不同服务往往在不同机构进行。

最近退休的首席执行官罗伯特·斯莫德医生和现梅奥所长兼首席执行官丹尼斯·珂迪斯医生一直带领着员工们为确保高价值的护理而努力。他们倡导的价值是衡量全国医疗服务供应商医护服务质量高低与成本效益大小的最佳标准。在最近的一篇文章里，他们公布了一份价值评估方程,该评估方程通过每位患者的开支与时间之比来区分质量（护理结果、安全性和服务）等级。[7]珂迪斯医生评论道："虽然在账单的个人开支一栏中我们的收费是最高的，但我们的办事效率也很高，所以我们的开支时间比是很不错的。"他还指出，在梅奥诊所每位医生都能看到所有的实验结果、放射报告和其他医生的诊断说明，这样省去了很多重复步骤，相应也就提高了梅奥的财务效率。进一步说，如果梅奥可以帮助患者预防某种疾病比如Ⅱ型糖尿病的发生，那么梅奥的价值时间比就更高了。Ⅱ型糖尿病是一种慢性病，一旦患上就需要用一生的时间调理，因此该病开销很大。要是治疗不当还会引起多种并发症，这样就会带来更大的开销，患者的生活质量也会随之降低。珂迪斯医生又补充道："不管是乳腺癌还是糖尿病，如果我们能够预测这些潜在的疾病，尽量阻止该病形成或是在病发时给予精确的诊断和专门的治疗，那么我们从时间上来讲就提供了高质量、高价值的护理。"

多恩·米利尼医生手下有一支队伍正在研究这一价值方程。他从全局的角度分析了开支问题："美国所有的医护人员都应当退后一步然后扪心自问'为什么我国的医疗体系收费如此之高而临床效果却如此之差呢？'如果我们不正视这个问题，那么梅奥称不上是一个负责任的医护机构。我们必须带头为提高医疗护理价值而努力。这样做是对患者的负责，因为这样做符合患者的利益，这样做也和我们的基本价值相一致。"不少医护服务购买者——如联邦政府、业主和健康计划——纷纷鼓励并推动医护机构实施改革。在"为表现付款"的旗号下，这些购买者出资——出资额要比赔偿水平略高些——让医护机构改革以保证它们的受益人能享受到高质量的护理。然而，斯莫尔德和珂迪斯医生指出这些项目购买只是过程而不是结果。更有甚者，许多项目增加了收费的比例，因此，与效率高的医护机构相比，成本高效率低的医护机构反而赚了更多的钱。

"我们有许多证据证明梅奥诊所的医护模式确实能提供高价值的护理。"斯莫德说。他还指出《达特茅斯医疗护理图表集》就是最好的数据来源。[8]达特茅斯研究人员主张患者在生命的最后6个月和最后两年中的开支数据是衡量医疗护理机构效率的一个很好的标准。这笔开销很高，因为一个人在生命的最后两年里的医药开支大约能占到其医疗保险支出总额的1/3。在分析了全美国医保患者的统计数据后，研究人员得出了一个结论：护理得多并不代表护理得好。"在那些高消费的州、地区和医院，患者需要承担额外的开支、过多的医生来访、过长的住院时间以及不必要的诊断测验，然而这些并不能延长他们的生命或改善他们的生活质量……问题在于浪费和过度利用，而不在于利用不足或者定量配给。"[9]在谈到学术医疗中心时，研究人员指出，对于还有半年生命的患者来说，在纽约的一家大学附属医院就医"要接受76次医生来访，而在梅奥诊所仅需24次。"对于还有两年生命的患者，加利福尼亚一家大学附属医院"动用的医生劳动力——以同等的全职医生为准——是梅奥诊所的两倍。"[10]虽然这篇报告并没有把梅奥诊所评为在所有方面效率都最高的学术医学中心，但是梅奥诊所的确处在最高效的医护机构之列。《达特茅斯医疗护理图表集》的作者总结道：多数走到生命尽头的患者都没有人照顾，但是"像梅奥诊所这样的大集团和山间医疗保健公司⊖这样的整体服务机构在处理这类问题方面树立了良好的榜样。"[11]

   总之，在认可和奖励提供高价值医护服务的员工的同时，梅奥诊所也为患者们带来了好处：他们得到了更好的临床效果、更安全的治疗和更优质的服务。在梅奥领导人看来，倡导循证的价值评分将带来两方面的回报：第一，它将鼓励美国的医疗护理机构（包括医生、医院、购买人、健康政策制定者）考虑未来支付体系中的质量和开支时间等问题；第二，它将使梅奥诊所成为一个慎重的、高价值的选择。

传递健康

   尼古拉斯·拉鲁索医生想让梅奥诊所成为未来医疗护理转型的领军

⊖ 山间医疗保健公司（IHC）是一家综合性的大型医疗保健公司。旗下共有100多所医疗设施，包括分布在犹他州和爱达荷州东南部的21家医院及众多的社区医疗中心、门诊诊所、医疗咨询中心和医生执业合作团体。——译者注

人物。现在，基因组学、通信技术、漏洞百出开销又大的现有医护体系以及日趋成熟并勇于打破常规的新一代等几股志在改变医疗护理行业现状的力量使得改革势在必行。作为梅奥诊所创新和医疗护理转型中心创始董事的拉鲁索医生对新事物一直很关注。令他特别感兴趣的是强调保持健康而非治疗疾病的医疗护理实施理念。这种医护实施理念可以称得上是现代医学和未来医学的分界线。

早在20世纪80年代早期，梅奥领导们就深入地思考了这个问题：患者们将来还能不能、会不会继续来位于明尼苏达州罗切斯特的梅奥诊所就医呢？今天的梅奥领导们也面临着一个相似的问题：将来更激进的医护实施革命会不会把现场护理方法淘汰掉？通信技术将来可能会完全取代或部分取代患者和医生之间的面对面的问诊。拉鲁索医生曾经做过罗切斯特梅奥内科医学部的部长，他觉得历史上传统的从头到脚的年度体检也有可能过时，并由健康风险评定取而代之。这种评定通过患者的基因分析来预测疾病，这比旨在发现疾病的传统体检效率要高得多。"个性化的基因医学与不断发展的成像技术相结合，将引领医学界颠覆性的革命。"拉鲁索医生说："梅奥诊所在参与'发现'革命的同时，还应成为'实施'革命的领军人物。为此，我们需要建立一套能够迅速应用这些创新成果的实施体系。"

罗切斯特梅奥诊所首席执行官格伦·福布斯指出："有了个体基因组的知识，将来医学团体将把更多的注意力转移到医疗护理的疾病预测和疾病预防部分中去。"他认为梅奥创新和医疗护理转型中心的作用应是：为实现双向互动健康医疗关系而不断创新。福布斯医生讲道：

　　也许在未来，我可能住在地球上的任何一个地方，也可能四处旅行。但只要参加了梅奥健康计划，我就可以通过某种方式，比如嵌入卡中或置于我体内的计算机芯片，与梅奥保持联系。通过这个装置，梅奥能了解我的基因图谱，并将我的基因状况与上百万个与我状况类似的患者和正常人相比较，从而预测和防止疾病的发生。梅奥知道我什么时候会虚弱，什么时候会有危险，什么时候充满活力——这些都是数据库的一部分。

即使是在健康的时候，我也会定期向梅奥诊所"报到"。如果我体内植入了芯片，那么也许在不知不觉中我可能就已经到梅奥"报到"了。每周，梅奥都会为我测量血糖，并给我发送信息。她可能告诉我，我的血糖已经从116升到124，并建议我别再吃太多的曲奇饼。这样的信息和建议是我健康计划的一部分——也是我购买的梅奥健康服务的一部分。

假如现在我在法国旅行，觉得不舒服想和梅奥联系。如果我有一张卡，我就可以将它插入宾馆里的健康自动柜员机里，自动柜员机识别出我的身份以后——就像巴黎的银行系统识别我的银行卡那样——我就可以告诉梅奥我的症状了：我有些头痛。梅奥就会回复我："您的基因显示长时间食用意大利面可能导致头痛。如果您想就医的话，根据您的GPS信息，3公里以外有我们的一个成员或一家分院。这是医院的坐标，我们已经通知了对方您可能会来。"

只要参加了梅奥健康计划，我就可以运用适当的通信手段与梅奥进行问诊或交流。这样，我就可以健康地生活了。

在这个新纪元中，医生们仍然要分析临床数据并解释给患者们听，这一交谈仍然需要听诊技术和对患者个体独特性的敏感性。然而交谈的内容是全新的，医生们解释给患者听的是患者基因状况预示的危险。拉鲁索医生说："我们已经确定出了预测乳腺癌的两种基因类型：乳腺癌基因突变1（BRCA1）和乳腺癌基因突变2（BRCA2）。但它们只能解释乳腺癌发病的一小部分原因。当我们确定了全部的乳腺癌突变基因BRCA3、4、5、6、7……10后，我们就可以预测早期乳腺癌的发生了。

那样的话人们从20岁起就应该进行乳房X光照片检查或接受其他专门诊断测试。其他基因类型也许会显示女人生育的最佳时期。"类似地，有些患者的基因类型预示着乳腺癌的发病期可能会在绝经期后，那么她们照乳房X光照片的时间就可以比现在推荐的年龄晚些。

将来许多类似的检查和信息交换都不需要患者亲自到场。越来越多的，这种医疗护理会通过新的通信技术传送给世界各地的患者。"这就给梅奥诊所的医学目的地概念赋予了新的内涵——资源定位系统（URL）。"拉鲁索医生评论道："到时候，去梅奥看病就不再需要走出家门了。"事实上，现在梅奥已经与明尼苏达州的蓝盾组织开展合作，正在实施一项德鲁斯、明尼苏达、罗切斯特各诊所之间的互通项目。如果德鲁斯的患者和主治医生都觉得需要参考罗切斯特的意见时，他们就可以选择"虚拟会诊"，罗切斯特的医生会在48小时内从一个安全的门户站点上看到患者的信息并通过电子手段与德鲁斯的医生进行协商。这种远程服务模式已经经过测试"调查显示，现在大部分患者和主治医生都能运用这个虚拟模式，患者们就医时可以不用亲自到罗切斯特来了。"梅奥创新和医疗护理转型中心高级行政人员芭芭拉·斯普雷尔说："当患者必须要来梅奥诊所或别的医院做手术或接受检查时，虚拟会诊对他们的护理管理也是有帮助的。"

梅奥诊所在可靠度和患者推荐度上享有盛名，这可以让她较为容易地推行这种新的护理实施方法。但是，在把一个新点子投入到市场中之前，需要将其转化为坚实的商业主张并通过顾客体验的验证。这就是梅奥创新和医疗护理转型中心所要做的事情。芭芭拉·斯普雷尔强调："创新是一门学问。"今天，转化新点子和新方法所需要的知识不能只在梅奥诊所内部寻求。"创新将逐步接近一门学科。"

梅奥创新中心是从SPARC（观察、计划、行动、修改、交流）项目发展起来的。该项目隶属于内科医学部，由拉鲁索医生和时任该部门行政官的斯普雷尔领导。SPARC项目的中心课题是重新定义现场医疗护理的实施。那时，罗切斯特门诊部把一大间办公和检查室改成了护理实施实验室。这间实验室的墙是可移动的，以便测试空间大小的功能。护理实施模型确定后就拿到现实中去检验。那时的护理模型针对的是门诊中医生和患者间的问诊。护理实施中有25项以上的主要探索成果都是由SPARC项目完成的。

拉鲁索和福布斯医生都强调，未来的转型不会淘汰掉用砖和灰泥筑成的医院实体。随着患者病情的发展，健康保健在必要时需要转化为在诊所内部进行的疾病护理。"将来，患者在接受检查和手术时，仍然需要手把手的现场医疗护理，也需要复杂的诊断和治疗设备。"福布斯医生说："不管是在虚拟意义还是实体意义上，我们都要让梅奥诊所成为一个吸引人的医学目的地。"

表明态度

2006年，梅奥卫生政策中心参加了医疗护理改革高层次公众论坛。"我们的公众理事会成员要求梅奥领导把民众的意见反映到有关美国医护体系改革的对话和辩论中去。"罗伯特·斯莫尔德说。他那时已经做了梅奥健康政策中心一年的创始董事，同时仍然担任梅奥诊所首席执行官。回顾20世纪80年代医护体系改革中提出的建议和1993年比尔·克林顿总统上任后为此所做的努力不难看出，患者的呼声决定着政策的好坏。患者们想要的是好服务，是符合他们最大利益的护理。"梅奥长期以来的成功、高患者满意度以及高价值护理提供者的身份在讨论中为我们的意见创造了不少可信度。"斯莫尔德说。

在医疗护理改革方面，梅奥诊所强调了三条原则：第一，所有美国人都需要医疗保险；第二，人们需要的是综合护理。这要求各地的社区医疗机构具备以下几个要素：通用病历、医疗机构间医生的紧密合作、以患者的最大利益为己任，等等；第三，用价值标准衡量医疗护理。价值是由临床效果和开支时间比决定的。这三条原则是2006年以来从参加梅奥专题讨论会和工作会议的患者、患者维权小组和医疗事业关注者以及全国各地的分院员工那里总结出来的。

在一次采访中，斯莫德讲述了这样一个故事：

> 在20世纪70年代我刚进入梅奥诊所时，我很荣幸有机会能为放射科科长、董事会成员杰克·霍奇森效力。他和我们一样深爱着梅奥。在日常生活中，霍奇森是一个不折不扣的和平主义者。认识他差不多一年以后，他问我："你觉得梅奥诊所怎么样？"我当时没有马上回答，他便接着说："我是一名和平主义者，但是为了梅奥我可以开枪杀人。"

随后斯莫德承认自己也和霍奇森医生一样有两种想法。第一种是一条无私的原则：医疗护理政策要以患者的需要为中心；第二种是他个人的愿望：保护和延续梅奥诊所以帮助未来的患者。斯莫德的第二种想法不仅仅是他的个人愿望，也是所有梅奥理事会成员、领导以及患者们的共同愿望。医疗护理不完全受市场力量的控制。在梅奥诊所所有的患者中，享受医疗保险和医疗补助的患者分别占30%和60%。由于公共政策规定的价格上限，这些患者不用为他们接受的医疗护理服务支付"市场价格"。公众政策、政策哲学、政策上的"讨价还价"都会给医护机构带来正面或负面的影响，而我们就是在这样的市场中工作。斯莫德继续说道：

> 健康政策中心相信，未来10年中美国将会进行一次大的医疗护理体系改革，或者医疗补助制度改革。随着大批婴儿潮时期出生的人进入越来越依靠医疗护理的时期，现行的医疗补助制度将不能再继续应用下去了。到了必须进行改革的时候了。有人问："你认为医疗保险制度的改革会对梅奥诊所造成影响

吗？"我觉得影响将是巨大的。我们参加这次改革讨论也是为了梅奥自己的利益，我们寻求的改革结果将能够让我们以患者为中心的医护传统延续下去。

培养后备领导

梅奥诊所的高层领导人很少为下一代诊所领导——包括医生领导的人选发愁。事实上，现在，未来两代领导人基本上都在诊所内，并且已经在为接替高层领导职位做准备了。梅奥人才库为梅奥储备了大量人才，其中一小部分会成为未来的领导候选人。由此可以看出梅奥诊所的两个重要信条：第一，梅奥致力于寻找内部人才以延续它的价值、文化和高效的临床模式。梅奥从来不雇用诊所外的人员做首席执行官，从外部引进的人员担任高级行政领导也极其少见。第二，梅奥有意地致力于培养医生和高层次行政领导。现在它的人才库比过去要丰富得多，在这方面，梅奥诊所职业和领导能力发展项目做出了不少贡献。

梅奥职业和领导能力发展项目是对20世纪90年代中期在院区里开始实行的培训课程的一个扩展。在认识到梅奥开设的管理技巧简介和财务、市场、管理短期培训班的基本内容已经不能够满足21世纪领导人的需要这一现实后，2005年，梅奥启动了现在这个新项目。"大部分外界的培训项目都不够专业，无法满足梅奥的需要。"梅奥诊所职业和领导能力发展项目董事、罗切斯特诊所执行董事特蕾莎·鲁曼斯说："而梅奥职业和领导能力发展项目能够经济可行地满足梅奥和她未来领导人独特的需要。"在该项目中，培训员和讲师基本上都是梅奥内部人员，但她也会从外界聘请学术专家讲解诸如个人发展和改革管理等问题。

"这个项目志在塑造能够驾驭医护管理综合改革的领导人。"该项目的设计者说到。[12]医疗护理改革是件难事，因为领导人领导的是同行而非下属。要让医生们做出改变，医生领导必须说服他们，鼓励他们。"我们向参加这个项目的人员说明了怎样在梅奥诊所这个委员会众多、信奉管理意见一致的地方推行改革。"罗伯特·尼斯医生说。尼斯是董事会成员，也是位于威斯康星拉克鲁斯的梅奥健康体系机构圣方济会斯普根医院的首席执行官，在去拉克鲁斯前，他在罗切斯特工作。凭借在此期间丰富的领导经验，他被选为该项目的一名讲师。他是讲解梅奥管理文化的权威人物，在这点上外界没有人能够比得上他。

这个项目分为4部分（见表9-1），首先是所有新医生都要通过的3个模块（见最左列）。这3个模块的训练时间为一周。为期3天半的阶段Ⅱ的课程是为新董事和他们的领导团队准备的，医生和行政人员都要参加这个项目。为期1天半的阶段Ⅲ的课程针对的是挑选出来的部门董事及其他领导——有时候这个项目的参加人数会多达250人。最后一个阶段，阶段Ⅳ是为3个院区的行政董事和董事们服务的。"适时教育是该项目的一个鲜明特点。我们会在学员走上某个岗位的前后为他们开设课程。"鲁曼斯医生解释道。

表9-1 梅奥职业和领导能力项目

阶段Ⅰ	阶段Ⅱ	阶段Ⅲ	阶段Ⅴ
新进员工	新当选领导及领导团队	有经验的领导人	高层领导人
模块Ⅰ-A	**模块Ⅱ-A**	**模块Ⅲ-A**	**模块Ⅴ-A**
梅奥遗产：机构倾向	理解你作为领导角色	创造价值：建立注重服务质量，安全性和提供最优服务的文化	战略计划：引领发展方向实施改革
模块Ⅰ-B	**模块Ⅱ-B**	**模块Ⅲ-B**	**模块Ⅴ-B**
个人：个人发展	最大化我们的财物绩效以达到我们的目标	创造价值：消减成本合理收费	执行评估：评估表现必要时改变课程
模块Ⅰ-C	**模块Ⅱ-C**		
团队：团队发展	领导机构变革		
	模块Ⅱ-D		
	培育下属		

尼斯医生指出在这些新任命的青年领导们之间成立一个"领导社区"是该项目的另外一个目的。在未来的10年或20年中他们可能将会在一起工作。该项目要让他们不单单把自己看作是眼科学家、病理学家或是风湿病学家，还时刻要将自己视为一名领导。这样，他们就能够认清在自己职业生涯中作为梅奥诊所的领导应该扮演的角色。

给管理者的启示

伟大的领导为自己的企业创造未来。这是对21世纪企业的一条至高要求，也是对医护机构的重大挑战。对于医护机构，即使是像梅奥诊所这样的大机构而言，塑造未来的力量也只是可以加以影响但是不能控制的。现在，全世界各个大学和企业的实验室都在不断地开发新科学和新技术；各地执行人员和立法人员都在努力解决医护政策、医护开支和控制问题；社会在不断思索决定谁能获得最好的医护服务的公平性和权利问题；医生们尽力让医护体系符合患者的利益，尽管他们经常需要克服这个体系中医院、保险公司、业主、制药公司和他们自己之间的利益冲突。置身于这样一个复杂的利益和机构网络中的梅奥诊所采取了各种途径力求掌握住自己的命运。这些措施包括：忠实于自己的核心价值和战略、确保战略的正确性以及培养高素质领导人。梅奥诊所的权力分布广泛，领导的作用是指挥而不是控制。从这样的机构，各行业的管理者都可以得到许多启示。

启示一：追求卓越是一个旅程   追求卓越是一个旅程，完美——零缺陷——是这个旅程的虚构的目的地。梅奥诊所追求卓越的旅程中的第一次飞跃是在梅奥兄弟做出在手术间要洗手的决定后实现的。这个主意是兄弟俩从别处学来的，一开始还遭到了他们父亲的嘲笑。然而这个方法实行后，死亡率降低了，这让他们的父亲改变了看法，并且第一次为梅奥赢得了服务卓越的好名声。一个世纪以来，抗击院内感染的斗争仍然没有取得完全胜利，现在梅奥诊所和其他医护机构依然沿袭着洗手这一传统。

每一个追求卓越的企业都必须有明确的目标并规划好追求目标的行程。梅奥诊所并不满足于只在一些优秀企业中领先，因此，她开始全力以赴争取拉大自己与其他优秀企业之间在服务质量上的差距。这一规划体现了"梅奥的方式"——齐心协力、利用可用的资源提高质量为患者的最大利益服务。这项工作其实并不好做，但在敢于挑战、充满智慧的领导们的鼓励下，梅奥员工们踏上了这个旅程。领导的鼓励既是员工们踏上这条旅程的部分原因，也是他们工作的外在动力。

梅奥诊所是幸运的，因为她拥有一支自觉要求进步的工作团队。梅奥诊所没有加班奖励，也没有额外假期。但她的雇员全是最优秀的人——早先，这些人只有在看到自己的名字在考试成绩单上高居榜首时才会感到满意。如果一个企业拥有这样一支善于学习、追求高成就、致力于把最好的服务带给顾客的工作团队，那么，看清现在和将来的差距能让它变得更有活力。

梅奥诊所，这个美国最强的医护品牌拥有一种提高服务质量、丰富服务种类的紧迫感。与梅奥想要做得更好的愿望相比，她在服务质量上领先的这个成就是不值一提的。梅奥已经在照顾重症患者上获得了好评，现在，她又开始着手将护理模式拓展到疾病预防上。梅奥诊所这样的优秀机构总是把精力放在"做得更好"上面——这就是追求卓越的过程——也是所有管理者应当学习的宝贵经验。

启示二：将结构与品牌结合在一起　一个品牌在它的各个分支、各类项目上应当是一样的。患者们希望能够在梅奥的每个科室、每家分院体会到由梅奥品牌保证的同样的服务体验。尽管患者满意度研究表明，梅奥患者护理模式和服务文化已经成功地移植到了佛罗里达和亚利桑那的各家新诊所中，但是经过了15年的发展之后，仍然有一些问题尚未解决：姐妹机构之间的相互竞争、处在不同院区的医生之间的互不知晓、领导对资源分配的不满及梅奥团队合作精神的破坏。有时候，患者要从一家医院中途转到另一家医院，复杂病症患者有时还要从一个院区转到另一个院区。因此，只有某个院区执行梅奥医护模式是不够的。患者们希望不同院区之间也能像各个院区内部那样实行团队合作。

掌握企业命运需要将服务与管理中的不同力量凝聚在一起。尽管这种情况非常罕见，但梅奥服务的失误证明了控股公司模式不适合扩张后的梅奥诊所。于是"一个梅奥"的原则便应运而生。人际关系、临床合作、对通用系统的投资、院区间更多的人员流动及大量多院区实验使得"一个梅奥"的定义日趋成熟。例如，怀亚特·德克尔医生同时担任了罗切斯特和杰克逊维尔两家分院的急诊部部长。神经病学部的各个分科，如临床神经生理学科和行为神经学科，采取了一种"分裂"结构：它们的成员来自3个院区，并在研究和教育工作中相互合作。为了实现"一个梅奥"的目标，领导们果断的投入了大量的人力物力。"综合多门类医疗机构"这个概念的提出把加强不同地区之间的团队合作提上了日程。在这件事上，只有"什么时候开始"和"怎样进行"的问题，而不存在"是否应该"的问题。要促进企业的发展，仅靠文化是不够的，还必须从结构上下手。

怎样确定和维持集中与分散之间的适当平衡是所有多分支企业的领导必须面临的一个难题。对他们而言，问题并不在于"哪种结构是最好的？"而是"哪种结构最有利于战略的执行？"。正如第8章中谈到的：品牌是对表现的承诺。梅奥领导们利用内部品牌——一个梅奥——加强外部品牌的例子是很有启发意义的。

启示三：让员工改进服务　不管干的是哪一行，处在什么职位，老练的员工们很少会听取那些从没做过他这个工作的"管理者"或外行人的建议。而在梅奥诊所，临床决策通常是协商出来的而不是个人说了算，进入梅奥后医生们都放弃了一些自主性，这种团队合作的价值在于加强了医生们之间的交流，也消除了他们的傲慢心理。本章的前面列举了医生成功地领导同行们改革临床实践的例子。比如，在肺炎的治疗上设立了更高的护理标准或是罗切斯特矫形外科倡导的成本压缩将盈利水平提高了800万美元。在这些例子中，医生们都应用了循证研究。这种研究方法既实践了梅奥的基本价值观，又科学地确定了临床实践中需要改进的地方。因此，实施改革的不是首席执行官、首席财政官或是部门董事，而是这些医生。

为了迎接明天，梅奥诊所付出了双倍的努力进行全面的改革。它把这个任务交给了精通自己工作的员工们，让他们改进自己的表现。这样，员工团队就肩负起了提高医护服务质量的责任。于是，医生们就带领整个医护团队——包括医生、护士、治疗学家、技术人员、计算机程序员、系统工程师——共同解决这个问题。这些成员来自于各个院区，一个梅奥的精神把他们聚集在一起。这些专家们共同设计出了各种护理模式、实施计划并对其结果进行了衡量。正是这些辛勤工作的专家用他们的思维和行动的权威性把企业带入了一个更高的层次。而领导所要做的事是规划企业前景，向员工传达该前景的重要性并为他们提供充足的时间和各种资源。这样，他们就可以成了一位观看医护服务实施转型的热心观众。

小结

"新一代会给企业带来什么影响？"这是所有服务供应商面临的一个关键问题。要向未来投资就必须回答这个和另外一些问题：延续和拓展一个优秀企业意味着要对它实施转型。在这个过程中，企业首先要认清自己的身份，牢牢地把握住自己的核心价值，也要拥有创新能力和能够领导改革的领导人，还要依靠员工不断改进服务。企业的延续和拓展是一个挑战，也是它围绕满足未来顾客需要的一个永无止境的追求。

注释

1. Leonard L. Berry, *Discovering the Soul of Service: The Nine Drivers of Sustainable Business Success* (New York: The Free Press, 1999), p. 111.
2. Committee on Quality Health Care in America, Institute of Medicine, *To Err Is Human: Building a Safer Health System* (Washington, DC: National Academies Press, 2000).
3. Centers for Disease Control and Prevention, available at: www.cdc.gov.
4. Donald A. B. Lindberg, "NIH: Moving Research from the Bench to the Bedside," statement to U.S. House of Representatives Committee on Energy and Commerce; subcommittee on Health, 108th Congress, 1st Session, July 10, 2003.
5. E. Andrew Balas and Suzanne A. Boren, "Managing Clinical Knowledge for Health Care Improvement," *2000 Yearbook of Medical Informatics* (Bethesda, MD: National Library of Medicine) pp. 65–70.
6. E. A. McGlynn, S. M. Asch, J. Adams, et al., "The Quality of Healthcare Delivered to Adults in the United States," *New England Journal of Medicine*, 2003, pp. 2635–2645.
7. Robert K. Smoldt and Denis A. Cortese, "Pay-for-Performance or Pay for Value?" *Mayo Clinic Proceedings*, February 2007, pp. 210–213.
8. Dartmouth Medical School Center for the Evaluative Clinical Sciences, *Dartmouth Atlas of Health Care*, available at: www.dartmouthatlas.org.
9. John Wennberg, Elliott Fisher, and Sandra Sharp, "Executive Summary" from *The Care of Patients with Severe Chronic Illness: An Online Report on the Medicare Program*, (Trustees of Dartmouth College, 2006), p. 1. Available at: http://www.dartmouthatlas.org/atlases/2006_Atlas_Exec_Summary.pdf.
10. Wennberg, Fisher, and Sharp, p. 2.
11. John Wennberg, Elliott Fisher, and Sandra Sharp, *The Care of Patients with Severe Chronic Illness: An Online Report on the Medicare Program*, (Trustees of Dartmouth College, 2006), p. 71. Available at: http://www.dartmouthatlas.org/atlases/2006_Chronic_Care_Atlas.pdf.
12. Robert Nesse, Teresa Rummans, and Scott Gorman, "The New Physician/Scientist Leaders: Mayo Clinic Responds to Changing Trends in Healthcare Executive Education," *Group Practice Journal*, April 2007, pp. 13–17.

第10章

发挥人的潜力

若干年前我就成为了一名注册护士，主要职责是重症护理和麻醉后护理，同时也做过临床护理和一些领导工作。2000年到2004年，我一直在亚利桑那州的梅奥诊所工作，后来由于丈夫工作调动的原因，我们搬到了新泽西。现在我是一名执业护理咨询师。

我无时无刻不怀念在梅奥的日子。搬到新泽西后，我曾在当地医院做过兼职，却发现，在梅奥工作过的护士，再去任何别的医院都会感到难以适应。对护士而言，梅奥就是一方圣土，我称她为"护士的迪士尼乐园"。因为做了17年的护士，在梅奥我终于成为了我一直梦想成为的护士，这里的确做到了患者至上。梅奥有专门负责患者护理的团队。我仍记得初到梅奥，接触到高水平的主动积极医疗护理，亲眼目睹护理团队怎样逆转局面避免灾难时，我有多么惊奇。有些患者，若是在我之前工作的医院，他们绝无生还机会；但是在梅奥，他们不但痊愈而且过上了与常人无异的生活。遇到难题，梅奥的医疗护理人员总是手挽手，齐心协力共商对策，而不是选择放弃。每个团队成员都有义务做出应有的贡献，他们的付出也会得到团队的珍视。他们中包括医生、护士、理疗师和呼吸治疗专家、社会工作者以及患者家属。

梅奥所有的工作人员都互相尊重。记得一天,一位理疗师去病房帮助我的一位患者下床进行康复训练,其间患者说要去洗手间,我立即冲进病房去帮忙。但是这位理疗师却说:"我来吧,你去忙你的。"在我从前工作的医院,病人的一切起居全是护士的"分内活儿"。但在梅奥,我从未听到有人说:"这不归我管。"

梅奥招聘制度非常严格。他们只招适合梅奥的人,而不是招聘后再培训成"梅奥式"的人。在我的职业生涯中,曾多次被灌输有关医生职责和医院前景的各种说法,并且要求背诵以备监察人员来访。从未有人认为,我已从内心接受这些价值观。而梅奥却这么认为。

在梅奥,我有充足的时间和资源,按照自己的方式去护理患者。事先考虑到患者换衣服会疼痛难忍,我会专门安排一小时来小心翼翼地做这件事。而且坚信,在这个艰难的过程中,我不会被其他患者打断,因为同事会高兴地帮我照顾其他的患者,这是我们的传统。我会用一个小时来参加家庭会议或是去安慰即将失去亲人的家属,不会有人觉得这些毫无意义,因为这是我的职责。多数医院都把护士力量集中安排在重症护理区。梅奥则不然,梅奥认为所有的患者都需要特殊护理。诊所会依照患者的不同情况,相应地安排护理工作。

当然不可能每天都近乎完美。有些日子时间不够用。但是90%的工作情况就是我上述的那样。

本书最后一章的开章叙述来自罗莉·普莱特,一名经验丰富的护士,曾在梅奥以及其他诊所工作,获得过许多嘉奖。在梅奥,她因护理工作出色曾得到梅奥同仁的一致认可。她的评述,突出强调了梅奥诊所最重要的特质——以人为本。正是这一特质使梅奥诊所脱颖而出,成为医疗护理服务机构的典范。若非员工尽心尽力提供优质服务，一家劳动密集型服务机构绝不会做得如此出色。单纯的服务机构，他们的产品实际上就是员工一系列的行为表现，因此服务质量的好坏同员工的水平息息相关。梅奥诊所的员工始终如一地提供高质量服务，诊所作为医疗机构的性质也决定了需要高质量的服务。梅奥员工的服务水平直接决定了患者的生活质量，有时甚至是生命。

尽管大部分服务机构并非像医疗护理机构一样，容易受到有关服务质量的诟病，但是我们从梅奥诊所的故事所得到的启示，不管是对医疗护理行业本身还是其他行业，都颇有意义。一个有着百年历史的机构，如何一步步不断壮大规模，扩展业务领域，如何做到始终如一地向消费者提供技术密集和劳动密集兼顾的服务，并使得90%来此就诊的患者谈起她的服务都交口称赞（详见第8章）。

医疗护理行业很少会有全球性品牌，大多数医疗护理机构都只能在人们驱车可至的范围内提供服务。我们研究并写作这本书的目的就是要向人们展示一个19世纪晚期由美国中西部的小社区起家的家庭诊所是如何成长为世界性医疗护理品牌的。书该怎么写？若我们深入研究，能带给读者什么？能和他们分享什么？再次回顾我们的研究，并辅之以各自的经历，我们才决定动笔。（贝瑞，资深学术服务研究员，曾在梅奥诊所做过有关公休假服务的相关研究。赛尔曼，医疗护理市场营销总裁，1992～2006年曾任梅奥诊所的市场部经理。）动笔之前，我们对梅奥了解甚多，但是对我们即将下笔的书却知之甚少。一本用来答疑解惑的书，该如何写？要为读者答疑解惑，我们必须首先为自己找到答案。之前的章节已将我们的发现诉诸笔端，最后一章我们主要反思了我们从研究和前几章的写作中学到了什么。梅奥诊所的确是家杰出的诊所，也许有人说，任何一家有着百年历史的机构都配得上"杰出"二字。但是，只有像梅奥这样不仅有着悠久历史而且始终备受推崇的机构才能使"杰出"二字实至名归。

是的，梅奥诊所的故事就是关于如何发挥人潜能的故事，关于特殊人群从事的特殊工作的故事。在梅奥工作的人可能既要照顾患者，又要送化验样本，也要清扫房间。本章中我们对梅奥经久不衰的成功经验进行了过滤加工，得出一些新的经验。因此这章借鉴参考了前几章的内容。从第1章到第10章，我们需要一步一个新台阶，读者也应该如此。因此我们不建议从最后一章读起，读者也需一步步细细读来。

三大理念

梅奥的成功基于三大理念。第一，患者利益高于一切；第二，人才储备，用威廉 J. 梅奥医生的话说就是延揽英才创建一个"力量联盟"；第三，提供超高效率护理，即第4章提过的"目的地医疗"。患者利益高于一切是梅奥的向往，也是梅奥渴望致力实现的目标，梅奥的员工常称其为"核心价值"。团队合作和目的地医疗是梅奥更好地为患者利益服务的两大举措。梅奥医疗队由技术知识丰富的成员组成，为患者提供恰到好处的服务，使其受益。这些服务高效的实施效率，大大缩短了提供服务和实施服务间的时间间隔，后两个理念旨在保证服务的实施。

如果我们咨询专家或者翻查商业的教科书，将机构的经营理念和长期战略区分开来并不困难。但是对于梅奥的经营理念和其创始人留下的传统，这样的区分就会变得困难得多。传统意义上，"患者高于一切"应是梅奥的首要目标，医疗团队和目的地医疗是实现这一目标的战略。然而对这3大理念，梅奥都倍感珍视，认为这代表着他们的核心价值观。在梅奥，核心价值观和主要战略融为一体，相辅相成。经营战略在梅奥深入人心，至关重要，其本身也就成为核心价值观的一部分。正如我们在第3章谈到的："一般的商业经验认为，公司的核心价值观是相对稳定的，但是经营战略和技巧却因时而异。然而梅奥诊所告诉我们，杰出的组织可以有一种或是多种经营战略，这些战略是他们信念的核心，是和他们是谁密不可分的，这些战略已经和核心价值观一样是不可动摇的。

不只是理念

梅奥早期确定下来的远大理念一直保留到了今天。为什么不呢？大多数身染顽疾或者难以确诊的病人希望医院能将他们的利益放在第一位，能从集中了具有专业的医学知识和技能的医院获得利益，并且得到高效省时的护理服务。正如我们在第9章中讨论的，另一个远大理念——疾病预防也在梅奥的计划中了。但光有远大的理念是不够的，我们需要把特定课程和看护模式手册中的知识转变成病人的切身体会。这些理念需要有人执行，需要在实践中进行操作。

伟大的服务机构都会关注执行力的问题。他们把焦点放在如何实施自己承诺且期望的服务。战略是不能隐藏的，成功会引起竞争者模仿。竞争对手肯定会在如复合多专业团队医疗等成功创新方面对梅奥进行模仿，而梅奥能做的就是做的比他们更好。其他的医护机构至少在某些方面会模仿梅奥的模式——但就像第8章中的数据所表明的那样，梅奥仍会在医护品牌上保持领先地位。其中，执行力是关键。在研究和写这本书的过程中，我们认为最令人印象深刻的收获就是梅奥诊所在一个多世纪来如何良好执行她的核心价值和经营战略。这就是我们结论的基础。梅奥诊所的员工，那些服务的提供者，是诊所一贯表现优秀的关键解释变量。正如利奥纳多·贝瑞早先所陈述的那样："吸引优秀的人才是执行力的第一原则，伟大的服务企业会吸引伟大的员工来提供服务。这是个简单的理念，但这是个充满力量的理念，对于大部分公司来说，又是个难以捉摸的理念。"[1]

梅奥的员工品质包括三个方面，是由本书依次描述的组织的特质所决定的。首先，梅奥会吸引并且留下一流的员工。第6章讨论了诊所为吸引不论是在能力和背景上还是在个人价值观上都能成功执行诊所战略的员工所做的投资和努力。梅奥诊所需要那些个人价值观同组织的价值观一致的人，而为了寻找这样的员工所做投资回报影响深远。因为诊所的价值观就是患者至上，强调合作，所以那些以患者为中心且愿意合作的员工就会慕名而来。实现企业价值战略的最好的办法就是雇佣那些已经有相同价值观的员工，梅奥在这一点上做得格外出色。相同的价值观创造出了许多出色的员工所期待的那种高质量的工作方式，并且不愿离开。正如第6章所指出的那样，梅奥并不是对人人都适合，但对某些人会非常合适。诊所员工的离职率远低于医护行业的平均水平，而且有许多员工把梅奥当作他们终身的事业。以必需的价值观作为标准招募员工，梅奥很少需要到机构外去寻找领导。诊所的领导从有助于保持诊所核心价值观的员工里挑选并提拔他们担任领导职位，有助于保持核心价值观的一致性。[2]

在劳动密集型的交互式服务组织中，提供服务的员工的个人价值观对服务表现出的价值有直接的影响。要想理解梅奥的成功，这是最重要的一点。梅奥的价值观就是她的战略，她的战略就是她的价值观，两者是统一的。梅奥需要具有人文关怀的人才加盟梅奥，而同时梅奥的声誉也会吸引和留住那些具有人文关怀的人才。亚利桑那州梅奥诊所的执行总裁胸科医生维克托·特拉斯特克说，"我的同事们，和我共事的人，他们都非常出色。为了患者，他们乐于帮你做任何事，而我自己也愿意这样做。无论任何事你只需吩咐一遍就足够了。"

第二，梅奥文化和传奇故事相结合激励着员工做出他们最大的努力。因此梅奥的成功不仅得益于梅奥人才济济，也得益于员工竭尽全力的工作。经理们应该扪心自问的关键问题之一就是："我们的员工竭尽全力了吗？抑或没有？" 在梅奥，社会地位、核心价值观以及融入到合作文化之中的同事间的期望激励着梅奥每个人努力奋斗。适度的努力通常会被认为是一种消极的工作态度，当然确实有些这样的员工。但是大部分人都施展了浑身解数来努力工作，他们付出了一个人能在工作中付出的最大努力，而不是仅仅为了避免犯错而草草应付。[3]正如罗莉·普莱特护士在本章开始指出的："从未听到有人说：'这不归我管。'"

第三，梅奥共同协作的文化促进了员工们的个人成长。梅奥员工除了工作努力，还不断的要求自我进步，提高知识和技术水平。同事间的压力是他们努力的动力，同事间的相互学习促进了他们的个人发展。梅奥员工互相学习，他们不仅能自我提高，还能让老师们愿意帮助他们提高。就像第1章中威廉 J. 梅奥医生指出的那样，梅奥要成为未来杰出的诊所，必须具备3个条件，其中之一就是员工的工作能引起同事间不断的好奇和兴趣。团队医疗营造的相互请教的文化氛围，以及梅奥投资购买的远程教育通信设备——如精密的编码系统和复合电子病历——所有这些都有助于保证上述条件的实现。尽管有时要过很久，梅奥新员工才能与其他员工私下熟悉起来。

第5章描述的梅奥管理层的轮换制度，同样有利于促进个人成长。一个人既可以履行医生职责，又能够胜任领导工作。第9章对职业和领导能力项目已做过陈述，这种做法为未来个人领导能力的发展打下了基础。

吸引优秀员工，选拔杰出工作者是所有行业的经理们都值得追求的工作目标，而最重要的是，工作产出就是员工的表现。梅奥是如何吸引大量的精英，让他们留在梅奥，并通过努力工作不断成长？这一切都是怎么做到的？本书的每一章都有独到的见解。结尾部分，我们重温这些见解，并更宽泛地将其分类，以此说明梅奥在管理人才方面如何做到最好的。

崇高目标的力量

梅奥诊所把救助生命垂危的患者当做其存在的意义，这在具有人文关怀精神且希望在工作中有所作为的人群中引起了共鸣。换句话说，他们这些人乐于穿着白大褂去从事劳动强度大、风险度高的医护服务工作。

并非所有人都喜欢团队合作，但梅奥为那些喜欢的人提供了一个出色的团队；并非所有人都希望自己工作被寄予很高的期望，并且冒很大的风险，但梅奥为那些希望如此的人提供了绝佳机会；并非所有人都想通过工作改善生活质量，但梅奥为有这一想法的人提供了尝试的可能。

医疗护理行业需要梅奥这样的诊所。梅奥在教育、研究及其他健康相关领域无不贡献卓著。此外，梅奥在美国甚至是世界大部分地区为人类提供了一种不同寻常的医疗护理服务模式。在这儿，众多被疾病判死刑的患者看到了生的希望；在这儿，疑难杂症得到诊治；在这儿，患者可以享受到在家享受不到的专家服务。经理们应该扪心自问的关键问题之一就是："假设我们的机构一夜之间消失的无影无踪，顾客会怀念我们吗？"对梅奥来讲，答案毫无疑问是肯定的。梅奥的工作意义非凡，也因此吸引并留住了大批英才，并激励他们自发的努力工作。

梅奥大部分员工都已经从内心接受了梅奥的核心价值观。他们进入医疗护理行业照顾患者，梅奥"患者至上"的基本准则一开始就深深吸引了他们，一旦投入工作他们便全力以赴。在梅奥工作，意味着员工每天都有机会践行梅奥为患者提供快速高效服务的理念，这就是第1章中我们称梅奥是"现代的传统组织"。这些价值观每天都在以不同的方式得到强化，它们影响着决策的制定和资源的分配，并且指引着梅奥员工，提醒着他们，给他们注入活力。就好像急诊医生安妮·萨德斯汀所说的那样："这些价值观有意无意地激励着你。在梅奥，我没有接受任何培训。但你会发现，过不了多久，你就会像在梅奥工作了25年的老员工一样，把'患者至上'的价值观烂熟于心。我认为，可能就是这句话将梅奥上下凝聚在一起。每个人深谙其中的意义。"

优秀之源

梅奥诊所能够吸引并留住人才，并且能激励他们奋发向上，部分原因是由于梅奥用自己的标准来奖励员工的出色业绩。在梅奥，出色的业绩不是创造商业利润，而是创造社会效益，这一点梅奥始终坚持不变。创造社会效益有利于社会的进步和发展，而这与梅奥通过医疗护理、医学研究和医学教育所致力于的终极目标是一致的。梅奥存在的意义就是创造更优质的生活，而非更多的盈利。这一点由来已久，早在1921年，威廉 J. 梅奥医生就写道："医学对美国的发展至关重要。一个民族最伟大的财富是他的人民的健康。"[4]

然而，这并不意味着梅奥不在乎商业利润。由于不得不面对医疗护理行业利润率的不断下降，扩大规模和支持医学研究和教育又需要大量的资金投入，所以梅奥高层25年来一直恪守着一个原则：医疗护理机构必须在资金上自给自足，梅奥必须通过实行财务纪律来掌握自身的命运。掌握命运的唯一方法就是忠实于它的使命和传统，科学进行财务预算。因此资金对梅奥来说也是很重要的。梅奥与其他机构（营利的和非营利的）的区别在于，梅奥不为钱所左右，而是以使命为重。这也是梅奥能吸引出色人才的关键原因。罗伯特·华勒医生曾经担任梅奥执行总裁，并于1999年退休。他指出："明尼苏达州的罗切斯特的确是个好地方，但人们不是为了天气或金钱才选择留在罗切斯特。"

梅奥诊所商业性的一面，并没有对梅奥的使命造成损害。财务上力求认真负责并不会减少梅奥追求卓越所需要的资源。梅奥员工有充足的时间、设备和便利条件顺利地完成本职工作。罗莉·普莱特的"我能成为我梦想成为的护士"道出了梅奥全体工作人员的心声。在梅奥，若想更加优秀，各种资源触手可及。

在梅奥，医生是主导，这有助于形成梅奥使命高于利润的文化。第5章已经谈过，医生领导团队和行政管理团队相互配合，给梅奥领导层带来了敏锐的商业眼光和较高的管理水平。但是，一旦双方意见冲突，僵持不下，医生的建议将起主导作用。行政管理人员，确实是合作伙伴，但是地位不能和医生相提并论，这是梅奥有意而为之的。亚利桑那州梅奥诊所行政主管詹姆斯·安德森给出了如下解释：

> 我们必须同时服务于诊所和商业领导层，因为我们有一些合作关系。而为什么我们需要坚持"医生主导"而不是"行政主导"呢？因为在决策制定时，一旦我们偏离梅奥诊所"患者利益高于一切"的首要理念，"医生主导"的体系可以及时调整偏差；当我们面临艰难抉择，陷入绝境时，医生的见解、素质和能力总能帮我们做出选择，使利益等式向诊所理念倾斜。而这正是我们想要的。我们需要这种偏差调整来指导我们每天成千上万的决策。在梅奥模式下，我们必须向患者和医生的利益倾斜。

在资源配置时采用统一管理的方法，同样有助于贯彻梅奥的首要宗旨。梅奥的运作方式和政府相近，所有收入由组织统一管理，再根据需求进行分配。有些服务项目，如外科和影像诊断，因医疗报销制度能够给梅奥带来大量商业利润；而有些服务项目，如儿科和精神病护理则不然，但是资源分配不能以此为依据。相反，梅奥分配资源除了考虑财务因素之外，该部门是否为患者提供了优质服务，以及对研究和教育资源的需求等因素也在考虑范围之内。一个部门如何为整个梅奥增光添彩，这才是重中之重。这种运作方式会不会引起各部门间的紧张气氛，让他们觉得得到的不够多呢？答案是肯定的。在讨论如何分配资金时，时常会发生争吵。但是通过该方式梅奥履行了集众多特色于一身的诺言，因此不会对这种运作方式做出大的变动。华勒医生这样解释：

> 社会选择为我们的一些服务花大价钱，而对另一些服务则不是如此。我们要做的就是把社会收益集中放在一个篮子里。梅奥管理人员和董事会决定资金该如何分配。正是坚持了一篮子的做法，我们不但为精神病科和儿科购买了先进设备，同时

也为利润回报不丰但不可或缺的部门进行了投资。我们的方法使得我们能够提供患者需要的护理服务。

互相尊重的文化

梅奥的核心价值观培育了相互尊重的文化，有益于提高员工工作质量。员工极为珍视的价值观塑造了他们的行为方式（文化）。在梅奥，处处能感受到员工对患者的、员工之间的、员工对梅奥的尊重之情。如果一个医疗护理机构连欢迎患者的到来，倾听他们的心声，尊重他们的尊严，保护他们脆弱的心灵都无法做到，还自诩"患者高于一切"，这是让人无法接受的；如果因为机构的员工服务异常出色而吸引了大批重症和疑难病症患者前来求诊，员工自己却得不到尊重，这种做法简直就是愚蠢。因此合作医疗不仅是梅奥的核心价值之一，也是必要举措之一。如果不尊重以服务人类为存在意义且有着百年辉煌历史直至今日的机构，这实在是自高自大。梅奥集众多品质于一身，但从不骄傲自大。她觉得自豪吗？是的。她珍视自身名誉吗？是的。她不急于做决策吗？是的。她骄傲自大吗？从不。正如斯蒂芬·斯文森指出的："梅奥对妄自尊大的人——不管他是管理层的领导、护士、医生或是其他工作人员——都难以容忍。虽然这种人哪里都会有一些，但梅奥很少聘用这种人。如果梅奥聘用了这种人，不久之后就会请他离开。"

第一次来就诊的患者，见医生花这么长的时间给他们做检查，都感到很惊奇。梅奥不实施浮皮潦草只求速度的诊断模式，这种护理原则已经在第2章中陈述过。该原则在诊所成立之初就已定下，不仅是鉴于全面检查科学诊断的必要性（见第1章威尔医生在医学院毕业班的演讲），而且也是出自欢迎患者的到来，倾听患者的心声，尊重患者的尊严，不辜负患者信任的考虑。来梅奥就诊需要提前3个月预约，但是一旦他们来到梅奥就诊，治疗过程口会受到不同寻常的尊重。

梅奥一致的文化使得决策缓慢有点让人失望，但这是出于机构应有的慎重，也是梅奥充分倾听员工心声的缘故。1986年，前行政部门主席罗伯特·弗莱明给诊所管理层演讲时，引用了医学家刘易斯·托马斯对舆论的评价，并以此来形容梅奥：

> 我们公布消息；我们倾听不同的人会有怎样的反应；我们共同吟诗；我们一起沉思于文学；我们同时奏乐；我们改变想法；我们互相理解。社会也是用这种方法使不同的人用不同的技巧相互沟通，达到相互理解而不是用大声争吵把对方吼下去。5

员工对梅奥的尊重体现在诸多方面。其中之一用最近退休的高层管理者卡勒顿·莱德的话说，就是"一个组织自我批评的特质"。莱德解释说，梅奥领导层一般都在梅奥工作了很久。当成为领导之后，他们对要继承的梅奥传统异常珍视。他们现在是作为领导大施拳脚的时候，希望梅奥能够更上一层楼，而不是走下坡路。这种思想引发了一种倾向，莱德称之为"严于律己"。

并非只有领导层才会自我批评，员工对组织的荣誉感会让他们对诊所有相当大的担忧。在梅奥，经常听到有人议论，诊所正偏离她核心价值，有人工作不够努力，有的医生工作不如从前热情，这些担忧并非空穴来风。任何组织的核心价值观都不能想当然，从某种意义上讲，其观念内部必定存在风险。所有员工不会都同样努力的工作，也不可能都成为合格的队友。但是员工从梅奥及其传统中汲取的无上荣耀感，形成了全组织的自我批评性格，他们深深关注梅奥的发展。梅奥品牌的成功离不开内部员工所做的贡献，而不仅归功于外部利益相关方。梅奥员工绝不愿看到这一品牌消失。

梅奥诊所的故事

梅奥诊所的故事是一群人的故事。这些人技术高超，信念坚定，视野开阔。为了更好的服务他人，他们一如既往地投身于创建和发展梅奥诊所的事业之中。梅奥诊所的故事是个关于其如何坚守人文价值，慷慨大方，成功把传统理念应用于现代管理活动之中的故事；是一个杰出的机构如何经受住时间考验的故事；是一个如何通过服务质量而非营销沟通来创建资金雄厚享誉世界品牌的故事；是一个把过时的团队合作和现代的高效运作相结合，尊重历史，投资未来的故事；是一个独特的组织，如何踏着自己的鼓点前进，忠实于自己的价值观，以其独特魅力博得赞誉和骄傲的故事。

但是她又是一个具有普遍意义的故事，因为她和其他的服务企业一样能带来启示。她是一个关于组织坚定不移地执行自己理念的故事；她是一个讲述一批优秀的员工表现出色，用他们最大的努力使得一个从诞生起就一直坚持人文价值和道德的组织保持强盛的故事。

她也可以是你的故事。

在梅奥诊所故事的最后一节，我们再次请出罗莉·普莱特护士。她给我们讲述了平凡的男女主人公的不平凡的故事。[6]

在重症护理工作中，我们经常面对即将离世或是已经离世的患者。我们团队处理下面这起特殊事件的过程，代表了我们在工作中所作的巨大努力。

M先生最近被确诊为癌症晚期。他和与他相伴了50多年的妻子在接受积极治疗还是保守护理之间摇摆不定，难以抉择。在梅奥，即便在最为艰难的情况下，我们小组也能自如应对。在这对夫妇最难过的日子里，团队每个人都伸出了援助之手。护士一如既往地为M先生做临床护理；项目经理和社会工作者帮助处理夫妇二人的私事，协助他们安置一些迫在眉睫的事务，同时抽出时间和夫妇二人讨论是选择晚期病人收容所还是采取重症护理的细节问题。我们常在病床边召开家庭会议，让M夫人拿些主意。医生、社会工作者、医院牧师和护理人员全部到场。尽管M先生不愿再接受治疗，但M夫人却不能接受丈夫即将离去的事实，因此我们继续为M先生治疗。为了延长M先生的生命，我们尝试了各种办法。在家庭会议上牧师为M先生做了祈祷，并嘱咐M夫人，若有需要，他随叫随到。

这时，真正的团队合作才刚刚开始。为M先生护理的W小姐，从未碰到过如此病重的患者，而我是一名有着20年工作经验的老护士了。我告诉她，在困难的时候，如果需要，尽管开口。W小姐满怀感激，也松了一口气。M先生的病情日益严重，身体每况愈下，M夫人意识到丈夫正承受着巨大痛苦。一天下午，大约4点，M夫人把W小姐叫到病房，说为了不再让丈夫受苦，她愿意让他安静地走。W小姐通知了医生后，问我当M先生离开时，是否能陪她去病房，我同意了。

一小时后，所有关于同意不再对M先生实施救助的文件都已经签署完毕。为减少M先生的痛苦，让他安静地走，M夫人陪在丈夫身边，我和W小姐站在一旁给予及时帮助。我的患者都交给了同事，好让我能帮助W小姐让这对夫妇完成临终告别。我自认为面对死亡时，技术老练，心存怜悯。但是那天我却做了W小姐的学生，站在一旁观看学习。

下午6点，M夫人见M先生几近弥留，请求打电话叫牧师来和她一起为丈夫祈祷。我告诉了W小姐如何找到牧师，但是牧师在电话中说他在别处，为有着类似情况的家庭祷告，大约20分钟后到。但是M先生等不了20分钟了，M夫人失声痛哭，求牧师说丈夫离世时不能没有牧师祷告。我拿了条丝巾，准备以我最大的同情心安慰M夫人。当我走进病房时，却看见W小姐正一手握着M先生的手，另一只手握住M夫人的手开始祷告。她并不是基督徒。她喊着夫妇二人的名字，请求上帝祝福他们50年的婚姻（而我并不确定自己能不能很快地唤出他们的名字）。她的声音清晰有力，却又动听甜美。M先生离开时，她还大声背诵着祷告词，声音镇定，没有一丝颤抖。

站在病房门口，我的眼泪流了下来，一时间五味杂陈。一是为M夫人失去丈夫感到伤心，一是为我们团队能够竭尽所能为患者服务而感到骄傲。W小姐后来成为了团队中心人物。她接任后，我们团队达到了最辉煌的顶峰，从未出过差错。

注释

1. Leonard L. Berry, *Discovering the Soul of Service: The Nine Drivers of Sustainable Business Success* (New York: The Free Press, 1999), p. 239.
2. Berry, *Discovering the Soul of Service*, p. 240.
3. Daniel Yankelovich and John Immerwahr, *Putting the Work Ethic to Work* (New York: Public Agenda Foundation, 1983), p. 1.
4. William J. Mayo, "The Medical Profession and the Public," *Journal of American Medical Association*, vol. 76, 1921, pp. 921–925.
5. As quoted in a speech by Robert W. Fleming at Mayo Clinic on March 4, 1986.
6. This story first appeared in print in Leonard L. Berry, "The Collaborative Organization: Leadership Lessons from Mayo Clinic," *Organizational Dynamics*, no. 3, Fall 2004, pp. 239–240.

梅奥一家：父亲威廉 W. 梅奥（中）与他的儿子们，查尔斯 H. 梅奥（左）与威廉 J. 梅奥。

查尔斯 H. 梅奥医生

威廉 J. 梅奥医生

威廉 W. 梅奥医生，19世纪的乡村医生。

玛丽修女作为管理者为圣玛丽医院服务了47年，在此期间她也担任威廉 J. 梅奥医生的外科助理。

亨利·普拉莫医生，综合病历系统的发明者，他也是支撑梅奥"目的地医疗"理念的众多早期体系的创立者。

哈里·哈维克，梅奥诊所的第一任行政官，与梅奥医生一起建立起医生/管理者共同管理的董事会的治理模式。

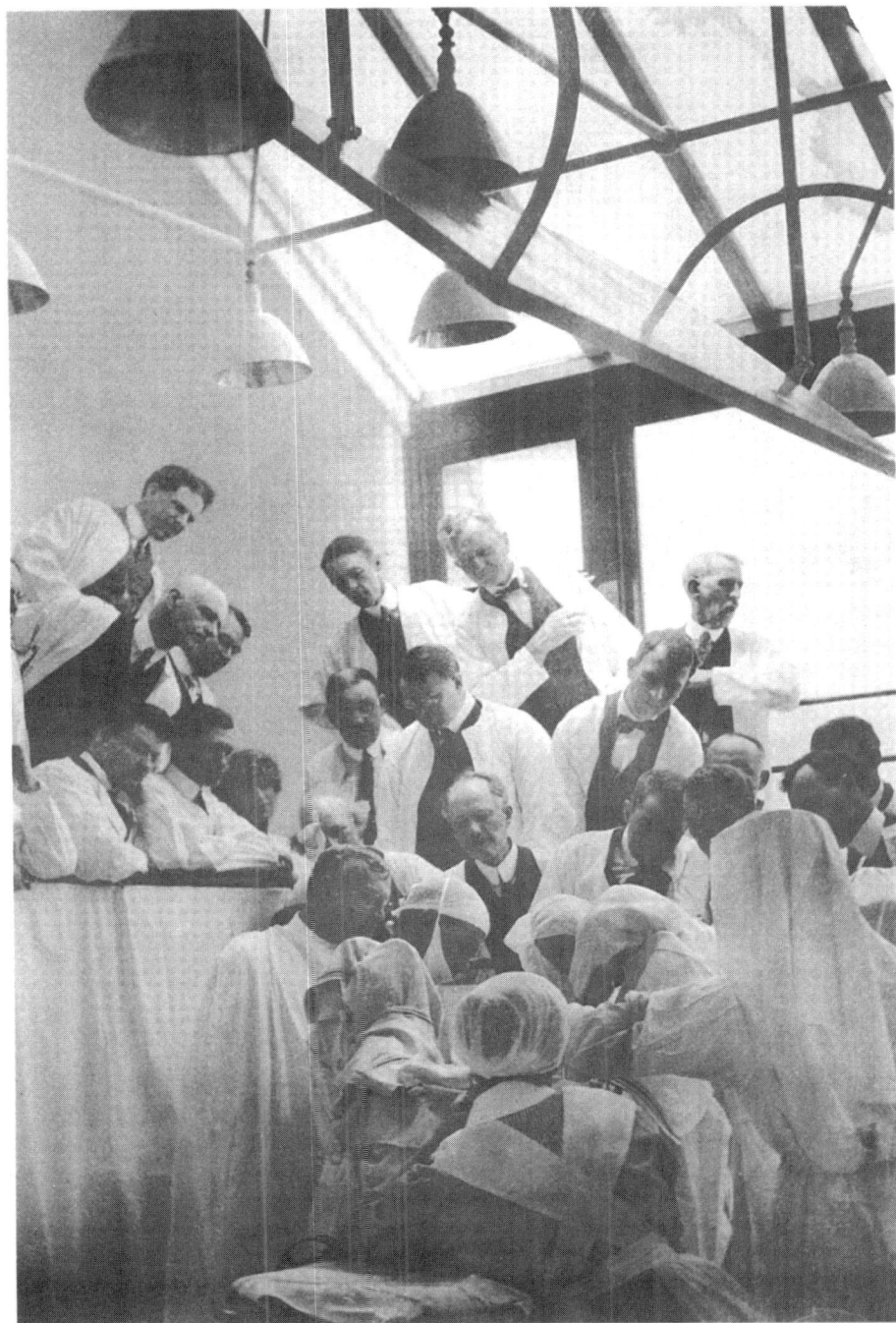

查尔斯 H. 梅奥医生正在为访问医生们展示实施手术，在手术台的正上方架设着一副悬挂着大型镜面的吊架。摄于1913年，圣冯丽医院手术"展示室"。

1914年的梅奥诊所大楼，第一座以综合多专科医学实践理念设计的院区建筑。

1928年的梅奥诊所大楼，即今天著名的普拉莫大楼，以其设计者亨利·普拉莫命名。

普拉莫大楼的主楼电梯等候大厅，以富丽堂皇的罗马式风格装潢而成。

梅奥诊所病历分配中心的装卸机与滑槽，这种病历分发系统在21世纪初被电子病历所替代。

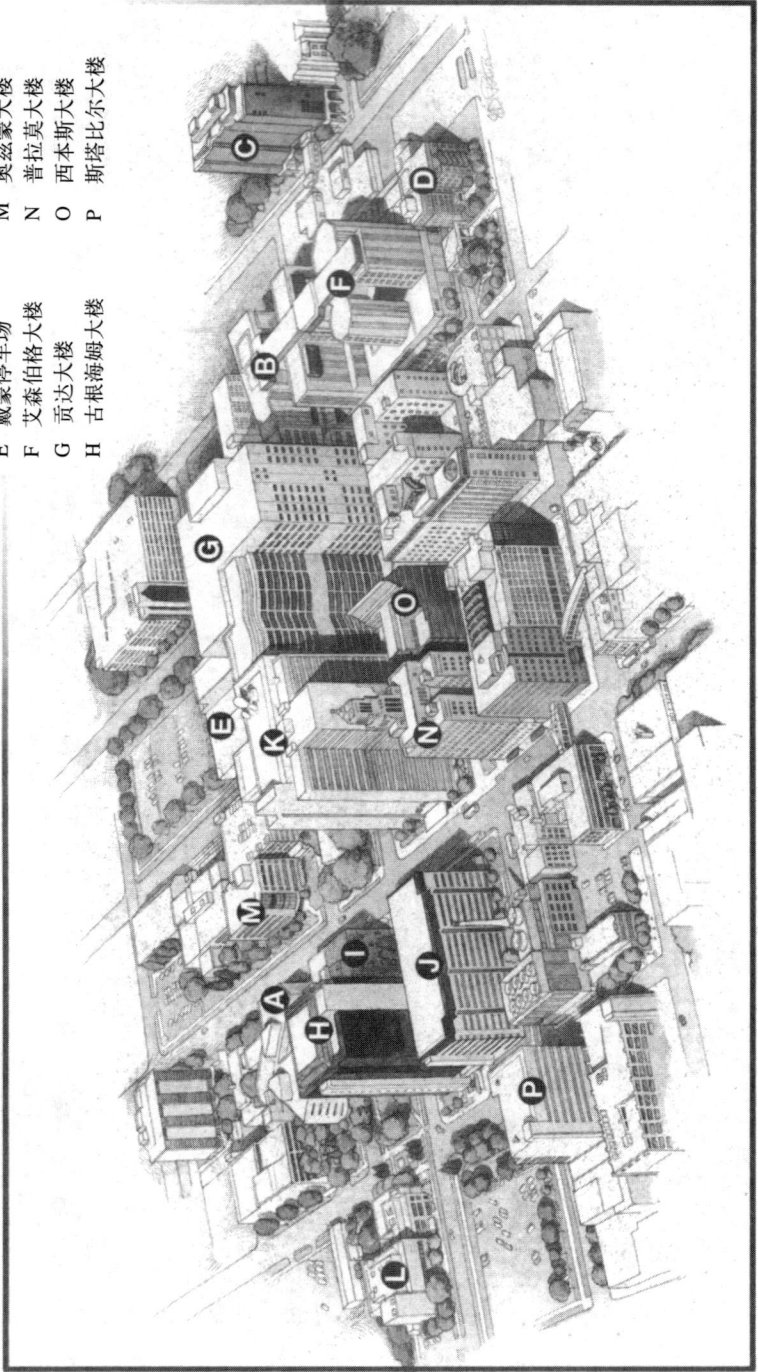

梅奥诊所城区院区
明尼苏达州，罗切斯特

A 鲍德温大楼
B 查尔顿大楼
C 利景酒店
D 殖民酒店
E 戴蒙停车场
F 艾森伯格大楼
G 贡达大楼
H 古根海姆大楼

I 哈维克大楼
J 希尔顿酒店
K 梅奥大楼
L 医疗科学中心
M 奥兹蒙大楼
N 普拉莫大楼
O 西本斯大楼
P 斯塔比尔大楼

圣玛丽医院院区

明尼苏达州，罗切斯特

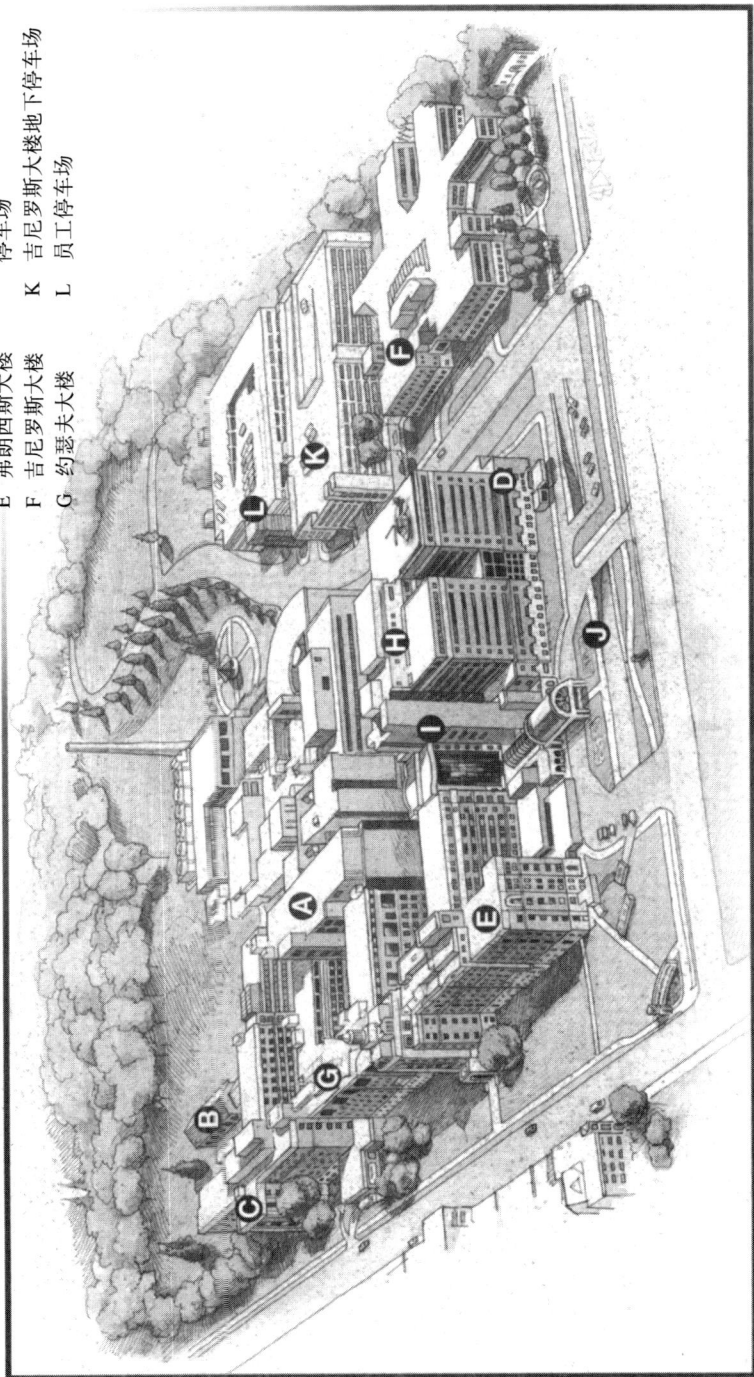

A 阿尔弗莱德大楼
B 查普尔大楼
C 多米提拉大楼
D 急诊部
E 弗朗西斯大楼
F 吉尼罗斯大楼
G 约瑟夫大楼

H 玛丽·布莱夫大楼
I 梅奥尤金里奥·丽塔 儿童医院
J 玛丽·布莱夫大楼地下 停车场
K 吉尼罗斯大楼地下停车场
L 员工停车场

贡达大楼现为梅奥诊所罗切斯特院区的新大门，于2001年启用，这座20层的建筑与梅奥大楼以及罗切斯特卫理公会教派医院的查尔顿大楼相连，构成了世界上同类医疗设施中规模最大的建筑体系，占地面积超过了300万平米。

贡达大楼的装饰豪华的大厅，左侧是由著名玻璃加工艺术家奇胡利设计的枝状吊灯，右侧是梅奥诊所的癌症教育中心的入口。

贡达大楼的兰登中庭，一座自由的
人像被装饰于中庭的最远端。

"我希望表现出病人在梅奥诊所感
受到的自由、快乐、希望与爱。"
受到大厅内志愿者的钢琴演奏声的
感召，这位舞者的即兴表演让许多
路过观看的人感动地落泪。

查尔斯 H. 梅奥医生（左）与威廉 J. 梅奥医生，坐在家门口的台阶上。

查尔斯 H. 梅奥医生（左）与威廉 J. 梅奥医生的铜像，坐落在位于费思家族雕像公园梅奥诊所的"门前台阶上"。

梅奥诊所大楼，一座坐落于斯科茨代尔院区的5层门诊建筑，拥有240间诊室，包括门诊诊疗室、内窥镜检查室、实验室、放射检查室、药房以及多层地下停车场。

位于杰克逊维尔院区的8层戴维斯大楼，可以接纳门诊病人，同时还与拥有214间床位的住院部相连，于2008年启用。

梅奥诊所亚利桑那州院区大厅中正在举行婚礼，这场婚礼是梅奥工作人员为了一位重病在床的母亲能亲自参加女儿的婚礼而在3个小时内布置的。

在参观了一次外科手术后，本书作者之一的利奥纳多·贝瑞（左）与乔纳森·莱顿医生合影。

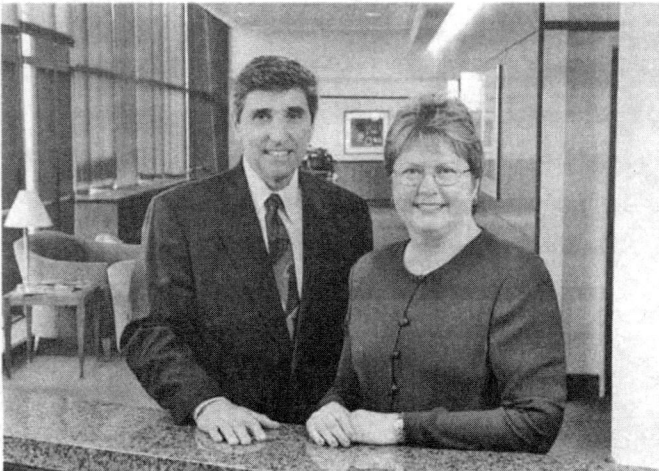

梅奥诊所首席执行官丹尼斯·珂迪斯医生（左）与梅奥诊所首席行政官雪莉·威斯。

"日本经营之圣"稻盛和夫经营学系列

任正非、张瑞敏、孙正义、俞敏洪、陈春花、杨国安 联袂推荐

序号	书号	书名	作者
1	9787111635574	干法	【日】稻盛和夫
2	9787111590095	干法（口袋版）	【日】稻盛和夫
3	9787111599531	干法（图解版）	【日】稻盛和夫
4	9787111498247	干法（精装）	【日】稻盛和夫
5	9787111470250	领导者的资质	【日】稻盛和夫
6	9787111634386	领导者的资质（口袋版）	【日】稻盛和夫
7	9787111502197	阿米巴经营（实战篇）	【日】森田直行
8	9787111489146	调动员工积极性的七个关键	【日】稻盛和夫
9	9787111546382	敬天爱人：从零开始的挑战	【日】稻盛和夫
10	9787111542964	匠人匠心：愚直的坚持	【日】稻盛和夫 山中伸弥
11	9787111572121	稻盛和夫谈经营：创造高收益与商业拓展	【日】稻盛和夫
12	9787111572138	稻盛和夫谈经营：人才培养与企业传承	【日】稻盛和夫
13	9787111590934	稻盛和夫经营学	【日】稻盛和夫
14	9787111631576	稻盛和夫经营学（口袋版）	【日】稻盛和夫
15	9787111596363	稻盛和夫哲学精要	【日】稻盛和夫
16	9787111593034	稻盛哲学为什么激励人：擅用脑科学，带出好团队	【日】岩崎一郎
17	9787111510215	拯救人类的哲学	【日】稻盛和夫 梅原猛
18	9787111642619	六项精进实践	【日】村田忠嗣
19	9787111616856	经营十二条实践	【日】村田忠嗣
20	9787111679622	会计七原则实践	【日】村田忠嗣
21	9787111666547	信任员工：用爱经营，构筑信赖的伙伴关系	【日】宫田博文
22	9787111639992	与万物共生：低碳社会的发展观	【日】稻盛和夫
23	9787111660767	与自然和谐：低碳社会的环境观	【日】稻盛和夫
24	9787111705710	稻盛和夫如是说	【日】稻盛和夫
25	9787111718208	哲学之刀：稻盛和夫笔下的"新日本 新经营"	【日】稻盛和夫

向 世 界 最 好 的 医 院 学 管 理

书号	书名	作者	定价
978-7-111-26953-3	向世界最好的医院学管理	【美】利奥纳多 L.贝瑞 肯特 D.赛尔曼	79.00
978-7-111-48771-5	向世界最好的医院学经营：克利夫兰诊所的经营之道	【美】托比·科斯格罗夫	79.00
978-7-111-53659-8	向世界最好的医院学创新	【美】尼古拉斯·拉鲁索 芭芭拉·斯珀里尔 吉安里克·法鲁吉雅	45.00
978-7-111-58573-2	精益医院：世界最佳医院管理实践（原书第3版）	【美】马克·格雷班	69.00
978-7-111-40465-1	再造医疗：向最好的医院学管理(实践篇)	【美】詹姆斯·钱皮 哈里·格林斯潘	35.00
978-7-111-51685-9	互联网医疗大变局	赵衡 孙雯艺	39.00
978-7-111-55977-1	大数据医疗	徐曼 沈江 余海燕	69.00
978-7-111-51370-4	互联网+医疗融合	陈根	40.00